Irene
Peter

Irene Heidelberger-Leonard (Hrsg.)

Peter Weiss

Neue Fragen an alte Texte

Westdeutscher Verlag

Die Deutsche Bibliothek – CIP-Einheitsaufnahme

Peter Weiss: neue Fragen an alte Texte /
Irene Heidelberger-Leonard (Hrsg.). –
Opladen: Westdt. Verl., 1994
   ISBN 3-531-12533-8

NE: Heidelberger-Leonard, Irene [Hrsg.]

Umschlaggestaltung: Horst Dieter Bürkle, Darmstadt
Druck und buchbinderische Verarbeitung: Rosch-Buch, Hallstadt
Gedruckt auf säurefreiem Papier
Printed in Germany

ISBN 3-531-12533-8

Für Dick

Für Mark

Für Miriam

Für Anne

Inhalt

III. Zum Gesamtwerk

Danksagung

An dieser Stelle möchte ich allen Referenten, die zum Gelingen des Kolloquiums beigetragen haben, meinen Dank aussprechen.

Den belgischen KollegInnen, insbesondere Frau Professor Dr. Monique Boussart, bin ich zutiefst verpflichtet für ihre unermüdliche Hilfe bei Planung und Organisation.

Daß dieses Buch veröffentlicht werden konnte, verdanken wir der Unterstützung der Faculté de Philosophie et Lettres der Université Libre de Bruxelles, weiterhin dem Fonds National de la Recherche Scientifique, der Deutschsprachigen Gemeinschaft, der Commission Communautaire Française und dem Goethe Institut Brüssel.

Irene Heidelberger-Leonard

Vorwort

Dieser Band geht – von zwei Beiträgen abgesehen – auf ein internationales Kolloquium zurück, das im Mai 1993 in Verbindung mit der Internationalen Peter Weiss Gesellschaft in Brüssel stattfand und einiges Aufsehen erregte. Drei Gründe möchte ich für die Resonanz anbieten: erstens kam das bisher vernachlässigte Frühwerk zur Sprache und dies nicht nur aus der Sicht des Spätwerks. *Das Duell* und *Der Schatten des Körpers des Kutschers* sind in diesem Buch Gegenstand von eigenständigen und differenzierten Analysen. Zweitens: die mittlerweile „klassischen" Werke werden neuen Lesarten unterzogen. Gefragt wird beim *Marat/Sade* nach der 'Zeitgebundenheit' und 'Zukunftsträchtigkeit'. In einem anderen Beitrag wird den Ursprüngen der Figur Marats nachgeforscht: so läßt Material aus dem Nachlaß erkennen, daß der Umstand von Marats jüdischer Herkunft für Peter Weiss nicht ohne Bedeutung war. *Die Ermittlung* wird zum ersten Mal nicht nur als Prototyp eines marxistischen Gedenkens an Hitlers Verbrechen vorgestellt, sondern es wird im Gegenteil der Beweis erbracht, daß Weiss – gerade aus seiner universalisierenden und aktualisierenden Perspektive heraus – mit seinem Stück dem spezifisch jüdischen Gedächtnis von Auschwitz durchaus gerecht wird. Bei der *Ästhetik des Widerstands* stehen wiederum neue Gesichtspunkte im Vordergrund: die „Weiblichkeitsbilder", insbesondere Lotte Bischoff und die Figurengestaltung der Mutter. Die Frage nach dem Stellenwert von Rimbaud in Weiss' Werk wird gestellt und sein 'Mythos' mit dem 'realen' Rimbaud konfrontiert. Ein anderer Beitrag geht den Spuren von Jean Paul Sartres kritischem Existentialismus nach.

Für Aufsehen sorgten schließlich auch die erstaunlichen Ergebnisse, zu denen globalere Interpretationsansätze führten: Durch die Berücksichtigung von den frühen Briefen und dem z.T. neuen Tagebuch *Rekonvaleszenz* begegnet man einem Peter Weiss, dessen Ästhetisierungen seiner psychischen Labilität und seiner philosophischen und politischen Ambivalenz bei intensiverer Beschäftigung immer neue Fragen aufzuwerfen versprechen.

Irene Heidelberger-Leonard

I. Zu einzelnen literarischen Werken

Die zwei Seelen von Peter Weiss. Zur „Rekonvaleszenz"

Irene Heidelberger-Leonard

Diesen Band mit Überlegungen zur letzten Veröffentlichung des Autors Peter Weiss einzuleiten, bedarf einer Erklärung: *Rekonvaleszenz*[1] ist kein Testament – wie dies vielleicht der Fall ist mit dem tatsächlich zuletzt geschriebenen Stück *Der neue Prozeß*.[2] Die Eintragungen dieses Journals stammen, wie man weiß, aus dem Jahre 1970, und ein gutes Drittel davon kennen wir schon aus dem zweiten Band der *Notizbücher 1960-1971*[3] und aus dem Materialienband zum *Hölderlin*-Drama.[4]

Und doch hat man es mit der nun vorliegenden zusammenhängenden und aus dem Nachlaß vervollständigten Publikation mit einem – wie mir scheint – *neuen* Werk zu tun, das aufgrund seines bekenntnishaften Charakters nicht nur über das Frühwerk, sondern auch über die Genese der *Ästhetik des Widerstands* Auskunft gibt. In diesem Sinne wird *Rekonvaleszenz* zu einem Fokus, zu einem Kristallisationspunkt von ästhetischen, politischen und psychologischen Problemkonstanten, die für das Gesamtwerk Gültigkeit haben, und bietet sich somit als werkübergreifender Einstieg in Weiss' Oeuvre an.

Warum Weiss die übrigen zwei Drittel seiner Reflexionen der Öffentlichkeit zu Lebzeiten hat vorenthalten wollen, warum der Verlag seinerseits den Zeitpunkt 1991 wählte, um dieses Buch – nicht zufällig im Zusammenhang mit einer neuen Werkausgabe – einem nach-68er Lesepublikum vorzustellen, hat m.E. eindeutig politische Gründe. Weiss' Verhalten leuchtet sofort ein: Um nicht dem Beifall von der falschen Seite Vorschub zu leisten, hatte er es vorgezogen, trotz Empörung gegen den sowjetischen Einmarsch in Prag, nicht das *ganze* Ausmaß seiner politischen Verzweiflung preiszugeben. Bei allen persönlichen Verletzungen – nach dem Debakel seines *Trotzki*-Stücks wurde Weiss von der DDR zum Staatsfeind erklärt – ging es ihm bis zuletzt primär darum, sein Image als solidarischer Sozialist nicht zu unterhöhlen.

So konnte sich sein Verlag im Jahr der Wende fragen, ob der Schriftsteller, der sich nach dem Zusammenbruch des Sozialismus und der Auflösung der DDR in seinen Augen als „falscher" Prophet erwiesen hatte, der Welt überhaupt noch etwas zu sagen hatte. Der Fund der unter dem Titel *Rekonvaleszenz* versammelten Manuskriptseiten mußte Suhrkamp somit äußerst gelegen kommen: denn hier meldet sich nicht mehr der glaubensstarke Weltveränderer zu Wort, nicht der Autor der zehn Arbeitspunkte, sondern ein Zweifler, der in einer Art von verunsichertem und verunsicherndem Subtext die Mechanismen eines eher brüchigen, weil allzu voluntaristischen Engagements, rücksichtslos bloßlegt.

Sein Internationalismus erscheint ihm plötzlich wie eine „Flucht nach vorne", seine Anteilnahme wird ihm zur „dünnen Konstruktion" (Rek, 375), und seine Solidarität gar „erschlichen" (Rek, 363). Weiss' Besuch in Hanoi, mit dem er seine „antiimperialistische Haltung" besiegeln wollte, bringt ihn paradoxerweise vor allem zur Erkenntnis der „Begrenztheit", ja der Hinfälligkeit seines Engagements (Rek, 365): „Hinter den Aufzeichnungen, die der Reisende zurücktrug in sein kaltes verbrauchtes Europa" bilanziert der Autor, „versteckte er sorgsam das Urteil, das über ihn ausgesprochen worden war" (Rek, 198), versteckte er auch „die Einsicht, daß alles, was du schreibst schwächlich, kläglich an den Panzern zerbricht" (Rek, 198). Und schließlich fühlt er sich durch seine Nierensteinkrise, die ihn ausgerechnet in Haiphong überfällt, lediglich in seinem „ausgeliefertem Individualismus", in seinem Zustand eines „zu Tode Zivilisierten" bestätigt. Hier trauert jemand neunzehn Jahre vor seiner Zeit: „Europa ist ein einziger Friedhof von betrogenen, verratenen und abgemordeten Hoffnungen" (Rek, 418).

So konnte sich für das Deutschland nach der Wende der „falsche" Prophet über Nacht in einen „richtigen" Propheten, metamorphosieren, der den unabänderlichen Untergang des Sozialismus mit seltener Klarsicht *voraus*gesehen hatte. Ein Prophet, weil er schon 1968 im *Trotzki*-Stück den „Bruch" erkannt hatte zwischen „abstrakter entpersönlichter Welt" und „elementarsten menschlichen Ansprüchen", weil das Recht auf Widerspruch, das Recht des Experimentierens, der Verrat des Geheimlebens (Rek, 357), kurz, die „Forderung der Wahrheit" der Forderung der Partei geopfert worden war. Die Selbstzerfleischung im sozialistischen Lager füllt ihn mit „Scham darüber", lesen wir in der *Rekonvaleszenz* (370), „daß (er) für die gleiche Ideologie eintrat, die auch jene für sich in Anspruch nahmen, die die historische Fälschung vereinbar halten mit dem dialektischen Materialismus", „die die sture Sprache des Antihumanismus sprechen" (Rek, 370 f.). In diesen inneren Monologen schien sich ein neuer Weiss vorzustellen, in der sich eine nun endgültig heimatlos gewordene Linke unschwer wiedererkennen konnte. Die „Vermarktung" eines solchermaßen „aktualisierten" Peter Weiss sorgte dann auch für ein entsprechendes Weiss-Revival. Aber ganz abgesehen von diesem zynischem Kalkül, machte die veränderte politische Konstellation tatsächlich einen „neuen Zugang" auf Weiss' Werk notwendig, wie Michael Hofmanns kürzlich herausgegebener Sammelband dokumentiert;[5] neue Fragen mußten nun an alte Texte gestellt werden, um mit dem Titel von Rainer Kochs und Martin Rectors Reader zu sprechen.[6] Auch dieser Sammelband verspricht, Vorschläge zu neuen Lesarten zu machen.

Die Akzente werden neu gesetzt: der sogenannte autistische Weiss, den wir dank der von Beat Mazenauer herausgegebenen Briefe aus den Jahren 1938/39 Gelegenheit haben, genauer kennenzulernen,[7] bis zu den frühen sechziger Jahren, wird auf seine politischen Ansätze und der angeblich felsenfeste Materialist auf seine idealistischen und romantischen Ursprünge hin befragt.

Aus der *Rekonvaleszenz* spricht nämlich ein innerlich Zerrissener, einer der sich zwar zur Notwendigkeit seiner politischen Illusionen bekennt, gleichzeitig aber streng mit ihnen ins Gericht geht. Aus der *Rekonvaleszenz* spricht vor allem der Träumer Peter Weiss, der sich nach langer Abstinenz nach seinen exaltierten künstlerischen Anfängen zurücksehnt. Und doch wäre nichts verfehlter als *Rekonvaleszenz* als Widerruf zu lesen: am moralischen Imperativ, an der Unerläßlichkeit des Prüfens von sozialen und ökonomischen Fragen, des Sichtens von Sachliteratur und Sammelns von wissenschaftlichen Archiven wird zur Erlangung eines „Wirklichkeitsbilds" nach wie vor festgehalten. Es ist die Aporie, in der sich der Künstler befindet, seine ausweglose Situation, die hier zur Debatte steht.

Allein der Titel des Tagebuchs trägt dieser Spannung zwischen Forderung und Unmöglichkeit ihrer Einlösung Rechnung, denn sein Titel steht im deutlichen Gegensatz zum Text. Wie wenn ein krankes Ich einer kranken Welt Mut machen wolle zu ihrem ideologischen Projekt – als „Rekonvaleszent der Klassengesellschaft" (Rek, 394) stellt sich der Tagebuchschreiber vor –, wird mit dem Titel ein Postulat aufgestellt, dem die künstlerische Ausführung in einer sorgfältig inszenierten Dramaturgie der Ambivalenz energisch widerstreitet.

Einer Genesung geht bekanntlich eine Krankheit voraus. Und in der Tat, in der sogenannten „Rekonvaleszenz" ist fast ausschließlich von Krise und Schmerz, von Bedrückung und Angst die Rede und lediglich am Rande – und dann immer nur utopisch gebrochen – von Wiederherstellung und Freude.[8] Nicht das Leben wird hier beschworen, sondern der Tod.

Die Perspektive der Zukunft wird eingeholt von der Fixierung auf die Vergangenheit.

Es ist ein Krieg zwischen zwei Seelen, der hier geführt wird. Weiss, dessen innovative Ästhetik u.a. darauf beruht, die Klassiker „gegen den Strich" zu lesen, macht mit seiner eigenen Person und Werkgeschichte die Probe aufs Exempel: Wir haben es bei ihm sozusagen mit einem umgestülpten Faust zu tun. Drängte es den Forscher Faust aus der Welt der Wissenschaft in die Welt der Sinne auszubrechen, so geht Weiss den umgekehrten Weg. Er, der bis zu seinem dreißigsten Lebensjahr in seiner eigenen Sinneswelt so befangen war, daß er die Außenwelt kaum wahrnahm, verbietet es sich, mit der gleichen Besessenheit zwischen den Jahren 1965-1970 auf seine Sinne zu hören, um sich mit seiner ganzen Person der „Wissenschaft" der Weltveränderung widmen zu können. Die Wette, die Faust mit Mephisto schließt, geht Peter Weiss mit sich selbst ein; er ist sein eigener unerbittlichster Gegenspieler.

Keine Frage: Peter Weiss hätte es als Infamie empfunden, auch nur im selben Atemzug mit der deutschesten aller deutschen Vorzeigefiguren – dem Faust – in einem Atem genannt zu werden. Zwar gibt es von Weiss einen Film, den er *Dr. Faustus Studierstube* nannte,[9] eines seiner letzten surrealistischen Experimente. Dieser knüpft bestenfalls – auf höchst obstruse Weise übrigens – an Fausts „Wissensdrang" an, aber „die zwei Seelen, die ach! in seiner Brust wohnen", deren eine sich an diese Welt hält und deren andere über diese hinaus drängt des Goethschen Faust interessieren ihn dabei herzlich wenig.

Peter Weiss' gegen Goethe gerichteten Affekt bedarf kaum einer Demonstration: Man kann, wie es scheint, nicht Hölderlin rühmen, ohne den Weimarer zu schmähen, wie Weiss' *Hölderlin*-Stück beweist, wo auf nicht gerade subtile Weise der mondäne Dichterfürst gegen den weltfremden Revolutionär ausgespielt wird. Und in der *Ästhetik des Widerstands* präzisiert Weiss auch, warum er dies tut: „Weil von Wilhelm Meister an bis zu den Buddenbrooks die Welt, die in der Literatur den Ton angab, gesehen wurde durch die Augen derer, die sie besaßen."[10] Goethe ist für ihn der schlechthin „andere", ist Stütze der Obrigkeit, die sich den „revolutionären, verfemten und ausgestossenen Gestalten" wie Forster, Kleist, Grabbe, Büchner, Lenz – und Hölderlin in den Weg gestellt hat. „Für uns indessen", folgert der proletarische Ich-Erzähler der *Ästhetik* „war nur das Fehlende, der Mangel, die Eigentumslosigkeit von Gewicht". (Peter Weiss' Widerstandstrilogie – bestimmt von einem entgegengesetzten Bildungsethos – ließe sich tatsächlich als radikalen Gegenentwurf zu Goethes bürgerlichen Lehr- und Wanderromanen interpretieren.)

Und dann wieder lesen wir in der gleichen *Ästhetik* von Herakles' „Streben", das bei allen seinen Irrungen und Wirrungen um vieles höher zu bewerten sei, als das nicht erreichte Ziel. Somit rückt der Autor *nolens volens* die so zweideutige mythische Figur des Herakles in unerwartete Nähe des Klassiker-Ideals, mit dem allerdings entscheidenden Unterschied, daß Herakles bei Weiss, im Gegensatz zu Goethes Faust, weder der Heilschlaf, geschweige denn die Erlösung erwartet, sondern daß er unter den schrecklichsten Qualen am lebendigen Leib verbrennt. Und doch hallt das alte Faustische Lied, sein Credo, wie im übrigen sein Lamento, ja sein so charakteristischer Dualismus zwischen grenzenloser Sehnsucht und skeptischer Rationalität, zwischen Asozialität und Verantwortungsbewußtsein, zwischen düsterster melancholischer Romantik und euphorischem Aufklärungsoptimismus in der *Rekonvaleszenz* nach. *Mutatis mutandis* ist die Tragik des Autors Peter Weiss letztlich der des Faust so unähnlich nicht, sie besteht vor allem in der schwer annehmbaren Erkenntnis der Begrenztheit des Menschen.

In *Rekonvaleszenz* berichtet Peter Weiss von seiner Krankheit im Juni 1970, die er ohne Umschweife psychosomatisch deutet: die Konfrontation mit dem nahen Tod wird ihm zum Signal, daß er den Kurs des neu eingeschlagenen Weges – gemeint ist seine jede persönliche Regung ausschließende Politisierung, die ihn – nach eigener Einschätzung – streckenweise hat „veröden lassen" (Rek, 357), wieder ändern muß. Eine andere Stimme verlangt nun gehört zu werden, nicht die Stimme der disziplinierten Tageswelt, der Vernunft, sondern die Stimme der Nacht, die Stimme der Unvernunft, die Stimme des „Unberechenbaren, des Fließenden, schnell Veränderlichen, Unerklärbaren" (Rek, 351), die Stimme der „poetischen Empfindung", des Gelächters und der Tränen, die Stimme des „eigenen Ich". Der „Fassadenkletterer" (Rek, 351) aus *Abschied von den Eltern*[11] meldet sich wieder zu Wort. Dem Absurden, dem Respektlosen, dem Vogelfreien (Rek, 357), will er wieder huldigen. Symbolisch faßt er seinen physischen, psychischen und ästhetischen Zusammenbruch im Angstschrei der Projektionsfigur Laertes. Als Vater des Odysseus erkennt Weiss sich in ihm als „Erzeuger der Künste" dem, so verdichtet es sich in seinen Alpträumen, dreimal nach dem Leben getrachtet worden ist (Rek, 349). Diese „Anschläge" auf sein Leben kann er genau datieren, jedesmal geht es darum, daß äußere oder innere Umstände ihn dazu verleitet haben, sein amoralisches Künstlertum zu unterdrücken. Der 6. Juni 1970, Katalysator der Protokolle der „Rekonvaleszenz", wird ihm zur Mahnung, den Artisten in sich, den ein Über-Ich aus Schuld- und sozialem Bewußtsein aus seiner künstlerischen Welt ein für alle Male hatte verbannen wollen, wieder zu seiner ehemaligen Existenzberechtigung zu verhelfen; ihn gilt es zu rehabilitieren. Die virtuelle Ermordung von Laertes steht hier gleichnishaft für die virtuelle Ermordung des Künstlers Weiss. Paradoxerweise führt der Weg zur Gesundung zurück in das Reich des Hades über die Begegnung mit den Toten – „es lebe das Hinuntersteigen in die Regionen der Zwecklosigkeit ..., es lebe der Ausbruch aus allem Vernünftigen, Sinnvollem, Zukunftsbedachtem ... es lebe der dumpf vor sich hin Lallende, der mir näher ist in dieser Stunde als jeder ... Erneuerer" (Rek, 406 f.).

Falsch wäre es, diese Sehnsucht nach Flucht und Halluzination absolut zu setzen. Die Zitate sind auch bei Weiss nur Bruchstücke einer Konfession. Sie reklamieren die Wiederherstellung von etwas Verlorenem, von etwas voreilig Verabschiedetem, lesen sich als selbstkritische Forderung nach einer längst fälligen Korrektur. Neben den erwähnten Traumata-Protokollen, die „die vitale Anwesenheit des Todes" für das Florieren der Kunst hochleben lassen, stehen nämlich mit der voranschreitenden physischen Genesung in der zweiten Hälfte der *Rekonvaleszenz* die wieder erwachenden aktivistischen Vorsätze des Entschlußkräftigen – wenn auch neuerdings etwas angekränkelt von des Gedanken Blässe.

Dieses nahtlose Nebeneinander von Totenbeschwörung und militantem Planen, von Konjunktiv und Indikativ, von Wunsch und Wirklichkeit will von einer Aufhebung in einer harmonisierenden Synthese nichts wissen. Der Einzelne, zerrieben und zermürbt im Kampf zwischen Selbstaufgabe und Selbstbehauptung, bleibt einzeln. Keine Zeitgenossenschaft, keine politische Praxis kann ihn aus diesem auferzwungenen Exil retten. Der Streit zwischen den zwei Seelen, der sich bei dem immerhin doch sehr schuldverstricktem Faust im „Jenseits der höheren Sphären" in Wohlgefallen auflöst, wird vom Tagebuchschreiber Weiss nicht geschlichtet. Seine zwei Seelen, die „rasende" und die „nüchterne", die chaotisch Anarchische gegenüber der gezügelt Planenden – sie können nicht zur Übereinstimmung kommen, verweigern sich resolut jeglicher Befriedung. „Eins sein mit Dir selbst ...," spottet Weiss, „welche ... Verstiegenheit, da du in der Zersplitterung, Brutalisierung, im Aufeinanderprallen von Feindseligkeiten ..." (Rek, 364) lebst. Zum Schluß des Tagebuchs, am 9. Dezember, lesen wir die sehr viel souveränere Überlegung: „Meine Funktion als Autor liegt darin, daß ich infrage stelle, anzweifle ... Lange Erfahrungen haben wohl zu grundsätzlichen Entscheidungen geführt, ... das politische Ziel ist bestimmt, doch die Zeit der Bewegung auf dieses Ziel hin ist geprägt vom Dualismus. Solange ich mich mit subjektivem Material befasse ... wird das Schwankende ... Widerspruchsvolle nicht störend empfunden, auf natürliche Weise spiegelt sich darin die Vorstellung, die ich von mir selbst habe. Doch richte ich meine Aufmerksamkeit auf die soziale Wirklichkeit, ... gerate ich in das Dilemma, das von der Forderung erhoben wird, Eindeutiges und Konkretes auszusagen" (Rek, 503).

Dieses Dilemma dürfte Weiss schon früher vertraut gewesen sein. Leben und Werk weisen nämlich von jeher binäre Strukturen auf; die Aufteilung in zwei Seelen bleibt sich gleich, wenn auch die jeweiligen Seelen nicht immer die gleichen sind. Schon ein Brief an Robert Jungk vom 30. März aus dem Kriegsjahr 1939 skizziert eine solche Konstellation.[12] Weiss erzählt dem Freund von einem „seltsamen, unheimlichen Traum": er habe mit einem, seinem, Doppelgänger gerungen, bis es ihm schließlich gelungen sei, ihn zu überwältigen. Obgleich er ihn in seiner Gewalt hielt, fürchtete er sich vor ihm. Er dachte daran, ihn zu erwürgen, aber der Gedanke an Mord hielt ihn davon ab. Schließlich mißhandelt er seinen Gegner so sehr, daß dieser sich erbricht. Aus Ekel vor ihm läßt er von ihm ab, fühlt sich aber von nun an von ihm verfolgt und erleidet seinerseits Qualen, die aber vom faktischen Verhalten seines Doppelgängers keineswegs verursacht sind.

Vielleicht ist dieser Brief tatsächlich das erste schriftliche Zeugnis von einer solchen *Urszene*: das geteilte Ich zwischen Intellekt und Organismus, das hier im traditionellen Doppelgängermotiv Gestalt annimmt; der Zerstörungstrieb, der sich im gewalttätigen Umgang mit dem anderen Selbst ausdrückt, und schließlich, obwohl der Kampf zugunsten des Ich gewonnen zu sein scheint, das quälende Gefühl von Schuld, Verfolgungs- und Todesangst, das Gefühl – wie dreißig Jahre später in der *Rekonvaleszenz* – von erstickender Hilf- und Ausweglosigkeit.

Tatsächlich handelt es sich hier um ein Leitmotiv, das wir z.B. im Ringkampfbild der *Apokalypse* aus dem Jahre 1945 wiederfinden; es antizipiert auch eine der experimentierenden Filmstudien aus dem Jahre 1952/53, wo ein Mann einen anderen mit großer Mühe hinter sich herschleppt, bis er sich seiner entledigt. Dies wiederum erscheint als visuelle Vorform einer abschließenden Formulierung in *Abschied von den Eltern*: „Das Ich, das ich mit mir schleppte, war verbraucht, zerstört, untauglich, es mußte untergehen",[13] eine Prognose, die der folgende Prosatext *Fluchtpunkt* einlöst; der Roman hätte ja ursprünglich dieses „untergegangene Ich" im Bild der ausgestorbenen Spezies des „Dinosaurus" zum Titel haben sollen.

Die Liste der antithetisch-dialektischen Werkstrukturen läßt sich unendlich fortsetzen, denn die Zerrissenheit des Autors erfährt ihre ästhetische Umsetzung nicht nur im einfachen Doppelgängertum, die Rollen der Doppelgänger selber sind jeweils in sich gebrochen. *Der Turm*,[14] ähnlich wie der schon erwähnte Brief, weist eine solche archetypische Situation auf: hier bricht „sich" ein gefangenes Ich, wie es die Bühnenanweisungen verfügen, in ein entfesseltes Ich aus. In den Filmstudien III und IV – *Befreiung* (1954) – finden wir die bildlichen Äquivalente bis zum *Duell*,[15] das wiederum verinnerlicht den Auftakt zu *Abschied von den Eltern* – „peilend zwischen Aufruhr und Unterwerfung" – markiert.

Als künstlerischer Höhepunkt des dualistischen Prinzips, diesmal zum ersten Mal mit deutlich politischer Besetzung, darf wohl die Inszenierung des extremen Individualisten Sade und seines kollektivistischen Doppelgängers Marats gelten. Die Stimme der Nacht und die des Tages, die die *Rekonvaleszenz* kontrapunktisch durchziehen, gehen nicht zuletzt auf diese zwei Kontrahenten zurück. Inhaltlich verschoben begegnen wir ihnen wieder in den Gegenspielern Trotzki und Lenin einerseits und den Wahlverwandten Trotzki und Breton andererseits. Und im *Hölderlin*-Stück, dessen Niederschrift mit dem Abschluß der *Rekonvaleszenz* zusammenfällt, erhalten die zwei Stimmen die Namen von Hölderlin und Marx. Charakteristischerweise ist es Marx, der die „Absolution" erteilt, daß es sich bei den zwei – wenn auch nicht zu vereinenden Polen – doch um zwei Äquivalente handelt: „Zwei Wege sind gangbar/", tröstet er den Dichter, der sich ihm als „Toten auf Abruf" vorstellt. „Der eine Weg ist/ die Analyse der konkreten historischen Situation/Der andere Weg ist/ die visionäre Formung/ tiefster persönlicher Erfahrung./"[16]

Zwischen der Gefahr des Verstummens und dem Ringen um eine neue Sprache trotzt sich Peter Weiss mit der „Ästhetik des Widerstands" einen letzten monumentalen Versuch ab, seine zwei Seelen miteinander zu versöhnen. Durch 1000 Seiten hindurch verfolgen wir die Initiationsreise eines Erzählers, der sich, selbst doppelt, vom Chronisten zu eigener Autorschaft entwickelt: setzt der erste Band bewußt mit einem Wir ein, so endet der dritte Band ebenso bewußt in der Ich-Form. Nur dem Ich des Schriftsteller-Sohnes ist es gegeben, jenseits des politischen Diskurses Wortbilder zu erfinden, die das Verstummen der Mutter rückgängig machen. Weiss' Doppelheit spiegelt sich auch in dem Protagonisten Heilmann wider: Aus seinem „Brief an Unbekannt", geschrieben vor seiner Hinrichtung in Plötzensee, spricht nicht das Pathos des heroischen Antifaschisten, sondern das Pathos des Traumes, des Begehrens, der Poesie. Heilmanns Vermächtnis ist die Phantasmagorie eines Visionärs, der in das „Innerste seines Gehäuses" entflohen ist und um die „Dürftigkeit (seiner) Bemühungen draußen" weiß. Alfred Anderschs feinsinnige Lektüre der *Ästhetik* dürfte Weiss' Anliegen gut zusammenfassen: „Zuletzt begreift man", schreibt Andersch in seiner Rezension, „daß es das Empfindlichste, das am wenigsten Sagbare ist, das widersteht."[17]

Die „Kreuzwerke der Antagonismen", die Heilmann für sich in Anspruch nimmt, durchlaufen nicht nur die *Ästhetik*, sie charakterisieren in vielleicht aporetischster Form auch Weiss' letztes Stück *Der neue Prozeß*: den „neuen" K. wollte Weiss verstanden wissen als ein Wiederanknüpfen an seine surrealistischen Anfänge, an einen bestimmten Literaturtyp, der ihm „sehr naheliegt", den er mit seinen neuen politischen Einsichten zur Synthese bringen wollte. K.s Gespaltenheit zwischen sozialem Idealismus und beruflichem Ehrgeiz kommt ihm schwer zu kosten, denn als er zu zweifeln anfängt, als er beginnt, die verbrecherischen Machenschaften des Finanzkartells zu durchschauen, wird er kurzerhand ermordet. Von Synthese kann also auch hier keine Rede sein.[18]

Nein, in der zehn Jahre zuvor geschriebenen *Rekonvaleszenz* haben wir es wahrhaftig nicht mit einem neuen Weiss zu tun, wie der Verlag uns glauben machen will. Wohl aber mit einer neuen ästhetischen Komposition, in der unendliche Varianten von „antagonistischen Kreuzwerken" sich exemplarisch verdichten. Wie in einer Rollenprosa prallen die widersprüchlichsten Perspektiven aufeinander. Und doch: bei aller beschworenen Parität wäre man taub, würde man nicht die Inbrunst vernehmen, mit der hier der so lange unterdrückten Subjektivität das Wort geredet wird. Von den zwei Wegen scheint dieser eine der für Weiss doch „gangbarere" zu sein. Allein er verspricht auch nur die Möglichkeit einer *Rekonvaleszenz*.

Anmerkungen

1 „Rekonvaleszenz" entstand zwischen dem 10. August 1970 – 1. Januar 1971. Der Titel stammt vom Autor. Wir zitieren aus folgender Ausgabe: Peter Weiss. Werke in sechs Bänden, Bd. 2, Suhrkamp Verlag, Frankfurt 1991, S. 345-546.

2 „Der neue Prozeß", edition suhrkamp, Frankfurt 1984, auch posthum erschienen.

3 „Notizbücher 1960-1971", 2. Band, edition suhrkamp, Frankfurt 1982, S. 778-843, unter der Überschrift „Eingefügte Blätter".

4 „Notizen zum 'Hölderlin'-Stück" in: „Der andere Hölderlin". Materialien zum 'Hölderlin'-Stück von Peter Weiss, hrsg. von Th. Beckermann und Volker Canaris, suhrkamp taschenbuch, Frankfurt 1972, S. 127-132.

5 Vgl. „Literatur, Ästhetik, Geschichte. Neue Zugänge zu Peter Weiss", hrsg. von Michael Hofmann, Röhrig Verlag, St. Ingbert 1992.

6 „Peter Weiss, die Literatur und der Sozialismus. Neue Fragen an alte Texte". Ein Dossier zur Arbeitstagung der IPWG am 19. Juni 1992 in der Universität Hannover. Zusammengestellt von Rainer Koch und Martin Rector.

7 Peter Weiss: Briefe an Hermann Levin Goldschmidt und Robert Jungk 1938-1980, hrsg. von Beat Mazenauer. Reclam Verlag, Leipzig 1992.

8 Vgl. Genia Schulz: „Der Tod in Texten von Peter Weiss." In: Merkur 12/89, S. 1048-1055.

9 „The Studio of Dr. Faust", 16 mm, Farbe, 105 m, 10 Min. Regie, Drehbuch, Szenenbild, Schnitt und Musik von Peter Weiss.

10 „Ästhetik des Widerstands", Bd. 1, S. 134, Suhrkamp Verlag, Frankfurt 1976.

11 Der Erzähler von „Abschied von den Eltern" berichtet aus der Kindheit von einem „Fassadenkletterer", der ihm großen Eindruck machte: „Mir schien es eine Art Beruf zu sein, eine seltene und überaus schwierige Aufgabe, der man sein ganzes Leben widmen mußte", edition suhrkamp, Frankfurt 1961, S. 21. Zehn Jahre später kommt der Autor des Journals „Rekonvaleszenz" auf dieselbe Formulierung zurück.

12 Vgl. Briefe, S. 74.

13 „Abschied von den Eltern", S. 119.

14 „Der Turm", geschrieben 1948, veröffentlicht in „Spectaculum. Texte moderner Hörspiele", Suhrkamp Verlag, Frankfurt 1963, S. 250 ff.

15 „Duellen", 1951 auf Schwedisch geschrieben, „Das Duell", auf Deutsch veröffentlicht, Suhrkamp Verlag, Frankfurt 1972.

16 „Hölderlin". Stück in zwei Akten. Suhrkamp Verlag, Frankfurt 1973, S. 174.

17 „Wie man widersteht". Rezension des ersten Bandes der „Ästhetik des Widerstands." In: Alfred Andersch: „Öffentlicher Brief an einen sowjetischen Schriftsteller, das Überholte betreffend. Reportagen und Aufsätze". Diogenes Verlag, Zürich, 1971, S. 174.

Menschen-Bilder.
Zu Peter Weiss' Erzählung „Das Duell"

Clemens Kammler

Ein erfolgloser Künstler (Gregor) ist mit einer schönen Industriellentochter (Lea) liiert. Hinter ihrem Rücken schläft er aber noch mit einer anderen Frau (Janna), die ihrerseits in einer inzestuösen Beziehung zu ihrem hochgradig eifersüchtigen Vater lebt. Befreundet ist Janna mit einer Nymphomanin (Inez), deren Mann sich gerade aus dem Fenster seiner Villa gestürzt hat und die es ebenfalls auf den Künstler abgesehen hat. Die Industriellentochter ist übrigens auch verheiratet, hat mit ihrem Ehemann (Robert) eine Tochter und ist vom Künstler schwanger. Sie läßt das Ungeborene abtreiben, will aber trotzdem mit dem Künstler zusammenleben und gibt deshalb ihrem Ehemann den Laufpaß. Dieser muß zu allem Übel auch noch die Demütigungen seines selbstherrlichen Schwiegervaters über sich ergehen lassen, in dessen Firma er als Lagerverwalter arbeitet, wird fast wahnsinnig und von dem hartherzigen Industriellen nach dem Verlust der Ehefrau auch noch zum Packer degradiert. Der Künstler entschließt sich nach einer allzu anstrengenden gemeinsamen Nacht mit seiner heimlichen Zweitfreundin dann doch für die Industriellentochter, die inzwischen Kenntnis von seiner Nebenbeziehung hat. Man kann sich denken, daß die Sache bei dieser Vorgeschichte nicht gutgehen kann. Außerdem sind die beiden grundverschiedene Typen und darüber hinaus viel zu beschäftigt mit ihren jeweiligen ödipalen Blessuren. Immerhin nimmt die Industriellentochter nach der unausweichlichen Trennung ihr Kind zu sich – gegen den Willen ihrer empörten Eltern, die sie damit für überfordert halten.

Das Schicksal der verlassenen Zweitfreundin bleibt am Ende offen. Allerdings erfährt man noch, daß ihr Vater sie vergewaltigt, während sie schläft, die Nacht seiner Tat aber nicht überlebt. Man darf vermuten, daß dies die Wirkung eines Giftes gewesen ist, das ihm seine Tochter in regelmäßigen Dosen mit der Mittagsmahlzeit verabreicht hat.

Eine Geschichte, wie sie das Leben nicht unbedingt schreibt, aber vielleicht geeignet für die aktuelle TV-Serienproduktion, könnten Lästerer behaupten. Immerhin hat ein Rezensent vor der „Verführung" gewarnt, bei dieser Erzählung „eine Fabel oder sonstwie konkrete, realistisch zu nennende Strukturen zu rekonstruieren".[1] Peter Weiss selbst bezeichnet sie im Vorwort zur Suhrkamp-Ausgabe von 1972, 19 Jahre nach der schwedischen Erstveröffentlichung, als „ein Resultat der Isoliertheit, von der meine Tätigkeit während der Emigrationsjahre geprägt war".[2] Der inzwischen durch den *Marat/Sade* und *Die Ermittlung* international bekannt gewordene Autor hatte sich spätestens 1965 entschieden, bei seiner Arbeit für die Sache des Sozialismus einzutreten. Dieser neuen Berufsauffassung entsprach ein Text wie *Das Duell* natürlich nicht mehr.

Was aber macht die Qualität dieser Erzählung aus? Denn wäre sie nur ein „Text über Chaoten und ihr chaotisches Leben",[3] so hätte Weiss wohl kaum noch so spät die deutschsprachige Edition betrieben und sogar an der Übersetzung von J.C. Görsch mitgearbeitet. Auch die Mehrzahl der Kritiker siedelt sie literarisch keineswegs im Bereich des Trivialen an. Es wird ihr eine faszinierende, an surrealistischen Vorbildern orientierte Erzähltechnik und im Vergleich zu der von Weiss vorher verfaßten Prosa „neue formale Qualität"[4] bescheinigt. Darüber hinaus hat Carl Pietzcker in einer minutiösen Untersuchung den Nachweis geführt, daß sich der Autor hier nicht nur praktisch mit literarischen Vorbildern – Kafka, Henry Miller, Strindberg – auseinandersetzt, sondern vor allem „dem psychoanalytischen Ansatz" folgt.[5] Alfons Söllner hat dieser These zwar prinzipiell zugestimmt, jedoch die Einengung der Problematik auf eine individualpsychologische kritisiert. Tatsächlich unterstellt Pietzcker, der Text lasse „die soziologische Komponente außer acht".[6] Die Auseinandersetzungen, von denen er handelt, seien letztlich innerhalb der Psyche der einzelnen Figuren zu verorten, das Duell, das der Titel der Erzählung meint, sei der Kampf des Individuums mit verinnerlichten Autoritäten. Peter Weiss hat noch kurz vor seinem Tode in einem Interview darauf hingewiesen, daß er sich gegen Ende des Krieges unter dem Einfluß des Arztes und Sozialpsychologen Max Hodann intensiv für Psychoanalyse interessiert habe. Er erwähnt allerdings auch, daß für Hodann die Bedeutung der Psychoanalyse darin bestanden habe, „den Menschen in Zusammenhang gestellt zu sehen mit dem sozialen Leben, mit den gesellschaftlichen Verhältnissen".[7] Söllner leitet aus dieser Aussage die These ab, daß im zu Beginn der fünfziger Jahre entstandenen *Duell* jenseits der individualistischen Befreiungsperspektive auch das Problem gesellschaftlicher Machtbeziehungen im Text angelegt sei.[8]

Auch der vorliegende Beitrag geht von dieser These aus, die bei Söllner bereits in Ansätzen belegt wird.[9] Über diese Belege hinaus soll der Versuch unternommen werden, die *latente Anthropologie* herauszuarbeiten, die den Menschen-Bildern im *Duell* zugrunde liegt, und ihre theoretisch-literarische Herkunft genauer zu bestimmen.

I.

Der Beginn erinnert an Kafkas *Heimkehr*.[10] Der Weg zu Gregor, der in einer verlassenen Fabrik haust, führt Lea über Hindernisse, durch feindliches Gerät:

> Der zersprungene Fußboden war übersät mit leeren Blechbüchsen und Zisternen, die im Windzug tönten und rasselten, gestürzte Zementsockel, zerbrochene Walzen versperrten den Weg. (223)

Wie die Familie des Ich-Erzählers in Kafkas Parabel befindet sich Gregor in räumlicher Distanz zur wahrnehmenden Perspektive. Seine Stimme hört Lea „von fern" (224). Die kafkaeske Atmosphäre von Entfremdung, von gestörter Intersubjektivität und bedrohlicher Objektwelt, erfährt bei Weiss noch eine Steigerung. Bei Lea löst der „harte Raum" Verzweiflung und Ekel aus, sie nimmt einen „Geruch von Tod und Fäulnis" wahr (224). Nur scheinbar wird dieser Zustand aufgebrochen durch die Begegnung mit dem anderen, die bei Kafka ausbleibt: Gregor tritt ihr in einem „knirschenden Panzer" (225) aus Metall und Leder, als „grimmige Statue" (224) entgegen. Auffällig ist die Umkehrung eines weiteren kafkaschen Bildes: Während in *Heimkehr* die Katze auf der Treppe „lauert", Bestandteil der feindlichen Umgebung ist, besteht zwischen Leas und Gregors Hund „liebkosende Intimität" (224). Allein das Tier scheint gegen die Starre zwischen den Figuren anzugehen: „der Hund wandte den Kopf hin und her, als wollte er sie zusammenweben" (224).

Hier wie in der gesamten weissschen Erzählung spielen zwei Bildkomplexe eine wichtige Rolle[11]: das Anorganische, Mechanische, Technische, die Welt der Maschinen und Fabriken und das Animalische, Tierische. Komplementär zur Vermenschlichung des Tieres macht Weiss vom Stilmittel der Verdinglichung und „Vertierung" Gebrauch, wenn er das Handeln und die Beziehungen seiner menschlichen Figuren beschreibt. Die erste Zeichnung, die er zum *Duell* angefertigt hat, zeigt ein zentaurenhaftes Wesen mit Hundekopf, vielarmig und -beinig, an beiden Seiten des Körpers mit männlichen Geschlechtsteilen versehen: ein Bündel aus Muskeln und aggressiver Bewegung. Hier ist der „anthropologische Befund" versinnbildlicht, den Weiss im *Marat/Sade* auf den Begriff bringen wird: „Ein irrsinniges Tier ist der Mensch".[12]

Auffallend häufig werden Tiermetaphern zur Personenbeschreibung benutzt. In Jannas Gesicht vibrieren „Nüstern" (237), Gregors Hände werden zu „Krallen" (238), Leas Mund erscheint als „Rattenschnauze" (242) und Robert (wie Gregor Samsa in Kafkas *Verwandlung*) als „großer schwarzer Käfer" (255). Über einen Geschlechtsakt zwischen Lea und Gregor heißt es: „Sie rang mit einem Tier" (251), und als Janna an die gewaltsamen Übergriffe ihres Vaters gegen ihre verstorbene Mutter zurückdenkt, erscheint in ihren Erinnerungen „ein nackter, fleischiger Schweinerüssel" in der Tür der elterlichen Wohnung (240). Häufig verschränken sich die Bilder des Animalischen mit Darstellungen gewaltsamer Kämpfe, und dies, obwohl die Perspektive ständig von einer zur anderen Figur gleitet, der personale Erzähler das Geschehen wie mit häufig wechselnden Kameras festhält.

Die Bilder des Anorganischen lassen zunächst die Konnotation von Defensive, Abschottung einer Figur gegen die andere zu. Gregors Welt, als „Festung aus Glas und Staub" (225), „Raum aus Metall und Stein" (225), wird von Lea als „starre Welt" (225) menschenfeindlicher Rationalität wahrgenommen. Im Bild der Maschine wird die aktive, zerstörerische Seite dieser Rationalität entfaltet. Es findet zunächst Anwendung bei der Beschreibung Gregors, den Lea „als einen Teil dieser schwarzen Maschinenfragmente" (236) wahrnimmt, die in der verlassenen Fabrik herumstehen, in der er haust. Bei der Darstellung von Leas Vater, der Robert eine Stelle als Packer zuweist, gewinnt die tote Maschinenmaterie Leben:

> Ich konnte nicht kommen, sagte er (d.i. Robert; C.K.) zum Kapitän (d.i. Leas Vater; C.K.), der einer vibrierenden Maschine gleich vor ihm im Kommandoraum stand. Er fürchtete sich nicht vor dem Beben und heftigen Puffen der Maschine. Er hielt sich auf Abstand zu den hackenden Metallarmen der Maschine, fragte: Ist im Packraum noch ein Platz frei? Die Maschine glänzte und blitzte vor Gelächter. (279)

In den Kämpfen der Maschinen-Tiere geht es immer wieder um das Sexualobjekt. Variiert wird dieses Thema in mehreren sadomasochistisch geprägten Dreieckskonstellationen. Einen ersten Höhepunkt erfährt es in der Kampfszene zwischen Gregor und Jannas Vater, in der die Grenzen zwischen Tier, Mensch und dinghafter Objektwelt verschwimmen:

> Der Vater sprang auf, der Stuhl hinter ihm fiel um und zerbrach. Das krachende Holz machte ihn rasend, es war, als wäre ihm ein Arm, eine Rippe gebrochen, seine Schmerzen, seine Wut kannten keine Grenzen, seine Hände griffen nach Gregor, der jetzt in der offenen Tür stand, er riß ihn ins Zimmer, stieß ihn gegen den Tisch. Aber der Hund sprang vor, verbiß sich in dem Arm des Angreifers, während Gregor in das schwappende Gesicht schlug, sich losriß und um den Tisch flüchtete,

verfolgt von dem röchelnden Mann, der den Hund abzuschütteln versuchte. (229)

Während Jannas Vater bis in die Schmerzempfindung hinein mit der Dingwelt verbunden ist, wird ihr der Hund nach dem Kampf als totes Objekt einverleibt. Nachdem der Angegriffene ihn erstochen hat, landet er zusammen mit den Trümmern des Stuhls auf dem Abfallhaufen.

In der Perspektive des umkämpften Objekts, Janna, erscheint der Kampf im Bild des Jahrmarkts, in dem sich die beiden genannten Bildbereiche überlagern. Die Kämpfenden werden zu vorbeigalloppierenden „Pferdemännern" (229), zu einer „einzige(n) zusammengekette(n) Gestalt mit drei Köpfen und vier Windmühlenflügeln" (229), das Kampfgeschehen erlebt Janna als „Rotation", als „Karussell, das vor ihr schnurrte" (229). Zu Recht ist darauf hingewiesen worden, daß diese Bilder die Tendenz haben, „die Grenzen zwischen Individuellem und Kollektivem verschwimmen" zu lassen.[13] Im Bild des mechanisch-animalischen Zwangskollektivs lösen sich die individuellen Konturen der Personen auf, weil sie hier nur noch einen einzigen Bedeutungskomplex repräsentieren. Während des Kampfes heißt es von Gregor: „Er wußte nicht, um was er kämpfte, er war in einen *mythischen Streit* geraten" (230). Es handelt sich um den Mythos eines allumfassenden „Schlachtfeldes", das, ähnlich dem hobbesschen Naturzustand, allenfalls „abgeblendet" (230) werden kann. Daß es sich dabei nur um einen „scheinbaren Frieden" (230) handelt, zeigt der weitere Verlauf der Erzählung, in der die Beschreibung dieses Zustandes zur Vision einer „blutrote(n) schlürfende(n) Welt" (233) sadomasochistischer Geschlechtlichkeit gesteigert wird.

Interessant ist in diesem Zusammenhang die Frage, wie Weiss im *Duell* die Geschlechterbeziehung darstellt. Auf der einen Seite ist die Gewalt oft mit männlichen Attributen versehen, ist der Penis eines ihrer markantesten Symbole. Dies gilt sowohl für die genannte Federzeichnung als auch für die Beschreibung von Geschlechtsakten im Text selbst. Das männliche Glied wird zur „Waffe" (239 und 251), Männer vergewaltigen Frauen (vgl. 251 und 284), sind diejenigen, die von ihrer physischen Überlegenheit brutal Gebrauch machen. Auf der anderen Seite bezieht der Erzähler die Frauen in den „mythischen" Komplex triebhafter Machtgier mit ein. Die männliche Gewalt hat ihr Pendant in weiblicher Gegengewalt. So werden in der ebenfalls als „Kampf" (237) dargestellten Sexualorgie zwischen Janna, Inez und Gregor Aktivität, Besitzwunsch, ja „Hohn und Verachtung" (233) auf seiten der Frauen angesiedelt. Gregor erscheint hier als das Objekt weiblicher Begierde, als der Unterlegene, der das Geschehen über sich ergehen läßt, „bis er eine einzige Wunde war, bis der Schmerz ihn blendete" (233). Auch Lea übt in der Dreieckskonstellation mit Gregor und Robert lustvoll Macht über beide Männer aus, indem sie sich ihnen sexuell verweigert und ausgerechnet ihren schwachen Ehemann erniedrigt, als sie sich auf ihn stellt (vgl. 227). Janna ist „erfüllt vom Trieb, sich (beim Beischlaf mit Gregor; C.K.) morden zu lassen" (238), aber vertritt nicht nur in der Szene mit Gregor und Inez auch die aktive Komponente sadomasochistischer Gewalt. Sie gebraucht Wörter als „Bazillenwaffen" (253), und als Gregor sie verlassen hat, legt sie in einer letzten symbolischen Attacke gegen ihre Rivalin den Reißzahn aus dem Maul des toten Hundes neben Leas Bett. Ob sie ihren Vater tatsächlich vergiftet, läßt die Erzählung allerdings offen (vgl. 239 f.).

Der Vorwurf der „Misogynie", der dem Autor des *Duell* gemacht wurde, da er männlichen Sadismus und männliche Herrschaftsphantasien nicht nur dargestellt, sondern in der Erzählung auch nirgendwo reflektiert habe,[14] trifft somit nur einen Teil des Problems. Auch Janna phantasiert die Kastration der sie bedrohenden Männer, auch Lea empfindet „wilde Lust (Gregor; C.K.) zu schlagen" (255), „trampelt ihn (in ihren Phantasien; C.K.) in den Boden hinein" (254). Männer und Frauen sind gleichermaßen Opfer und Täter, Subjekte und Objekte von Gewalt. Und weder die einen noch die anderen verlassen das Schlachtfeld am Ende als Sieger, alle sind am Ende „verwundet" (vgl. 287). Im Duell der beiden Hauptfiguren, Gregor und Lea, erscheint zuletzt die Frau als die Überlegene. Sie ist es, die ihn verläßt und das sadistisch genießen möchte: „sie wollte mit ihm ringen, ihn erniedrigen, ihre Übermacht auskosten" (285). Doch mißlingt dies, weil die Beziehung beendet ist, Lea nun ohne ihren Gegner auskommen muß. Umgekehrt ist die schwächste unter den vier Hauptfiguren, Robert, ein Mann. Selbst er aber übt noch im Zustand äußerster Regression eine imaginäre Macht über die anderen aus, die er heimlich beobachtet. Sein wahnhafter Panoptismus sichert ihm geradezu das Überleben: „Es war, als besäße er das Leben derer, an die er sich herangepirscht hatte – sie ahnten nichts von der Nähe des Jägers. Sehen, ohne selbst gesehen zu werden, das war seine letzte Stärke ..." (257)[15]

Grundlage des Frauenbildes im *Duell* scheint also ein Menschenbild zu sein. Es handelt sich um einen Mythos vom andauernden Kriegszustand unter den Individuen: *homo homini lupus.* In den Phantasien der von Gregor verlassenen Janna ausgedrückt: „(...) es gab nur Instinkte, dunkle Impulse, eine Art Urwalddasein – mit Hingabe an Tod und Leben, vielleicht würde sie gefressen werden, vielleicht würde sie auffliegen und ihre Beute reißen" (252). Wie manche andere Stelle der Erzählung erinnert diese an Henry

Millers *Wendekreis des Krebses,* wo sich der Ich-Erzähler im Zustand äußerster „Wahrhaftigkeit" zum Tier in sich bekennt und daraus ein entsprechendes Handlungsprogramm ableitet:

> Ich beschloß, mich an nichts zu klammern, nichts zu erwarten, von nun an zu leben wie ein Tier, ein Raubtier, ein Freibeuter, ein Räuber. Sogar wenn Krieg erklärt wurde und es mein Los war mitzugehen, würde ich das Bajonett aufpflanzen und zustoßen, es hineinrennen bis zum Heft. Und wenn der Tagesbefehl Vergewaltigung lautete, dann würde ich vergewaltigen, und zwar tüchtig. War nicht eben in diesem Augenblick, im ruhigen Heraufdämmern des Tages die Erde benommen von Verbrechen und Elend? War ein einziges Element der menschlichen Natur durch den unaufhörlichen Gang der Geschichte geändert, wesentlich, grundlegend geändert worden? Durch das, was er den besseren Teil seiner Natur nennt, wurde der Mensch verraten, das ist alles. An den äußersten Grenzen seines geistigen Seins findet der Mensch sich wieder, nackt wie ein Wilder.[16]

II.

Mindestens zwei Indizien sprechen dafür, daß es dem Autor des *Duell* nicht nur darum ging, die Botschaft aus der millerschen „Dschungelwelt"[17] zu wiederholen: Zum einen wird diese bei Weiss aus verschiedenen, aber jeweils begrenzten Perspektiven heraus formuliert und konstituiert dabei nur *einen* Bildbereich neben anderen.[18] Zum anderen irritiert an der Erzählung das Nebeneinander verschiedener Darstellungsebenen. Außer den sprachlichen und graphischen *Bildern* tauchen immer wieder Begriffe auf, deren genaue Herkunft und deren Stellenwert im *Duell* bislang nicht hinreichend geklärt wurden.[19] Ebenso spricht der Erzähler mehrfach eine archaische, mythische Dimension des Geschehens an (vgl. etwa 230, 238), aus der es kein Entrinnen zu geben scheint. Von Lea heißt es beispielsweise aus der Perspektive Gregors:

> Sie gehörte hierher, so wie Gregor hierher gehörte, die graue Vorzeit hier war ihre Wahrheit, der Kampf, der hier geführt wurde, war ihre Wahrheit, es war der Kampf, durch den sie hindurch mußte, um zu ihrem neuen Leben zu gelangen. Zu was für einem neuen Leben? Gab es überhaupt ein neues Leben? (259)

Neben den häufigen Hinweisen auf ein schicksalhaftes Gesetz fällt die Verwendung der Worte „Zivilisation" und „Kultur" besonders auf: „In welcher Lebensform, in welcher Kultur sollte sie sich entfalten können?

Ihre Wildheit war von feindlichen Kräften verzerrt worden, es gab keinen Ausdruck für sie" (261), heißt es über Lea. Gregor selbst ist in seinen Augen von „alter resignierter Zivilisation" (261). Auffällig ist, daß der Erzähler – wie Freud in seinen späten kulturtheoretischen Arbeiten[20] – die beiden Begriffe synonym verwendet: „Ich, untergehend in einer untergehenden Kultur" (276), lautet eine andere selbstanalytische Aussage Gregors. Ein genauerer Blick auf die 1930 veröffentlichte Schrift *Das Unbehagen in der Kultur*,[21] kann den Eindruck erhärten, daß Weiss im *Duell* keineswegs nur auf die Individualpsychologie Freuds rekurriert, sondern darüber hinaus seine Kulturtheorie als entscheidende Referenz benutzt. Eine Grundannahme dieser Theorie besteht darin, daß wir wie „unsere Verwandten, die Tiere"[22] durch eine „primäre Feindseligkeit"[23] gegeneinander geprägt seien:

Ein gern verleugnetes Stück Wirklichkeit (...) ist, daß der Mensch nicht ein sanftes, liebebedürftiges Wesen ist, das sich höchstens, wenn angegriffen, auch zu verteidigen mag, sondern daß er zu seinen Triebbegabungen auch einen mächtigen Anteil an Aggressionsneigung rechnen darf. Infolgedessen ist ihm der Nächste nicht nur Helfer und Sexualobjekt, sondern auch eine Versuchung, seine Aggression an ihm zu befriedigen, seine Arbeitskraft ohne Entschädigung auszunützen, sich in den Besitz seiner Habe zu setzen, ihn zu demütigen, ihm Schmerzen zu bereiten, zu martern und zu töten. *Homo homini lupus;* wer hat nach allen Erfahrungen des Lebens und der Geschichte den Mut, diesen Satz zu bestreiten?[24]

Nicht nur der durch Hobbes berühmt gewordene Satz von Plautus, den Freud hier zitiert, deutet auf Affinitäten zwischen der freudschen Spätschrift und dem *Duell* hin. Wenn Weiss später auf den „mythologischen" Charakter seines früheren Weltbildes hinweist,[25] so liegt die Vermutung nahe, daß es sich hierbei um ein von der psychoanalytischen Kulturtheorie und Anthropologie geprägtes gehandelt hat. Denn Freud selbst weist dem Mythos entscheidende Bedeutung bei der psychoanalytischen Theoriebildung zu.[26] Neben dem Ödipusmythos, der im *Duell* fraglos eine zentrale Rolle spielt,[27] ist hier der „Streit der Giganten",[28] Eros und Thanatos, thematisiert, von dem *Das Unbehagen in der Kultur* handelt. Freud sieht Eros, den Lebenstrieb, und die Kultur gemeinsam in einem grundlegenden Konflikt mit dem Todestrieb stehen. „Die Schicksalsfrage der Menschenart", heißt es am Ende seines Textes, „scheint mir zu sein, ob und in welchem Maße es ihrer Kulturentwicklung gelingen wird, der Störung des Zusammenlebens durch den menschlichen Aggressions- und Selbstvernichtungstrieb Herr zu werden".[29] Dabei sichert die Kultur die Individuen zwar gegen die Bedrohung durch innere und äußere Natur, unterdrückt aber gleichzeitig die für ihr Zusammenleben gefährliche Aggression, indem sie sie verinnerlicht, als Über-Ich gegen sie selbst richtet; daher „das Unbehagen", das die Menschen in der Kultur verspüren.

Dieser Theoriezusammenhang ist in der Weiss'schen Erzählung als ganzer präsent. Tier-Mensch und Maschinen-Mensch repräsentieren aggressive Natur und repressive Kultur des Menschen. Daß die Maschine gleichzeitig Agentin des Über-Ichs ist, wird am deutlichsten an der Figur von Leas Vater, der als personifizierte Gerichts-Maschine auftritt, die, einer „mystischen Gewalt" (247) gleich, Robert vor der „Jury der Angestellten" (246) zur Rechenschaft zieht, um bei diesen Katharsis-Effekte auszulösen. Während Robert von Beginn an als ein Opfer kultureller Repression dargestellt ist,[30] bei dem sich die Aggression schließlich so sehr gegen das eigene Ich wendet, daß er sich als „Nichts" (249) betrachtet, steht Gregor für das Austragen des Konfliktes. Der Sieg des Eros, die „Umarmung der Leiber" (255), bleibt eine haltlose Utopie; der Lebenstrieb bedarf der Hilfe einer dritten Kraft, der Kultur. Gregor kämpft mit einer Kultur, die er gleichzeitig verkörpert und überwinden will. Sein Projekt ist die Synthese zwischen Natur und Kultur:

> Die beiden Gesichter des Daseins, wie ließen sie sich verschmelzen? Die helle deutliche Welt der übersichtlichen Straßen und Gebäude, die Parkanlage mit den weißen Schwänen, die lauwarme Vorsommerluft, Menschenstimmen, der verstehende und ordnende Wille, und die dunkle unerklärliche Bildwelt, die Szenerie dumpfer Abhängigkeiten, unheilbarer Leidenschaften. (270)

In Gregors selbstanalytischen Bemühungen überlagern sich individueller Befreiungsversuch und kulturrevolutionäre Überlegung. Dies trifft auf keine andere Figur der Erzählung zu. Während Jannas weiteres Schicksal nach dem Tod ihres Vaters ungeklärt bleibt, bricht der Bericht über Robert ab, als dieser sich „am tiefsten Punkt der Regression"[31] befindet. Lea hat sich am Ende von ihrem Elternhaus losgelöst und nimmt ihr Kind wieder zu sich, doch bleibt ihr Bekenntnis zur eigentlichen Wirklichkeit letztlich narzißtisch.[32] Auch die Ausschließlichkeit, mit der Weiss die über das eigene Schicksal hinausgehende Reflexionsfähigkeit seinem männlichen Protagonisten reserviert – und darin besteht die eigentliche „Misogynie" des Textes – entspricht der freudschen Kulturtheorie. Die Frauen vertreten im *Unbehagen in der Kultur* wie Lea in der Erzählung lediglich die Interessen von Familie und Sexualität, da sie – wie es bei Freud heißt – der Aufgabe der Triebsublimierung „wenig gewachsen" seien.[33]

Allein Gregor verfolgt also das „Spiel der gegensätzlichen Kräfte in sich" (271), die Motive des eigenen Unbehagens, „der Furcht, des Hasses, der Destruktivität" (271), und stellt dabei fest, daß er sich in einem „kollektiven Dunst" befindet, auf einer „anonymen Ebene" (271) nicht nur mit Lea verbunden ist. Diese Verknüpfung von individueller und kultureller Problematik wird besonders deutlich im Bild des Krankenhauses, in das Gregor nach einem „psychosomatischen Zusammenbruch" kommt[34] und wo er unter die „Opfer eines unaufhörlichen Angriffs" gerät, eines immerwährenden Kampfes, den die Zivilisation gegen die Individuen führt (vgl. 260). Im Gegensatz zur Mehrzahl von ihnen, die sich in einem Zustand der Selbstentfremdung befinden, weil sie sich mit der Gesellschaft arrangieren, „Ordnung ... bewahren" (260), „(nicht) wagen, ihr Gesicht zu verlieren" (260), reflektiert Gregor den Konflikt, erkennt die Grenzen einer „alten resignierten Zivilisation" (261), die ihn noch prägt und deren Mittel „Logik" (271) und „ästhetische Traditionen" (261) sind. Er sieht die Notwendigkeit der Loslösung von dieser Welt der „kalten Spekulationen" (225) und von einer Kunst, die die Kräfte der inneren Natur mit rationalen Mitteln beherrschen will und somit nichts anderes ist als ein Bestandteil jener sterbenden Kultur (vgl. 271), von der im *Duell* immer wieder die Rede ist:

> In den Kunstformen war etwas Beschwörendes, man errichtete ein Totem aus Bildern, um Macht zu gewinnen über eine verborgene Naturkraft in sich selbst, mit der Kunst machte man sich zum illusionären Herrn über etwas, das sich nie meistern ließ. (270)[35]

Gregor ist bei seiner Identitätssuche ebenso wie als Künstler beim Versuch, als „Regulator, in dem äußere und innere Welt zur Einheit gebracht werden sollten" (260) zu wirken, von zwei Seiten bedroht: von den Kräften der Kultur wie denen seiner inneren Natur. Er hat dabei den komplementären Gefahren einer Rationalisierung und einer „Vergötzung des Unbewußten"[36] zu entgehen, die er vermeiden will, indem er das eigene Leiden bewußt durchlebt und gleichzeitig als Kulturzustand diagnostiziert.[37]

Doch wo läßt sich der historisch-politische Bezug dieser allgemeinen psychoanalytisch-kulturtheoretischen Thematik im *Duell* festmachen und welches Konzept einer Lösung des von Freud als schicksalhaft bezeichneten Konflikts bietet die Erzählung an? Gregors Überlegungen hierzu sind immer wieder durch Selbstzweifel gekennzeichnet. Seine Unsicherheit betrifft sowohl die Diagnose wie die Therapie, das „Wovon" und das „Wozu" der Befreiung:

> Wovon will ich mich befreien? Was will ich erreichen? Ich, untergehend in einer untergehenden Kultur. Wofür kann ich noch kämpfen in einer zerbrechenden Welt? Gib nach, weich aus, laß dich sinken. Nein kämpfe, schneide, schneide. Suche Klarheit, Verstehen. Kann nie mehr erreichen als noch größere Unruhe, noch bewußteren Schmerz. Lebe in deiner auseinanderstürzenden Welt. Nein, baue, baue aus Bruchstükken. Lebe für den neuen Menschen in dir, den, den du ständig erschaffst. Nein, ich bin immer der gleiche, immer der alte, der Kranke, der Zerstörte. Nein, du schöpfst Neues, du wirst durchhalten. (276)

Die ungewisse Zukunft Gregors, der das Problem individueller Befreiung in einem kunst- und kulturtheoretischen Zusammenhang reflektiert, wird am Schluß in einem Bild anvisiert, das als einziges der Erzählung eindeutig auf einen über die Weiss'sche Biographie hinausgehenden historischen Kontext verweist. Es handelt sich um eine Traumvision, in der sich Gregors Geschichte verdichtet, in der er sieht, „was ihm widerfahren war" (286). Er nähert sich in diesem Traum in einer Gefangenenkolonne einem großen Tor, durch das die Häftlinge von bewaffneten Wachmannschaften gestoßen werden. Während alle seine Mitgefangenen gestreifte Anzüge tragen, hat er Zivilkleidung an. Deshalb gelingt es ihm im letzten Moment, sich von der Gruppe zu lösen und die Straße hinunterzugehen. Dort trifft er auf Lea, die ihn nicht kennt, es aber trotzdem zuläßt, daß er sich bei ihr einhakt und so von seinen Verfolgern unerkannt bleibt. Als er diesen entkommen ist, verläßt ihn Lea (vgl. 285 f.).

In diesem Bild, das deutliche autobiographische Bezüge enthält, sind individuelle und gesellschaftliche Problematik miteinander verknüpft.[38] Wie in der Schlußsequenz, in der Lea Gregors Domizil verläßt, von dem es heißt, daß es abgerissen werden soll, wird auch in diesem vorletzten Abschnitt das *Heimkehr*-Motiv des Anfangs der Erzählung wieder aufgegriffen. Denn die Anspielung auf Auschwitz, die Ortschaft, von der Weiss später schreiben wird, es sei die einzige, die „einen festen Punkt in der Topographie meines Lebens (bildet) (...), für die ich bestimmt war und der ich entkam",[39] ist offensichtlich.

Im Anschluß an Freuds *Unbehagen in der Kultur* wurde Auschwitz von Adorno als Beweis für das Faktum gedeutet, daß „im Zivilisationsprinzip selbst die Barbarei angelegt ist".[40] Es steht somit ebenso für das Grauen, das ein ungehemmt sich entfaltender menschlicher Aggressionstrieb erzeugen kann wie für eine pervertierte Kultur, die Weiss in seinen Texten

Meine Ortschaft und *Die Ermittlung* genauer beschrieben hat. Es steht für eine geordnete, durch und durch rationalisierte Welt, den „Gipfelpunkt in der negativen Geschichte sozialer Macht und moderner Organisation",[41] die absolute Macht der Maschinen-Tiere. Für den Autor des *Duell* ist Auschwitz der Inbegriff eines Schreckens, der gleichzeitig eine soziale und eine individuelle Seite hat, kultureller Wendepunkt und Beginn einer ungewissen Zukunft.

Wenn Weiss Freud in den sechziger Jahren vorgeworfen hat, er habe „keinerlei politische oder gesellschaftsverändernde Ambitionen" gehabt,[42] so deutet er an, warum auch der Autor des *Duell* eine gesellschaftliche Lösung des von ihm aufgeworfenen Problems nicht bieten konnte: Auch Freud, der die psychologische Voraussetzung des Kommunismus in seiner hier mehrfach zitierten Schrift als „haltlose Illusion" bezeichnet hat,[43] konnte und wollte das nicht. Aber eine individualistische Lösung für die Aufhebung des Traumas, das im Namen Auschwitz kulminiert, gibt es im *Duell* genausowenig. Das gleiche gilt wiederum für Freuds Kulturtheorie: Denn die Glücksmöglichkeiten des einzelnen, der lediglich die Wahl hat, dem Realitätsprinzip Tribut zu zollen oder zum Feind der Gesellschaft zu werden, sind hier höchst eingeschränkt.[44] Entsprechend ist im *Duell* dem Davongekommenen auch der Ausweg ins Private, in die Zufriedenheit des „normalen Lebens" versperrt. Ein solcher Schluß erschiene angesichts des Schreckens fast ebenso absurd wie eine „Heimkehr" zum „Ende der Welt".[45] Was bleibt, ist ein Zustand der Unzugehörigkeit, aber auch die Chance, Altes aufzuarbeiten, damit Neues entstehen kann (vgl. 260).

Diese Chance immer wieder von neuem wahrgenommen zu haben, macht den Autor des *Duell* zu einem der interessantesten der deutschsprachigen Literatur der letzten Jahrzehnte.

Anmerkungen

1 Rainer Gerlach: Isolation und Befreiung. Zum literarischen Frühwerk von Peter Weiss. In: Rainer Gerlach (Hrsg.): Peter Weiss. Frankfurt am Main 1984, S. 147-181; hier S. 166.
2 Vgl. Peter Weiss: Werke in sechs Bänden. Frankfurt am Main 1991. Erster Band, S. 292.
3 Robert Cohen: Peter Weiss in seiner Zeit. Leben und Werk. Stuttgart 1992, S. 71.
4 Jochen Vogt: Peter Weiss. Reinbek bei Hamburg 1987, S. 51.
5 Carl Pietzcker: Individualistische Befreiung als Kunstprinzip. *Das Duell* von Peter Weiss. In: Johannes Cremerius (Hrsg.): Psychoanalytische Textinterpretation. Hamburg 1974, S. 208-246; hier S. 288.

6 Pietzcker: Individualistische Befreiung, S. 208.

7 Peter Weiss im Gespräch mit Peter Roos: Der Kampf um meine Existenz als Maler. Unter Mitarbeit von Sepp Hiekisch und Peter Spielmann. In: Der Maler Peter Weiss. Ausstellungskatalog des Museums Bochum. Berlin 1982, S. 39.

8 Vgl. Alfons Söllner: Peter Weiss und die Deutschen. Die Entstehung einer politischen Ästhetik wider die Verdrängung. Opladen 1988.

9 Vgl. Söllner: Peter Weiss, S. 78-88.

10 Vgl. Franz Kafka: Gesammelte Werke. Hrsg. von Max Brod. Frankfurt am Main 1976, Bd. 5, S. 107. Pietzcker weist auf diesen intertextuellen Bezug nicht hin, geht aber auf andere Beispiele für die „Umkehrung kafkascher Bilder" bei Weiss ein (vgl. Pietzcker: Individualistische Befreiung, S. 213 f.).

11 Zu anderen zentralen Bildelementen der Erzählung vgl. Pietzcker: Individualistische Befreiung, S. 217 ff.

12 Vgl. Karl Heinz Bohrer: Die Tortur – Peter Weiss' Weg ins Engagement – Die Geschichte des Individualisten. In: Gerlach (Hrsg.): Peter Weiss, S. 182-207, hier S. 184.

13 Söllner: Peter Weiss und die Deutschen, S. 84.

14 Vgl. Robert Cohen: Peter Weiss in seiner Zeit. Leben und Werk. Stuttgart 1992, S. 73.

15 Für Michel Foucault ist das Panopticon das Paradigma moderner Disziplinarmacht (vgl. Michel Foucault: Überwachen und Strafen. Die Geburt des Gefängnisses. Frankfurt am Main 1977, S. 251-292).

16 Henry Miller: Wendekreis des Krebses. Reinbek bei Hamburg 1979, S. 86 f.

17 Ebd., S. 87.

18 Neben der Metaphorik des Anorganischen bzw. Technischen ist hier vor allem die juristische hervorzuheben. Roberts Gespräche mit seinem Schwiegervater werden vom Erzähler als Gerichtsverhandlungen inszeniert, in denen der Richter vom Angeklagten Geständnisse erzwingt und dabei gleichzeitig dem aus seinen Angestellten bestehenden Publikum eine Machtdemonstration liefert (vgl. 246 f. und 256 f.).

19 So begnügt sich Pietzcker mit dem Hinweis, die Verwendung des Kulturbegriffs bleibe „sehr vage und ohne historisch-gesellschaftliche Herleitung" (Pietzcker: Individualistische Befreiung, S. 217) und bei Söllner bleibt der Hinweis auf einen möglichen Zusammenhang zu Freud eher unbestimmt und wird nicht am Text belegt (vgl. Söllner: Peter Weiss, S. 85).

20 Vgl. Hans-Martin Lohmann: Freud zur Einführung. Hamburg 3/1991, S. 86.

21 Sigmund Freud: Das Unbehagen in der Kultur. In: Freud: Werkausgabe in zwei Bänden. Stuttgart/Hamburg/München 1978. Band 2, S. 367-424.

22 Freud: Das Unbehagen, S. 408.

23 Ebd., S. 401.

24 Ebd., S. 400.

25 Peter Weiss: Rekonvaleszenz. In: Weiss: Werke, Bd. 2, S. 511.

26 Vgl. hierzu Sigmund Freud: Warum Krieg? In: Freud, Werkausgabe Bd. 2, S. 483-493; hier S. 490.

27 Vgl. Pietzcker: Individualistische Befreiung, S. 216.

28 Freud: Das Unbehagen, S. 208.

29 Ebd., S. 424.

30 Bezeichnend in diesem Zusammenhang sein Ordnungszwang: „auf dem Schreibtisch (Roberts; C.K.) lagen Stifte und Federn, parallel ausgerichtet neben dem Telefonbuch und dem fleckenlosen grünen Löschpapier" (226).
31 Pietzcker: Individualistische Befreiung, S. 225.
32 Ebd., S. 229.
33 Freud: Das Unbehagen, S. 395.
34 Vgl. hierzu Söllner: Peter Weiss, S. 87.
35 Die in Klammern gesetzten Seitenangaben im Text beziehen sich auf Peter Weiss: Das Duell. In: Peter Weiss. Werke in sechs Bänden. Erster Band: Prosa I. Frankfurt am Main 1991, S. 221-287.
36 Söllner: Peter Weiss, S. 88.
37 Vgl. Söllner: Peter Weiss, S. 88.
38 Ebd.
39 Peter Weiss: Meine Ortschaft. In: Weiss: Rapporte. Frankfurt am Main 1968, S. 113-124; hier S. 114.
40 Theodor W. Adorno: Erziehung nach Auschwitz. In: Adorno: Erziehung zur Mündigkeit. Frankfurt am Main 6/1979, S. 88-104; hier S. 88.
41 Wolfgang Sofsky: Die Ordnung des Terrors. Das Konzentrationslager. Frankfurt am Main 1993, S. 21.
42 Sun Axelsson: Gespräch mit Peter Weiss. Mai 1967. In: Rainer Gerlach (Hrsg.): Peter Weiss im Gespräch. Frankfurt am Main 1986, S. 117-128; hier S. 122.
43 Freud: Das Unbehagen, S. 401.
44 „Lebt das Individuum seine Aggressionsneigungen aus, verliert es die Liebe der übrigen Gesellschaftsmitglieder, wird es zum Feind der Kultur und dafür bestraft. Sieht es aber im wohlverstandenen Eigeninteresse von Aggressionshandlungen ab, bestraft es sich selber, weil die unterdrückte Aggression als Selbstaggression wiederkehrt" (Lohmann: Freud zur Einführung, S. 93).
45 So nennt Weiss Auschwitz (vgl. Meine Ortschaft, S. 115).

Literatur

Adorno, Theodor W.: Erziehung zur Mündigkeit. Frankfurt am Main 6/1979.
Bohrer, Karl-Heinz: Die Tortur – Peter Weiss' Weg ins Engagement – Die Geschichte des Individualisten. In: Rainer Gerlach (Hrsg.): Peter Weiss. Frankfurt am Main 1984, S. 147-181.
Cohen, Robert: Peter Weiss in seiner Zeit. Leben und Werk. Stuttgart 1992.
Foucault, Michel: Überwachen und Strafen. Die Geburt des Gefängnisses. Frankfurt am Main 1977.
Freud, Sigmund: Werkausgabe in zwei Bänden. Stuttgart/Hamburg/München 1978.

Modernität in „Der Schatten des Körpers des Kutschers"

Mireille Tabah

Der Schatten des Körpers des Kutschers, geschrieben 1952 im schwedischen Exil, 1960 in der Bundesrepublik veröffentlicht, nimmt in Peter Weiss' Gesamtwerk eine einmalige Stellung ein, und zwar im doppelten Sinne des Wortes. Einmalig ist der kaum hundert Seiten lange 'Mikroroman', weil es sich um einen radikal modernen Text handelt, der auch die deutsche Prosaliteratur der 60er Jahre entscheidend beeinflußt hat; einmalig ist der Text auch, weil er ein in solcher Radikalität vom Autor früher nicht gewagtes und später nicht wiederholtes Experiment darstellt, dem eine achtjährige literarische Schaffenspause folgte.

Meine Interpretation soll diese beiden Aspekte berücksichtigen: Worin besteht im Grunde die legendäre Modernität des Werks? Besteht zwischen der *Schatten*-Prosa, deren Straffheit und Gedrängtheit mit dem ungezügelten Pathos der früheren Texte scharf kontrastiert, und den späteren Arbeiten ein so radikaler Bruch, wie manche Kritiker des 'politischen' Weiss glauben lassen möchten? Die gängige Rezeption des *Schatten*-Textes als Ausdruck einer „Poetik der sensuellen Wahrnehmung"[1] soll dabei im Lichte von Alfons Söllners Deutung des Weiss'schen Frühwerks[2] überprüft werden. Söllner interpretiert die ersten Texte des Autors einschließlich der *Schatten*-Prosa als Zeugnis einer frühen „Politisierung", die sich gerade in der Modernität, genauer in dem die ästhetische Moderne kennzeichnenden, impliziten 'politischen' Zeitbezug dieser Werke ausdrücke. Anstelle von 'politischem' Zeitbezug der ästhetischen Moderne scheint es mir jedoch angebrachter, im Sinne Adornos von kritisch-fortschrittlichem Zeitbewußtsein zu sprechen, das in die Struktur moderner Werke eingeschrieben ist, und die vielzitierte Modernität des *Schatten*-Textes aus dieser breiteren Perspektive zu hinterfragen.[3] Von Joyce und Kafka, dessen Werk Weiss in den frühen 40er Jahren ja tief beeindruckte, den avantgardistischen Experimenten der russischen Literatur, des Dadaismus und des Surrealismus, an den der junge Weiss Anschluß fand, bis hin zu Beckett oder Th. Bernhard, ist die Moderne gekennzeichnet durch das Ineinandergreifen von ästhetischer Radikalität und kritisch-fortschrittlichem Zeitbewußtsein[4] – das auch, aber eben nicht immer, ein politisches Bewußtsein sein kann. Im Anschluß an Adorno und Benjamin läßt sich die kritische Beziehung zum Wirklichkeitszusammenhang der modernen Welt genauer bestimmen als die negative, aus der Perspektive des Opfers vorgenommene Widerspiegelung des Chaos und des Bösen, das in dieser Welt objektiv herrscht. Im *Schatten des Körpers des Kutschers* werden nun mit provozierender formaler Radikalität paradigmatische Situationen gestaltet, in denen der reale Zustand der modernen Welt, hier der Nachkriegswelt, objektiviert und aus der Perspektive der Erniedrigten negativ beleuchtet wird – Situationen von Gewalt, Sinnlosigkeit und Zerfall, aus denen zwischen den existentiellen Obsessionen der früheren Texte und der konkreten historischen Analyse der späteren Werke die Kontinuität von Peter Weiss' literarischem Schaffen ersichtlich wird.

Die „Logik des Zerfalls" (Adorno)[5] prägt die Gesamtstruktur vom *Schatten des Körpers des Kutschers*. Inhaltlich drückt sie sich in der Darstellung von unterschwelliger Gewaltsamkeit, von Wirklichkeitsauflösung, Wahrnehmungsstörung, Ich-Verlust und Sprachzerfall aus, formal in der mikroskopisch genauen Beschreibung einzelner Realitätsausschnitte aus der beschränkten Perspektive des Außenstehenden, in der Auflösung der Wirklichkeit in Traum- bzw. Alptraumrealität und in der grotesk-surrealistischen Verfremdung einer grausamen, sinnlosen Welt. Der Ort, an dem das Geschehen sich abspielt – eine primitive ländliche Pension auf einem abgelegenen, verkommenen Bauernhof – hat einen autobiographischen Hintergrund: In *Fluchtpunkt* beschreibt Weiss das Anwesen, auf dem er im Sommer 1942 als Knecht arbeitete und in dessen Nähe er anschließend mit seiner ersten Frau die Ferien in völliger Verstörung verbrachte, als einen „Ort der Verbannung, der Verdammnis", der ihm die „Vorstellung der Hölle" vermittelt habe.[6] Der Winkel mit dem Misthaufen, dem Geräteschuppen und dem Abtritt, wo er „eine kleine geschlossene Welt überblickte",[7] entspricht der Anfangssituation des *Schatten*-Textes. Der merkwürdige Bauernhof ganz außerhalb der Zeit und der realen Welt, auf dem sich ein seltsames Panoptikum von acht „Gästen" „aus unbekannten Gründen mit unbekannter Vergangenheit"[8] aufhält, ist bei aller minuziösen Detailbeschreibung weniger ein realistisches Abbild konkreter Wirklichkeit als ein Teil jener ebenso lakonisch registrierten phantastischen Regionen, in denen K.s Pension in Kafkas *Prozeß* oder das Dorf im *Schloß* angesiedelt sind. Der Blick, den der Ich-Erzähler auf diese sonderbare Mikro-Welt wirft, nimmt eine chaotische, in Auflösung begriffene Realität wahr, in der trotz äußerster Anstrengung, sie durch präzise, vollständige Beschreibung in den Griff zu bekommen, die Orientierung extrem mühsam oder vergeblich ist. Wahrgenommen werden immer nur einzelne, kleine Realitätsfragmente, die sich nicht zu einem sinnvollen Ganzen zusammenfügen wollen. Ein Überblick ist von vornherein unmöglich; dafür ist die Perspektive, aus der der Ich-Erzähler seine Umgebung beobachtet – durch die halb geschlossene Tür des Abtritts, durch das Schlüsselloch der Zimmertür der Familie, durch die Fensterluke seiner Dachkammer – stets zu begrenzt. Auch sind die engen Räume zu sehr mit Menschen und mit einer grotesken Fülle absurder Gegenstände vollgestopft, als daß sich eine Übersicht gewinnen ließe. Bereits in der Diele, in der die Pensionäre den Kaffee einnehmen, schafft „die Unregelmäßigkeit der Verteilung der Gäste schon zu Anfang ein schwer überblickbares Muster in der Verkettung der Bewegungen und Laute",[9] das die Beschreibung erschwert. Im Zimmer des Doktors, das mit nicht weniger als sieben, mit Schachteln, Flaschen und Instrumenten beladenen Tischen, unter denen der Erzähler hindurchkriechen muß, angefüllt ist, nimmt das Chaos der Dinge teils lächerliche, teils erschreckende Ausmaße an, die den Versuch, eine Gesamtansicht des Raums zu geben, in eine sinnlose Bestandsaufnahme umkehren. Ähnliches gilt für die Beschreibung des Zimmers der Haushälterin, eines kleinbürgerlichen Interieurs, vollgestopft mit sieben Sitzgelegenheiten, neun Tischen und allem möglichen kitschigen Kram, in dem sich die bürgerlichen Neurosen vergegenständlicht haben, welche nun, in der surrealistischen Tradition, in der Revolte der Gegenstände zum Ausbruch kommen; der Zusammenbruch der bürgerlichen Ordnung vollzieht sich auf einer absurden Abendgesellschaft in chaotischer Panik, in einem entsetzlichen Wirrwarr. Die Pension selbst gleicht einem Irrgarten. Die Art, wie der Erzähler sich durch das Haus bewegt, ähnelt der des halb blinden Doktors, den er einmal leiten muß: der Kranke führt den Arzt (S. 61) – eine Erinnerung an Kafkas *Landarzt*. Es sind mühselige Wege von Tür zu Tür, von Zimmer zu Zimmer, durch labyrinthartige Flure, immer nur mit dem allernächsten Ziel vor Augen. Der Raum zerfällt dabei in einzelne, isoliert wahrgenommene Einheiten, aus denen auch bei dem Versuch, ihn durch die Beschreibung zu rekonstruieren, kein zusammenhängendes Raumgefühl entsteht.

Der Unüberschaubarkeit des zerstückelten Raums entspricht die surreale, die Realität auflösende Wahrnehmung der zersplitterten Körper und Körperbewegungen. Wie auf den surrealistischen Collagen, die Weiss dem *Schatten*-Text beigegeben hat, werden die einzelnen Glieder von dem Körper, zu dem sie gehören, abgetrennt. Gleich den auseinandergenommenen Gegenständen, mit denen sie in den Collagen vermischt sind, führen sie ein unheimliches Eigenleben. Nicht die jeweiligen Personen führen etwa bei der Abendmahlzeit die Hand mit dem Löffel zum Mund, sondern die Hände heben, ähnlich mechanischen Geräten, die Löffel (S. 25). In sich kontinuierliche Bewegungsabläufe werden kubistisch zerstückelt, indem die Bewegungen der Körper „in ihrer Abfolge mehrfach durch einen synchronischen Schnitt unterbrochen und 'in der Quere geteilt' aufgezeichnet werden".[10] Der zeiträumliche Zusammenhang der Bewegungsabläufe löst sich dabei auf; die Personen erscheinen wie zappelnde Hampelmänner. Dieses Motiv kehrt in der Figur des „Schneiders" wieder, eines scheckigen Harlekins, der seine Bewegungen ebensowenig koordinieren kann wie die Stoffetzen, aus denen er seine Kleider zusammenbastelt. Mit der Gestalt des Doktors aber erreicht das Motiv vom Zerfall des Körpers einen greuelhaften Höhepunkt. Der Körper des Doktors, unter Verbänden vermummt, die immer wieder abgewickelt werden, um eiternde, blutende Wunden an den Tag zu legen, ist nur noch ein verfaulender, schmerzender Fleischklumpen, an dem der halb blinde Arzt mit masochistischem Eifer sinnlose chirurgische Eingriffe, Auto-Vivisektionen, Selbstverstümmelungen vornimmt – eine grotesk-surrealistische Vision aggressiver Desintegration des Individuums durch selbstzerstörerische Gewalt.

Den zerstückelten, zerfallenden Körpern entspricht der Zerfall der Sprache, der wiederum Ich-Verlust, Isolation und Entfremdung signalisiert. Bereits die Figur des sich selbst verarztenden Doktors ist ein grauenvolles Bild autistischer Abgeschlossenheit und Kommunikationsunfähigkeit. In seinem Leiden verfällt der Arzt in einen irren Gesang, der nur noch den Schmerz beschwören soll. Von den Gesprächen, die die Figuren miteinander führen, vernimmt der Ich-Erzähler bloß Dialogfetzen; zwar läßt sich aus ihnen der Sinn der Gespräche rekonstruieren, dem Erzähler aber bleibt er verborgen. Dem Erzähler-Ich ist der deutende, sinngebende Gestus überhaupt fremd, denn es steht ganz außerhalb der engen sozialen Welt der Pension, mit der er nie kommuniziert und die er nur unter der Voraussetzung radikaler Selbst- und Weltentfremdung perzipieren und beschreiben kann. Dementsprechend schrumpft es zu einem anonymen Wahrnehmungsorgan zusammen; die Auflösung des Ich hat ihren äußersten Punkt erreicht: die völlige Ichlosigkeit. Selten weisen dabei die Wahrnehmungen des entpersönlichten Erzählers die ihnen oft zugeschriebene Sicherheit und Objektivität auf. Eher als die Gewißheit der „sensuellen Wahrnehmung" läßt sich eine Wahrnehmungsstörung nachweisen. Sie offenbart sich besonders deutlich in der absurden Sturheit, mit der der Ich-Erzähler an dem Mißverhältnis zwischen der Kohlenmenge im Keller und dem Innenraum der Kutsche, in dem die Kohlen zuerst enthalten waren, festhält; doch immer wieder muß er das Wahrgenommene durch das Abwägen verschiedener Möglichkeiten, durch Vermutungen und Schlußfolgerungen ergänzen oder rekonstruieren, die wiederum in Frage gestellt werden, so daß die Realität unsicher und fragwürdig erscheint.

Das Beschreibungsprinzip der *Schatten*-Prosa wird dabei deutlich. Beim angestrengten Versuch, durch Konzentration auf unmittelbare Sinneseindrücke der Realität habhaft zu werden, wird der Ich-Erzähler immer wieder auf eine chaotische, undurchsichtige, zweifelhafte Wirklichkeit zurückgeworfen; stets entzieht sich die Realität seinem verzweifelten Versuch, sie in den Griff zu bekommen. Auch die Sprache, in der die Wirklichkeitsfragmente ausgepinselt werden, wird – bereits im Titel – im selben Maße verschachtelt, wie die Wirklichkeit selbst undurchschaubar wird; die Genauigkeit der mikroskopierenden Beschreibung führt zur „Pulverisierung"[11] der Realität. Was der Ich-Erzähler wahrnimmt und entsprechend beschreibt, ist letzlich dem Traum viel ähnlicher als der Materialität konkreter Erscheinungen. Wie in einem Traum gleiten die einzelnen Realitätsbruchstücke an seinem entfremdeten Blick vorbei. Sie haben die gleiche intensive Nähe und Gegenwärtigkeit und zugleich dieselbe unheimliche Ferne und Schattenhaftigkeit wie die Dinge im Traum, und sie werden mit der ähnlichen paradoxen Verbindung von surrealer Genauigkeit und absurder Fremdheit beschrieben, die auch die surrealistische Malerei kennzeichnet.

Diese seltsame Mischung aus schattenhafter Unwirklichkeit und detailliert wiedergegebener Dinghaftigkeit erreicht ihren Höhepunkt in der berühmten Schlußszene. Dieses minuziös beschriebene Schattenspiel eines entseelten Liebesaktes kann, wie H. Esselborn feststellte,[12] nur eine Rekonstruktion des Gesehenen durch die Imagination des Ich-Erzählers sein, der darin seine sexuellen Phantasmen, die er sonst beim „Erdenken von Bildern" (S. 18) künstlich hervorruft, projiziert hat. Die legendäre Szene macht einerseits deutlich, daß das Wahrgenommene, fraglos äußerst distanziert und detailliert beschrieben, dennoch kein objektives Beobachtungsprotokoll ist, sondern, wie etwa bei Robbe-Grillet, visuell halluzinierte Wahrnehmung, für die die sinn- und zusammenhanglose Realität nur den Ausgangspunkt bildet. In ihr objektiviert sich andererseits am Beispiel sexueller Obsessionen die latente Gewaltsamkeit, die an den bedeutendsten Stellen des Mikroromans zum Ausdruck kommt. Die Sexualität als fetischistische Verkehrung einer Möglichkeit zwischenmenschlicher Nähe in eine anonyme, aggressive Paarung – dieses Motiv wird hier, im Gegensatz zu den subjektiv-emotionalen, zuweilen von unerträglicher Misogynie geprägten Darstellungen „obsessiver Erotik"[13] in den früheren Texten, dank der unterkühlten, verfremdenden Beschreibungsmethode der *Schatten*-Prosa zu einem Paradigma unterschwelliger Gewalt und Erniedrigung. Vergewaltigung und Demütigung evozieren auch die sexuellen Anspielungen, die den Text durchziehen – Gliederfetische wie die Säbelscheibe des Hauptmanns, oder die immer wiederkehrende Darstellung der Haushälterin in einer zugleich provozierenden und erniedrigenden Stellung beim Putzen des Fußbodens. Am deutlichsten aber treten Gewalt und Erniedrigung in dem Verhältnis zwischen den autoritären Vaterinstanzen – dem Vater, dem Hauptmann, Herrn Schnee – und dem hilflosen, tölpelhaften Sohn zutage. Die Figur des Uniformierten „mit dem baumelnden Säbel an der Seite", „besessen von der Idee, Männlichkeit sei Stärke, Disziplin, Selbstüberwindung",[14] tritt auch in *Von Insel zu Insel* (1946) und in dem Essay *Avantgarde Film* (1955)[15] auf – auch dort als eine dominierende, bedrohende Vatergestalt. In Herrn Schnee, dem kalten Steine- und Zähnesammler, ist jene abstrakte, absurde Wissenschaft grotesk verkörpert, die im Dienste des Faschismus die „Steinwelt"[16] hervorgebracht hat. Bereits im *Schatten*-Text wird die „Männerwelt (...) mit ihrem Waffengerassel, ihren Befehlsstimmen", die Karin Boye in der *Ästhetik des Widerstands*[17] anklagt, mit der brutalen Gewalt der Uniformierten und der Perversität einer sinnentleerten Rationalität in Beziehung gebracht. Sie ist dominiert von der „riesige(n) Figur des Vaters, der das Alleinrecht auf Erziehung und Züchtigung" besitzt und in den Söhnen „die Offenheit und Freimütigkeit, den kritischen Sinn, den Drang zum Widerspruch" erstickt.[18] Von dem mythologisierenden Pathos befreit, mit dem es im *Duell* belastet ist, wird in der verfremdenden Lakonik des *Schatten*-Textes, ähnlich wie in Kafkas Werken, das private biographische Trauma, das der Vater dem Sohn zugefügt hat, zu einem Paradigma von Unterdrückung und Erniedrigung objektiviert. Wie in Kafkas *Urteil* wird das Verhältnis zwischen Vater und Sohn vorwiegend gestisch dargestellt: Das väterliche Verbot zu widersprechen verhindert die sprachliche Kommunikation. Die Macht des Vaters und die Ohnmacht des Sohns drücken sich in ihrer körperlichen Haltung und in ihrer Stellung im Raum aus: Stets muß der kräftige Vater den Sohn zu sich *herab*ziehen, stets versucht der Sohn sich mit hochgezogenen Schultern und tief gesenktem Kopf möglichen Schlägen des Vaters zu entziehen, stets muß er von *unten* herauf zum Vater *empor*blicken. In der Tölpelhaftigkeit des Sohns äußert sich zwar ein hilfloser Widerstand, der jedoch stets zu noch tieferen Erniedrigungen führt – etwa zu einem sinnlosen Steintransport. Vergeblich sind dabei die stummen Hilferufe des Sohns an den Erzähler, den neben ihm Niedrigsten in der Hierarchie der Pensionsgäste, den 'Unzugehörigen', den Fremden. Auch der Ich-Erzähler ist ein 'verlorener Sohn', nach vergeblichem Ausbruch auf ewig auf dem väterlichen Hof bei den Schweinen eingekerkert: die Parallele zwischen der Interpretation von Dürers Darstellung des verlorenen Sohns durch Weiss in *Fluchtpunkt*[19] und der Situation des Erzählers am Anfang des *Schatten*-Textes zeigt dies deutlich. Der Erzähler aber bleibt machtloser Augenzeuge vor dem Leiden des geschlagenen, gedemütigten Sohnes. Er hilft ihm zwar; in verschwiegener Sympathie mit ihm verbunden versucht er, ebenso hilflos wie er, dem Sohn seine Qualen erträglicher zu machen. Doch seine Solidarität mit ihm ist die Solidarität des Opfers mit dem Opfer: die verlorenen Söhne vereinigen sich (noch) nicht im Widerstand gegen die Gewalt der Väter.

Die Mikro-Welt, die in *Der Schatten des Körpers des Kutschers* dargestellt wird, ist eine unerlöste Welt; wie bei Kafka oder Beckett ist Widerstand aussichtslos, Hoffnung vergeblich. Das Motiv der Erlösung objektiviert sich in der Figur des Kutschers. An dieser Gestalt, die in den surrealistischen Filmen, die Weiss in *Avantgarde Film* analysiert, direkte Entsprechungen hat,[20] die auch in *Abschied von den Eltern*[21] und in *Gespräch der drei Gehenden* wieder auftaucht, hat sich die surreale Einbildungskraft des Autors offenbar entzündet. Tod, Gewalt und Sexualität beschwört dort die Figur des Kutschers; eine, vor allem sexuelle, animalische Kraft, die, weil sie ihm fremd und unerreichbar ist, vom Ich-Erzähler als Gewalt und Drohung empfunden wird, strahlt am Schluß des *Schatten*-Textes der Kutscher in braunen Stiefeln und dunklem Ledermantel aus. Das dumpfe Warten auf den abwesenden Kutscher, das seit den ersten Seiten des Buches leitmotivisch anklingt, verleiht der trivialen Figur die Dimension eines grotesken Erlösers. Doch nicht Errettung bringt der Kutscher dem Erzähler, sondern seine aufdringliche und zugleich schattenhafte, mächtige Gegenwart wirft ihn noch tiefer in den Zustand der Bedrängnis und Verstörung zurück, aus dem er sich eine absurde Befreiung erhofft hatte. Nach der Abfahrt des Kutschers steigern sich die von Anfang an in den Aufzeichnungen des Ich-Erzählers mitschwingenden Zweifel an dem Sinn seiner Schreibversuche zu Mutlosigkeit, Gleichgültigkeit, Bedrückung, die den Schreibprozeß lähmen, welcher nun, nach einem letzten mühsamen Kampf gegen das Verstummen, aussetzt.

Die konsequente Einschränkung auf die emotionslose Beschreibung von Chaos, Entfremdung und Gewalt erweist sich in den Kommentaren des Ich-Erzählers von vornherein als ein Experiment am Rande des Schweigens, konzipiert, wie Vormweg formulierte, „von einem Nullpunkt her, dem Punkt äußerster künstlerischer Ausweglosigkeit",[22] aber auch dem Punkt äußerster Verzweiflung an dem Zustand der Welt, in die einzugreifen der exilierte Weiss damals keine Möglichkeit sah. Die parallele Lektüre von *Fluchtpunkt* und vom Gespräch, das der Autor 1979 mit Peter Roos führte, macht deutlich, wie Weiss während und nach dem Krieg bis in die 50er Jahre zunehmend von den nicht abzuweisenden Eindrücken unfaßbarer Greuel überwältigt wurde, wie er zugleich immer mehr unter dem Bewußtsein schuldhaften Unbeteiligtseins angesichts der begangenen Untaten litt, wie schließlich die Einsicht in die verübten und bald verdrängten Verbrechen und das Gefühl des eigenen Versagens auch wachsende Zweifel an seinen künstlerischen Ausdrucksmitteln hervorriefen. Weiss' damaliges Beharren auf dem „dritten Standpunkt", jener nonkonformistischen Position am Rande des Weltgeschehens, gründete in dessen Undurchdringlichkeit: „Der Krieg spielte sich in einer Welt der Giganten und Dämonen ab (...) Die Geschehnisse auf den Kriegsschauplätzen blieben unvorstellbar". „War nicht jedes Wort, das auf ein Papier geschrieben (...) wurde, eine Vermessenheit angesichts des Leidens, für das es keine Begrenzung mehr gab".[23] Das kafkaeske Gefühl individueller, auch künstlerischer Ohnmacht vor der Unfaßbarkeit verheerender Ereignisse dauerte auch nach der trügerischen Euphorie an, die am Ende von *Fluchtpunkt* heraufbeschworen wird, verdichtete sich sogar in den 50er Jahren zu einem umfassenden, lähmenden Eindruck von Verfall und Sinnlosigkeit. Im Gespräch mit Peter Roos erinnert sich Weiss, daß ihm 1947 in Berlin, „als gerade der kalte Krieg begann, der Kapitalismus nicht abgeschafft war, auch politisch zum ersten Mal ganz bewußt" geworden sei, in welche Welt er hineingeraten sei,[24] und wie sich gleichzeitig die Zweifel an der Zweckmäßigkeit seiner künstlerischen Mittel als Maler wie als Schriftsteller zu einer Krise des Schaffensprozesses gesteigert hätten: „(...) während der 50er Jahre wußte ich überhaupt nicht mehr wo ich hingehörte (...); es war ein einziges Chaos".[25]

Dieses innere Chaos, das in unmittelbarem Zusammenhang mit dem politisch-gesellschaftlichen Zustand der Nachkriegswelt steht und als dessen Reflex verstanden werden soll, drückt sich in der latenten Gewaltsamkeit, in der Undurchdringlichkeit und der absurden Ausweglosigkeit der Mikro-Welt aus, die in *Der Schatten des Körpers des Kutschers* beschrieben wird. Die für den *Schatten*-Text charakteristische Wahl der indirekten, mikroskopierenden Gestaltung aus der begrenzten Perspektive des Außenstehenden wurzelt dabei gerade in der damaligen Position des Autors, dem die konkreten politisch-gesellschaftlichen Geschehnisse noch unfaßbar waren, der sich aber, noch ohne politische Zugehörigkeit, ihrer Entsetzlichkeit nicht länger verschließen konnte. In dieser paradoxen Situation mußte sich Weiss an die kleinen fragmentarischen Bilder halten, die meine eigenen Erfahrungen spiegelten. Nur in diesen Bildern konnte ich erkennen, auf welche Weise ich in die Zeit gehörte, alles andere mußte Konstruktion bleiben. So sah ich mich auf dem Schulhof, vor vielen Jahren, im ausgetrockneten Graben hinter dem Abtritt (...), und oben auf dem Hof suchten die Feinde nach mir (...). (Ich) beschrieb mir (...), wie ich in die dunkle feuchte Erde gesteckt wurde (...). Ich beschrieb die Kraft, die in meinem Schrecken entstand (...) Von etwas anderem konnte ich nicht berichten (...), ich saß in einem abgeschiedenen Zimmer und versuchte, mir etwas zu erklären aus dem einzigen Material, das mir zugänglich war, und wenn es mir einmal gelang, genau das aufzuzeichnen, was mir widerfahren war, so konnte es zu einem Teil der Geschehnisse werden, an deren äußerstem Rand Hoderer und die anderen Wachsamen, Uneigennützigen standen.[26]

Das Bild des ausgesetzten Einzelnen hinter dem Abtritt, auch im *Schatten*-Text ein Ort der Verbannung und Demütigung, wird zu einem Paradigma von Verfolgung und Erniedrigung. In ähnlichen Bildern aus der *Schatten*-Prosa ist das Böse, das in der Außenwelt waltet, mit größter Genauigkeit und visueller Intensität modellhaft festgehalten. Die Sinnlosigkeit des Zerfalls wird dabei nicht zu jener „Poesie der Auflösung", jener „Euphorie des Untergangs"[27] stilisiert, die das Frühwerk von Peter Weiss bis auf die *Schatten*-Prosa kennzeichnet und von der sich der Autor in der *Laokoon*-Rede (1965) und selbst in *Rekonvaleszenz* (1970) ausdrücklich distanziert, solange sie nicht durch die Rationalität der sprachlichen Analyse ausgeglichen wird; durch die emotionslose, unterkühlte Beschreibungsmethode, durch die Perspektive des Erniedrigten, des Opfers, aus der beschrieben wird, durch die Indirektheit der Darstellung, oft auch durch die groteske Übersteigerung der Szenen bis ins Absurd-Phantastische, wird das Böse vielmehr verfremdet und die Gefahr der emotionalen Identifikation mit der Katastrophe, gar der Faszination, abgewendet. Die Undurchschaubarkeit, die Absurdität und die unterschwellige Gewalt, die in dem *Schatten*-Text gestaltet sind, werden somit zum Reflex eines „erstarrten Geschichtszustands",[28] in dem die Negativität der modernen Welt objektiv festgehalten ist.

Es geht in *Der Schatten des Körpers des Kutschers* also nicht vorrangig darum, durch Konzentration auf das genaue Nachzeichnen unmittelbarer Sinneseindrücke den modernen Wahrnehmungs- und Sprachverlust zu überwinden und eine neue „Gewißheit" zu erlangen. Es geht vor allem darum, in einem begrenzten, daher faßbaren, paradigmatischen Raum die Manifestationen des Chaos und des Bösen zu erkennen und mit entsprechenden künstlerischen Mitteln die Negativität der modernen Wirklichkeit zu vermitteln. Die Modernität des Werks liegt in der Radikalität dieses Versuchs unter den Prämissen der esoterisch-unpolitischen Moderne; sie hat eindeutige Anregungen von der modernen Groteske empfangen und weist deutliche Anklänge an die Literatur des Absurden auf. Das Beharren auf der bestimmten Negation objektiven Verfalls im verzweifelten Kampf gegen die Resignation und das Schweigen, wie es in den Kommentaren des Ich-Erzählers thematisiert wird, ist, wie Weiss in *Fluchtpunkt* angedeutet hat, Ausdruck von Widerstand gegen die moderne „Logik des Zerfalls". Es handelt sich allerdings um einen minimalen Widerstand, der sich ausschließlich in der Negation der schlechten Wirklichkeit äußert und dem der greifbare historisch-politische Zeitbezug fehlt. In den Zweifeln des Ich-Erzählers an dem Sinn seiner Aufzeichnungen, in der Frage, ob das Wahrgenommene nicht „allzu nichtig sei, um festgehalten zu werden", ob seine Schreibversuche nicht „ohne Ergebnisse und Nutzen bleiben" sollen (S. 48), sind die Bedenken des Autors über die Zweckmäßigkeit solchen esoterischen und rein negativen Widerstands angesichts der konkreten Schrecken der modernen Welt unüberhörbar. In der im Text thematisierten Unzulänglichkeit des Versuchs, den Zerfall zu artikulieren, ist das Verstummen bereits angelegt, gegen das Erzähler und Autor vergeblich anschreiben. Doch der fehlende Schlußpunkt zeigt: die *Schatten*-Prosa ist weniger ein Abschluß als ein Übergang, an der Schwelle zwischen einem 'Nicht mehr' und einem 'Noch nicht', das sich in der Esoterik des Textes bereits andeutet, ein Experiment, das in dieser vorläufigen, aus Weiss' Sicht ausweglosen Konzeption im Schweigen enden mußte – bevor es fast ein Jahrzehnt später weitergeführt wurde, nun entscheidend erweitert um die konkrete historische Analyse und um die Dimension der Hoffnung.

Anmerkungen

1 Heinrich Vormweg: Die Wörter und die Welt. Über neue Literatur. Neuwied/Berlin 1968, S. 26-38; hier S. 31. In der experimentellen Dichtung der 50er und 60er Jahre drückte sich die moderne „Krise des Sinns" bekanntlich in einer generellen Skepsis gegenüber allen sinnstiftenden Kategorien der traditionellen literarischen Fiktion aus. In der *Schatten*-Prosa sah man nun jene „Poetik der sensuellen Wahrnehmung" formal und thematisch vorweggenommen, unter der Vormweg die damaligen Experimente, zu denen vergleichbare Versuche des Nouveau Roman hinzukamen, zusammengefaßt hat: eine Poetik „des minuziösen Nachschreibens von Wahrnehmungen" als des einzig noch möglichen „Sichvergewisserns, was die Realität ist" in einem Zustand, in dem alle traditionellen Sinnvorstellungen fragwürdig geworden sind (Vormweg: Peter

Weiss. München 1981, S. 42). Vgl. dazu Jochen Vogt: Peter Weiss. Reinbek bei Hamburg 1987, S. 67 f.

2 Alfons Söllner: Peter Weiss und die Deutschen. Die Entstehung einer politischen Ästhetik wider die Verdrängung. Opladen 1988.

3 So richtig Söllners Einsichten in die Zeitgebundenheit und das Kritikpotential nicht so sehr der ersten Werke, wohl aber des *Schatten*-Textes auch sind, so fragwürdig erscheint seine forcierte Verwendung des Begriffs 'Politik' auf die Moderne im allgemeinen und auf Weiss' frühe Arbeiten im besonderen. Politisch ist das spätere, engagierte Weiss'sche Werk, das auf die Durchsetzung bestimmter gesellschaftlicher Ziele gerichtet ist. Angewandt auf die subjektive Revolte des frühen Weiss gegen die bürgerliche Gesellschaft, eine Revolte, die bis auf die *Schatten*-Arbeit mehr instinktiv-emotional als kritisch-rational und auf jeden Fall nicht vom zweckbewußten Willen zu greifbaren politisch-gesellschaftlichen Veränderungen geprägt war, so verliert der Begriff seinen Sinn.

4 Vgl. Söllner: Peter Weiss und die Deutschen, S. 54. Söllner definiert die ästhetische Moderne durch „das eigentümliche Ineinandergreifen von politischem Zeitbezug und ästhetischer Radikalität".

5 Zit. n. Söllner, S. 113.

6 Peter Weiss: Fluchtpunkt. Frankfurt am Main 1965, S. 84 f.

7 Ebd.

8 Helmut J. Schneider: Der verlorene Sohn und die Sprache. Zu *Der Schatten des Körpers des Kutschers*. In: Volker Canaris (Hrsg.): Über Peter Weiss. Frankfurt am Main 1970, S. 28-46; hier S. 34.

9 Peter Weiss: Der Schatten des Körpers des Kutschers. Frankfurt am Main 1964, S. 30. Die Seitenangaben im Text verweisen auf diese Ausgabe.

10 Gunther Witting: Bericht von der hohen Warte. Zu Peter Weiss' „Der Schatten des Körpers des Kutschers". In: Der Deutschunterricht 37 (1985), S. 55-64; hier S. 59.

11 Peter Weiss: Notizbücher 1971-1980. Frankfurt am Main 1981, S. 136.

12 Hans Esselborn: Die experimentelle Prosa Peter Weiss' und der nouveau roman Robbe-Grillets. In: Michael Hofmann (Hrsg.): Literatur, Ästhetik, Geschichte. Neue Zugänge zu Peter Weiss. St. Ingbert 1992, S. 29-47; hier S. 38.

13 Vgl. Robert Cohen: Peter Weiss in seiner Zeit. Leben und Werk. Stuttgart/Weimar 1992, S. 72.

14 Peter Weiss: Von Insel zu Insel. In: Ders.: Werke in 6 Bänden. Frankfurt am Main 1991, S. 9-52; hier S. 17.

15 Weiss: Avantgarde Film. In: Ders.: Rapporte. Frankfurt am Main 1968, S. 7-35; hier S. 19.

16 Weiss: Die Besiegten. Ebd., S. 55-121; hier S. 55.

17 Weiss: Die Ästhetik des Widerstands. Frankfurt am Main 1983, Bd. III, S. 33. Vgl. Renate Langer: Peter Weiss und die Zeichen der Körper. In: Asthetik. Revolte. Widerstand (hrsg. v. der Internationalen Peter-Weiss-Gesellschaft). Luzern/Mannenberg 1990, S. 47-65; hier S. 57.

18 Weiss: Notizbücher 1971-1980, S. 915. Vgl. Renate Langer: Wir sehen nur ihr Verstummen. Zur Sprachproblematik bei Peter Weiss. In: Hans Höller (Hrsg.): Hinter jedem Wort die Gefahr des Verstummens. Sprachproblematik und lite-

rarische Tradition in der „Ästhetik des Widerstands" von Peter Weiss. Stuttgart 1988, S. 39-57; hier S. 43 f.

19 Weiss: Fluchtpunkt, S. 47.

20 Weiss: Avantgarde Film, S. 10 u. S. 19.

21 Weiss: Abschied von den Eltern. Frankfurt am Main 1964, S. 47.

22 Vormweg: Peter Weiss, S. 43.

23 Weiss: Fluchtpunkt, S. 40 u. S. 50. Vgl. dazu Sepp Hiekisch: Zwischen surrealistischem Protest und kritischem Engagement. Zu Peter Weiss' früher Prosa. In: Heinz Ludwig Arnold (Hrsg.): Peter Weiss. Text + Kritik 37 (1982), S. 22-38; hier S. 35 f.

24 Peter Weiss im Gespräch mit Peter Roos: Der Kampf um meine Existenz als Maler. In: Der Maler Peter Weiss. Bilder, Zeichnungen, Collagen, Filme. Museum Bochum 1980, S. 29.

25 Ebd., S. 30.

26 Weiss: Fluchtpunkt, S. 60 f.

27 Peter Weiss: Rekonvaleszenz. Frankfurt am Main 1991, S. 69.

28 Söllner: Peter Weiss und die Deutschen, S. 110.

Zeitgebundenheit und Zukunftsträchtigkeit von Peter Weiss' „Marat/Sade"

Michel Vanhelleputte

Daß Peter Weiss mit seinem Stück *Die Verfolgung und Ermordung Jean Paul Marats dargestellt durch die Schauspielgruppe des Hospizes zu Charenton unter Anleitung des Herrn de Sade*[1] Zeichen der Zeit gleichsam seismographisch registrierte, läßt sich mühelos zeigen. Für die allgemeine Zeitgemäßheit des Stücks spricht zunächst sein sofortiger internationaler Erfolg, den etwa seine Aufführungen in London (Royal Shakespeare Company, Regie Peter Brook, 1964) und in Paris (Théâtre Sarah Bernhardt, Regie Jean Tasso, 1966) dokumentieren. Auch die Zahl der Veröffentlichungen seines Textes wären in diesem Zusammenhang zu berücksichtigen: 1969 war in der Reihe „edition suhrkamp" das 159. Tausend erreicht. Solcher Erfolg ist nur erklärlich durch eine weitgehende Übereinstimmung von Form und Inhalt des Werks mit verbreiteten Zeittendenzen. Überhaupt läßt sich die Uraufführung des Stücks unter der Regie von Konrad Swinarski am 29. April 1964 in Berlin (Schiller-Theater) als nennenswertes Ereignis aus der deutschen Nachkriegsgeschichte werten: Sie wird etwa mit einem dazugehörigen Szenenbild in der als Insel-Taschenbuch erschienenen Chronik *Geschichte der Deutschen* aus diesem Jahre 1993[2] erwähnt, was darauf hindeuten dürfte, daß Peter Weiss durch den Erfolg dieser Premiere wieder als vollwertiger Deutscher eingestuft wurde (obwohl er damals die schwedische Staatsbürgerschaft schon sehr lange besaß).

Daß Weiss' *Marat/Sade* ein Thesenstück ist, braucht nicht nachgewiesen zu werden. Und daß die Thesen, für die es eintritt – die Forderungen nach sozialer Gerechtigkeit und sexueller Freiheit –, vorkämpferischen Tendenzen seiner Entstehungszeit entsprachen, läßt sich ebensowenig leugnen. Die sechziger Jahre waren bekanntlich in mehreren Staaten der westlichen Welt, nicht zuletzt in Westdeutschland und in Westberlin, eine Zeit des Umbruchs, des wachsenden Protestes gegen die Restauration der Nachkriegszeit, und es läßt sich unschwer feststellen, daß Weiss' Revolutionsstück auf eigenständige Weise an diesem Protest teilnahm.

Die sichtbarste Äußerung der Protestbewegung der sechziger Jahre gegen die Übel der Zeit war sicherlich die außerparlamentarische Opposition von Studenten und von progressiv Gesinnten innerhalb des Mittelbaus und des Lehrkörpers westlicher Universitäten, zumal in Westberlin und in der damaligen Bundesrepublik Deutschland überhaupt. Indem ein Sozialdemokratischer Hochschulbund sich 1960 vom 1946 von der SPD selbst gegründeten Sozialistischen Deutschen Studentenbund abgespaltet hatte, war eine konsequente Radikalisierung dieses SDS möglich geworden. So konnte sich in der ersten Hälfte der 60er Jahre das Konzept der neuen Linken verbreiten. In seinem Essay *Von der antiautoritären Bewegung zur sozialistischen Opposition*, der erstmals im Mai 1968 im Sammelband *Rebellion der Studenten oder Die neue Opposition*[3] erschien, schrieb der Berliner Student Bernd Rabehl:

„Nachträglich kann man die Jahre bis 1965 als eine Art Vorbereitungszeit für die antiautoritären Aktionen beschreiben, die die Legitimation der Bürokratie direkt angriffen, indem sie deren Verordnungen und Auflagen nicht beachteten, ihre Maßnahmen kritisierten, und zum Teil dazu übergingen, Funktionen, die der Bürokratie vorbehalten sind, selbst zu übernehmen. In den philosophischen Seminaren an der Universität, in den Arbeitskreisen des SDS und des Argument-Clubs war man bemüht, eine Selbstverständigung über die gesellschaftliche Situation und darüber zu erlangen, wie die eigene Person mit dieser Gesellschaft vermittelt ist ... Die Anwendung der Begriffe der Psychoanalyse auf soziale Phänomene wie Faschismus, Konsumverhalten, Manipulationsmechanismen bewirkte bei einigen Studentengruppen ein eigenartiges Verhalten zur gesellschaftlichen Wirklichkeit ... Zur Bewältigung der eigenen Autoritätsfixierungen war man bereit, sich 'existentiell zu engagieren', sich den gesellschaftlichen Normen und Ansprüchen zu 'verweigern'. Da undifferenziert die Gesellschaft als Ganzes wahrgenommen wurde, führte eine derartig mystische Einstellung zum objektiven Geschehen zwangsläufig zur Vereinzelung und zur Verachtung der manipulierten 'Masse'. Das hatte zur Folge, daß die Beziehungen der 'aufgeklärten' Individuen zueinander durch die Ideale einer 'unverdrängten' Liebe geprägt sein sollten. Das Programm dieser kleinen Studentensekten, die sich vor allem in München und Berlin bildeten, verkündete die 'Lust des Leibes', 'Klarheit des Geistes' und 'Glück der Seele': 'Von der zärtlichen Liebe nimmt die Kohorte ihren Ausgangspunkt, in ihr vollendet sie sich.'"[4]

Es läßt sich beobachten, daß mancher Zug der hier umrissenen Einstellung eine gewisse Verwandtschaft mit zahlreichen Aspekten des Verhaltens Sades und vieler Patienten des „Hospizes zu Charenton" in Weiss' diesbezüglichem Stück aufweist: Gemeinsam ist die Auflehnung gegen den lieblosen, menschenfeindlichen Geist der jeweils herrschenden Restauration. In der gleichen Zeitspanne – der ersten Hälfte der sechziger Jahre – erschien in den Vereinigten Staaten ein Werk, das solcher Gesinnung eine willkommene theoretische Legitimation schenkte: 1964 veröffentlichte Herbert Marcuse in Boston/Mass.[5] sein epochemachendes Buch *One-Dimensional Man. Studies in the Ideology of Advanced Industrial Society*, das die nötige Argumentation lieferte, um die Bourgeois-Restauration im Nachkriegswesteuropa in Frage zu stellen. Der Gesellschaftskritiker Herbert Marcuse, dem Peter Weiss 1978 huldigen sollte,[6] war 1898 in Berlin geboren worden, hatte Philosophie an den Universitäten Berlin und Freiburg im Breisgau studiert und durch seine Beteiligung an der kritischen Edition von Karl Marx' Jugendschriften in den zwanziger Jahren zu der philosophischen Neuentdeckung des Marxismus beigetragen. Er hatte Deutschland im Jahre 1933 verlassen und war schon 1934 in die Vereinigten Staaten ausgewandert, wo er zwanzig Jahre lang Aufträge sozialwissenschaftlicher und politischer Art erfüllte, bis er 1954 Universitätsprofessor für Politikwissenschaft wurde und somit die Gelegenheit bekam, sein Zeitbild bekanntzugeben.

Der Beginn der sechziger Jahre war in der westlichen Welt eine Zeit des wirtschaftlichen Aufschwungs. Dafür symptomatisch war der Tiefstand der Arbeitslosigkeit. Zum Beispiel standen im September 1964 in der Bundesrepublik Deutschland nur noch 102.800 Arbeitslose 680.000 offenen Stellen gegenüber.[7] Die damals schon einige Jahre andauernde Hochkonjunktur schien in den Augen der Mehrheit die Tauglichkeit der im Westen vorherrschenden politischen Verhältnisse zu bestätigen, so daß sehr wenig Opposition gegen die restaurativen Tendenzen der damaligen westlichen Regierungen zum Ausdruck kam. Hierauf machte Marcuse aufmerksam in der Vorrede seines *Eindimensionalen Menschen*, die programmatisch überschrieben war: „Die Paralyse der Kritik: eine Gesellschaft ohne Opposition".[8]

Marcuse betonte den irrationalen Charakter der fortgeschrittenen Industriegesellschaft. Er schrieb: „Ihre Produktivität zerstört die freie Entwicklung der menschlichen Bedürfnisse und Anlagen, ihr Friede wird durch die beständige Kriegsdrohung aufrecht erhalten, ihr Wachstum hängt ab von der Unterdrückung der realen Möglichkeiten, den Kampf ums Dasein zu befrieden – individuell, national und international."[9] Marcuses kritische Theorie, die von dem Standpunkt ausging, daß das menschliche Leben lebenswert gemacht werden könne und daß in einer gegebenen Gesellschaft spezifische Möglichkeiten zur Verbesserung des menschlichen

Lebens bestünden sowie spezifische Mittel und Wege, diese Möglichkeiten zu verwirklichen, zeigte die Subtilität moderner Mittel der Unterdrückung von Leben und Denken durch die autoritären Machthaber. Daher erwartete er die Überwindung der von den modernen autoritären Staaten aufgedrängten eindimensionalen Verhaltensweisen und Denkarten von einer ablehnenden Einstellung zu den herrschenden Vorurteilen. Er meinte:

> „Heute, im gedeihenden Kriegsführungs- und Wohlfahrtsstaat, scheinen die menschlichen Qualitäten eines befriedeten Daseins asozial und unpatriotisch – Qualitäten wie die Absage an alle Härte, Kumpanei und Brutalität; Ungehorsam gegenüber der Tyrannei der Mehrheit; das Eingeständnis von Angst und Schwäche (die vernünftigste Reaktion gegenüber dieser Gesellschaft!); eine empfindliche Intelligenz, die Ekel empfindet angesichts dessen, was verübt wird; der Einsatz für die schwächlichen und verhöhnten Aktionen des Protestes und der Weigerung."[10]

Das napoleonische Frankreich aus Weiss' *Marat/Sade* läßt sich leicht als Karikatur des von Marcuse gemeinten Kriegsführungs- und Wohlfahrtsstaats auffassen, und Coulmier, der Direktor der Heilanstalt Charenton, vertritt vorbildlich die unkritische Mehrheit, deren Gestus der marschierende Zug des letzten Bildes des Stückes anschaulich macht. Dagegen spiegelt Sades künstlerisches Unternehmen und die aufrührerische Verhaltensweise vieler Patienten der Anstalt den schwachen, vorläufig ohnmächtigen Protest gegen die neue Tyrannei, deren verbindliche Züge die eigentliche Roheit verdecken.

Aus dem ersten Jahrfünft der sechziger Jahre datiert ebenfalls die Wiederentdeckung eines in den Jahren 1918-1935 entstandenen sozialhygienischen Werks, das zunächst 1936 unter dem Titel *Die Sexualität im Kulturkampf* beim Sexpol-Verlag in Kopenhagen erschienen war. Sein Verfasser, der 1897 in Wien geborene Psychoanalytiker Wilhelm Reich, der 1928 fachwissenschaftlicher Leiter der Sozialistischen Gesellschaft für Sexualberatung und Sexualforschung in seiner Vaterstadt geworden war und 1934 fast gleichzeitig aus der KP und aus der Internationalen Gesellschaft für Psychoanalyse ausgeschlossen worden war, hatte von 1939 bis zu seinem Tod im Jahr 1957 in den USA, in die er ausgewandert war, die sog. Orgon-Therapie entwickelt. 1945 und 1949 veröffentlichte er revidierte Fassungen des erwähnten Werks in englischer Sprache. Das Buch, das jetzt *The Sexual Revolution* überschrieben war, wurde von Mary Boyd Higgins neu herausgegeben, und zwar zunächst 1962 wieder in englischer Sprache, aber schon 1966 in deutscher Sprache.[11] Wilhelm Reich hatte seit den zwanziger Jahren mit seiner „sexualökonomischen Forschung" versucht, Marxismus und Psychoanalyse miteinander zu verbinden: Dies hatte ihm die Feindschaft der verschiedensten weltanschaulichen Parteien eingetragen. Reich war jedoch bis zum Ende seines Lebens der einmal gewonnenen Überzeugung treu geblieben, die er am Ende der *Sexuellen Revolution* folgendermaßen formulierte:

> „Die sexualökonomische Forschung hat aus ihrer naturwissenschaftlichen Grundlage und den sozialen Vorgängen den korrekten Schluß gezogen: *Der Lebensbejahung muß in ihrer subjektiven Form als Bejahung der Sexuallust und in ihrer objektiv gesellschaftlichen Form als Arbeitsdemokratie zur subjektiven Bewußtheit und zur objektiven Entfaltung verholfen werden.* Die Lebensbejahung muß *organisiert* erkämpft werden. Die Lustangst des Menschen ist dessen mächtigster struktureller Gegner."[12]

Daß nicht nur zahlreiche Äußerungen Sades, sondern auch die Rufe vieler Patienten der Heilanstalt in Weiss' Revolutionsstück gegen die Lustangst gerichtet sind, bedarf keiner langen Erörterung. Bedeutsam genug ist in dieser Hinsicht die wiederholte rhetorische Frage aus dem dreißigsten Bild:

> Denn was wäre schon diese Revolution
> ohne eine allgemeine Kopulation[13]

Daß Autoren wie Wilhelm Reich und Herbert Marcuse einen entscheidenden Einfluß auf die Protestbewegung der Studenten und vieler junger Intellektueller gegen die Übel ihrer Zeit – etwa den Vietnam-Krieg oder die autoritären Aspekte der etablierten Gesellschaftsstrukturen – hatten, ist allgemein bekannt. Ihre Wirkung wurde jedoch durch den Erfolg von Peter Weiss' *Marat/Sade* indirekt vorweggenommen. Man beachte etwa die letzte Rede Sades in der revidierten Fassung 1965:

> Es war unsre Absicht in den Dialogen
> Antithesen auszuproben
> und diese immer wieder gegeneinander zu stellen
> um die ständigen Zweifel zu erhellen
> Jedoch finde ich wie ichs auch dreh und wende
> in unserm Drama zu keinem Ende
> Ich war selbst ein Fürsprecher der Gewalt
> doch im Gespräch mit Marat sah ich bald
> daß meine Gewalt eine andre war als seine
> und daß ich seinen Weg verneine
> Einerseits der Drang mit Beilen und Messern

die Welt zu verändern und zu verbessern
andererseits das individuelle System
kraft seiner eigenen Gedanken unterzugehn
So sehn Sie mich in der gegenwärtigen Lage
immer noch vor einer offenen Frage[14]

In der besten Tradition von Brechts Theatertheorie (und manchmal auch seiner Praxis) wird der Zuschauer des *Marat/Sade* mit einer Frage entlassen, einer Antinomie gegenübergestellt, die unlösbar zu sein scheint. Entweder entscheidet man sich für eine soziale Revolution, die zur Beseitigung von Elend und Ungerechtigkeit führen soll, wobei man die Liquidierung der Gegner dieses Programms in Kauf nimmt, oder man erstrebt die individuelle Selbstverwirklichung, bei der die Erfüllung sexueller Wünsche den absoluten Vorrang bekommt. Hinter der vorgelegten Antinomie spürt man allerdings die Sehnsucht nach einer harmonischen Verschränkung von sozialer und sexueller Revolution, womöglich ohne Blutvergießen. Und diese Synthese wurde bekanntlich von den protestierenden Intellektuellen des Jahres 1968 erstrebt. Nicht zufällig sah man Ende Mai 1968 am Hauptgebäude der Brüsseler Universität die schwarze Fahne der Anarchie neben der roten des Sozialismus hängen. Was hier sichtbar wurde, war Jahre vorher in Berkeley und in Westberlin vorbereitet worden, und Peter Weiss hatte es als erster in einem Theaterstück zur Sprache gebracht, wobei er sein Publikum keineswegs täuschen wollte: Wie die Verbindung von Freiheit und Sozialismus vor sich gehen sollte, war ihm ein Rätsel, und er machte keinen Hehl daraus. Dabei soll bemerkt werden, daß Peter Weiss, als er den *Marat/Sade* schrieb, keinerlei Kontakte mit der Studentenbewegung oder mit avantgardistischen Strömungen in den Geisteswissenschaften zu haben schien. Daß er auf der Grundlage der eigenen Entwicklung dazu kam, die untergründige Richtung der Zeit zu wittern und in einem eigenen Werk anschaulich wiederzugeben, spricht für eine besondere Sensitivität, für die es viele andere Belege gibt.

Die Uraufführung der *Marat/Sade* bedeutete für Peter Weiss einen entscheidenden Durchbruch seiner mehrseitigen Begabung. Ihm war damit das Gesamtkunstwerk gelungen, von dem er schon lange geträumt hatte. Im Dezember 1961 schrieb er in ein unnumeriertes Notizbuch:

„Für mich waren die Ausdrucksmittel nie an eine einzige Kategorie gebunden. Von Anfang an war ich nicht 'Dichter', oder 'Maler', sondern immer alles, auch 'Musiker'. Der Film ergab sich dann aus der Malerei. Immer liegen alle Medien in greifbarer Nähe ... Ich befinde mich in den Vorräumen eines Gesamtkunstwerks, in dem Wort, Bild, Musik, filmische Beweglichkeit untrennbar voneinander sind, in dem es keine einzelnen, abgeschloßnen Stadien gibt, sondern nur ein Fortsetzen, ein Wiederaufnehmen, ein Variieren und Verwandeln von Zeichen meiner Existenz."[15]

Der letzte zitierte Satz legt nahe, im *Marat/Sade* mehr als das glänzende Produkt einer geglückten Kunstübung, mehr als ein geistreiches, mit Musik, Gestik, Mimik und anderen visuellen Effekten untermaltes Spiel mit Antithesen zu erblicken: In Weiss' Revolutionsstück wie in seinen Collagen aus der früheren Zeit – etwa in denen zum Erzähltext *Der Schatten des Körpers des Kutschers* – offenbart sich ein obsessives Interesse für den Körper, zumal für den fühlenden, leidenden Körper, ja für dessen Zerlegung in einzelne Teile.

In Weiss' Notizbüchern aus den frühen sechziger Jahren wird die Bedeutung des Körpers für das menschliche Dasein überhaupt wiederholt hervorgehoben. In einer Notiz aus dem Anfang des Jahres 1961 heißt es wörtlich: „das Leben ist körperlich – alles kommt aus körperlichen Impulsen, Reaktionen, Funktionen".[16] Schon vorher aber finden sich Äußerungen über die Bedeutung des körperlichen Befindens für das eigene Reden, Denken und Schaffen. Eine Aufzeichnung aus dem Ende des Jahres 1960 lautet etwa: „von Krankheit zersetzt, ich weiß auch nicht mehr recht, wovon ich eigentlich rede".[17] Etwas später hat Weiss eine Ahnung vom Wahnsinn. Es heißt: „Ein Zustand in der Nähe der geistigen Umnachtung. Gestern Nachmittag ein paar Stunden lang auf dem Bett. Ermattung nach den Vorbereitungen zum Schnitt des Filmmaterials. Herumsitzen, Warten, endlose Straßenbahnfahrten, fruchtloses Argumentieren. Auf dem Bett matter Halbschlaf. Aufgeschreckt, ohne zu wissen, wo ich mich befinde. Wieder zurückgesunken."[18]

Zeugnisse der scharfen Beobachtung des eigenen Körpers finden sich auch in längeren Notizen aus derselben Zeit, und dabei wird eine Verbindung zwischen den körperlichen Zuständen und dem Verhältnis zur eigenen Arbeit hergestellt. Man beachte etwa folgende Notiz vom Dezember 1960:

„Morgens vermummt, verdreckt, verschwitzt zum Vorführungsraum, in dem der fertig geschnittene Film den Bestellern gezeigt werden soll. Mein Körper war am Auseinanderbrechen. Konnte mich nicht auf den Beinen halten. Hin und wieder tiefe Schwärze unter Schwindelanfällen. Dann plötzlich verflüchtigte sich die Schwäche. Es zeigte sich eine starke, einheitliche Arbeit, die ich mit irgendeiner Kraftreserve ausgeführt hatte. Der Sinn für die Funktion dieser Arbeit war selbständig weitergelaufen, während ich mich auf einem Tiefpunkt befand. Für mich selbst war alles verworren, der prüfende Blick für Form und Kontinuität der Arbeit aber war intakt geblieben."[18]

In der angeführten Stelle, die sich auf Peter Weiss' dänischen Dokumentarfilm *Hinter den Fassaden* aus dem Jahre 1960 bezieht, wird ein Prozeß beschrieben, aus dem sich zwei Folgerungen ziehen lassen, die dem sich äußernden Subjekt bestimmt nicht entgangen sind: Einerseits kann das Entstehen eines beglückenden Bewußtseins das Gefühl einer körperlichen Schwäche plötzlich wegfegen (eine jedem vertraute psychosomatische Wirkung tritt hier zutage); andererseits wird das untergründige Weiterfunktionieren des Denkens auf organischer Grundlage bei zeitweiliger Trübung des Bewußtseins infolge einer vorübergehenden körperlichen Schwäche durch die unversehrte Erhaltung des Urteilsvermögens ebenfalls deutlich. Eine Anspielung auf solche Wechselwirkungen zwischen Bewußtsein und körperlichen Zuständen ist auch im *Marat/Sade* nachweisbar vorhanden. Gemeint ist eine Rede, die in der 26. Episode (*Marats Gesichte*) Voltaire in den Mund gelegt wird; es heißt:

Wir haben von einem gewissen Marat
ein Heftchen erhalten
mit dem Titel
Über den Menschen
Besagter Marat erklärt uns in diesem umstürzenden Essay
daß die Seele ihren Sitz in der Gehirnbaumrinde habe
und von dort auf die hypodraulische Maschinerie des Körpers
    einwirke
und auch vom Mechanimismus des Körpers ihrerseits
        Benachrichtigungen
entgegennähme und dieselben in einzelnen zu verschiedenen Zeiten
wirksamen Zentrifugien zu Bewußtsein verwandle
Mit andern Worten
so meint dieser Herr
daß ein Hühnerauge
die Gehirnwindeln mit seelischem Schmerz fülle
und daß eine bekümmerte Seele
die Leber oder Niere versaure
Für derartigen Zeitvertreib
der sich als Wissenschaft ausgibt
haben wir nicht mal ein Gelächter übrig[19]

Ob die in diesem Zitat erwähnte Auffassung wirklich in einer Schrift von Jean Paul Marat vorkommt (was allerdings sehr wahrscheinlich ist), bleibe dahingestellt. Wichtig ist nur die Übereinstimmung zwischen den Marat zugeschriebenen Ansichten und eigenen Gedanken des Verfassers des Stückes. Überhaupt läßt sich behaupten, daß körperliche Zustände in Weiss' *Marat/Sade* eine äußerst wichtige Rolle spielen und daß dieser Umstand keineswegs zufällig ist, sondern die ganze Entstehungsgeschichte des Stückes prägt, wie sie sich in den zeitgenössischen Notizbüchern des Autors widerspiegelt. Eine Aufzeichnung aus dem Frühjahr 1963 lautet:

„DELIRIUM
er greift Marat an: ha, du klagst über deine Krankheit –
er greift Sade an: ha, du klagst über dein Kranksein"[20]

In den „Anmerkungen zum geschichtlichen Hintergrund unseres Stückes" stellt Peter Weiss Marat von vornherein als Kranken dar. Wir lesen dort über diesen: „Die psychosomatische Hautkrankheit, die dieser sich während der Entbehrungen in seinen Kellerverstecken zugezogen hatte und an der er während der letzten Lebensjahre litt, zwang ihn, zur Milderung des Juckreizes viele Stunden in der Badewanne zu verbringen."[21] Dabei ging Weiss wohl von den bildlichen Darstellungen Marats aus, etwa von der des Malers David, der den französischen Revolutionär in seiner Badewanne kurz nach dessen Sterben darstellt. Was aber auffällt, ist, daß Weiss sich das Leiden Marats an seiner Hautkrankheit sehr konkret vorstellt. Dies scheint sogar einer der ersten Züge zu sein, der ihn an der Gestalt fesselte. In der allerersten Notiz über Marat, die aus dem Winter 1962-1963 stammt und das Werk Gottschalks über Marat (New York 1927) erwähnt, heißt es mit Kursivierung des Verbs: „es *kratzt!*"[22]

Auch Sade ist irgendwie ein Kranker, oder auf jeden Fall ein Leidender, wenn er auch körperlich eher aus dem vollen schöpft. Sein überschäumendes Temperament braucht die Peitsche, um einigermaßen zur Ruhe zu kommen. Wegen seiner starken Sexualität hat er unter seiner langen Gefangenschaft in der Bastille schrecklich gelitten. Er sagt:

Marat
als ich in der Zitadelle lag
dreizehn Jahre lang
da habe ich gelernt
daß dies eine Welt von Leibern ist
und jeder Leib voll von einer furchtbaren Kraft
und jeder allein und gepeinigt von seiner Unruhe
In diesem Alleinsein
mitten in einem Meer von Mauern
hörte ich ununterbrochen dieses Flüstern von Lippen
spürte ununterbrochen

in den Flächen der Hände und an der Haut des Körpers
diese Berührungen
Eingeschlossen hinter dreizehn Riegeln
den Fuß in der Kette
träumte ich nur
von diesen Körperöffnungen
die dazu da sind
daß man sich in sie verhakt und verschlingt[23]

Die Quelle des Leidens ist allerdings bei Sade auch eine Quelle der Kraft. Zwar wird er fortwährend verfolgt und geächtet, aber seine Vitalität ermöglicht es ihm, seinen Unterdrückern innerlich immer überlegen zu bleiben. Trotzdem wird auch er von der Gesellschaft als Kranker betrachtet. Er selbst aber sieht eher die anderen als krank an. In der von Weiss in seinem Nachwort zitierten Briefstelle Sades an seine Frau heißt es symptomatisch: „Nicht meine Denkungsart hat mein Unglück verursacht, sondern die Denkungsart der andern".[24]

Mit der Ausnahme von – vielleicht – Sade ist die ganze Welt in Weiss' *Marat/Sade* krank. Nicht nur Charlotte Corday, nicht nur Duperret, nicht nur die anderen Gestalten, die das Stück im Stück aufführen, sondern das ganze Publikum der Aufführung, das nicht nur aus Insassen der Heilanstalt Charenton, sondern auch aus den jeweils mehr oder weniger zufällig anwesenden Zuschauern besteht. Denn auch sie werden in die Fiktion hineingezogen. Auch sie sind krank. Ihr Kranksein konkretisiert eine These, die sich etwa folgendermaßen formulieren ließe: Von vornherein bestimmt die Beschaffenheit des Körpers das Schicksal des einzelnen, und in allen Fällen ist dieser Körper krank.

Wir sind hier nicht weit vom Standpunkt des Arztes in Hofmannsthals *Kleinem Welttheater*[25] entfernt. Wir befinden uns auch in der Nähe der Gestalten Thomas Bernhards. Wir begreifen, warum das Thema der Prüfung zur Zulassung zu bestimmten Studiengängen in Frankreich 1992 der Körper war: Ein im Juni dieses Jahres veröffentlichter Sammelband war bezeichnenderweise „Le Corps" überschrieben.[26] Besonders symptomatisch war der Titel des letzten Beitrags: *„Dans le corps, l'univers".*[27]

Vom Körper ist alles im individuellen Leben abhängig: die Gefühle, die Gedanken, die Verhaltensweisen. Ist das Interesse für den Körper deshalb nur individualistisch? Steht es etwa im Widerspruch zu der sozialen Botschaft von Weiss' *Marat/Sade*? Sind die menschlichen Nöte überhaupt nicht in erster Linie körperliche Nöte? Würde die Beseitigung des Elends in der Welt nicht zunächst diesen Nöten zugute kommen? Solche Fragen können zur Einsicht führen, daß gerade eine hohe Einschätzung der Bedeutung des Körpers für das menschliche Dasein zur Forderung nach sozialer Gleichheit führen muß. Schließlich ist es kein Wunder, daß gerade Marat, dem wir mit Peter Weiss eine frühsozialistische Gesinnung bescheinigen können, sich in früheren Jahren für das Funktionieren des menschlichen Körpers ganz besonders interessiert hatte. In dieser Perspektive erscheint der Gegensatz zwischen Sades Individualismus und Marats sozialrevolutionärer Haltung bloß vordergründig. Beide erstreben im Grunde dasselbe: die Befreiung des einzelnen in einer befreiten Gesellschaft (daß letzteres die Bedingung von ersterem ist, hatte Kant schon eingesehen). Somit wird es auch verständlich, daß beide Hauptfiguren der *Marat/Sade*, Marat und Sade, den Autor vertreten. Daß Weiss schon am Anfang der sechziger Jahre deutlich sozialistisch orientiert war, läßt sich leicht nachweisen. Daß er als Dramatiker die Bühneneffekte körperlicher Herkunft bevorzugt hat, läßt sich ebensowenig leugnen. Eine Verbindung zwischen dieser Tatsache und seiner Orientierung als bildender Künstler wäre übrigens auch herzustellen. Von seinem Sade läßt sich andererseits sagen, daß ihm die aufrührerischen, spontan sozialrevolutionären Reaktionen gewisser Patienten auf sein Stück nicht unwillkommen sind. Weiss, Marat und Sade sind Verbündete gegen den restaurativen Autoritarismus, den Coulmier verkörpert. So kann Sade, wenn er am Ende des Stücks auf seinem Stuhl steht und triumphierend lacht, während Coulmier verzweifelt das Signal zum Zuziehen des Vorhangs gibt, nicht nur sich selbst, sondern auch Marat und den Autor vertreten. Seine Haltung symbolisiert den moralischen Sieg emanzipatorischer Tendenzen über die immer wiederkehrenden Knechtungsversuche der Machthaber.

Mit seiner Betonung des Körperlichen als Nährboden alles Ideellen steht Peter Weiss ganz in der Tradition des deutschen Revolutionsdramas. Im zweiten Kapitel ihres Buches *Topographien der Geschlechter*, „'Das Theater der weißen Revolution ohne Geschlecht' / Körper und Verkörperung im Revolutionstheater von Heiner Müller und Georg Büchner"[28] hat Sigrid Weigel nachgewiesen, daß Georg Büchner mit *Dantons Tod* (1835) und Heiner Müller mit *Der Auftrag* (1979) ein Theater aufgeboten haben, „das den Aufstand der Leiber und der Toten gegen ihre Opferung für das Wort in Szene setzt und zur Sprache bringt".[29] Von Weiss ließe sich vielleicht behaupten, daß er dem Revolutionsdiskurs weniger skeptisch gegenübersteht als der Büchner von 1835 und der späte Müller. Aber auch er weiß, daß das Ignorieren der Nöte des Körpers jede revolutionäre Parole zu einer leeren Phrase macht, und dies erhebt sein Schauspiel *Marat/Sade* über die Bindung an die Problematik einer bestimmten Zeit hinaus.

Anmerkungen

1 Drama in 2 Akten. Suhrkamp, Frankfurt am Main 1964 (edition suhrkamp 68). 1965 erschien eine „vom Autor revidierte Fassung". Diese Fassung wird weiter unten als *M/S 1965* zitiert.

2 *Geschichte der Deutschen.* Eine Chronik zu Politik, Wirtschaft und Kultur von 1945 bis heute, von Eckhard Fuhr, unter Mitarbeit von Nicola Kuhn, Hans-Ulrich Ronnger und Wolfgang Weimer, mit zahlreichen Abbildungen. Insel Verlag, Frankfurt am Main 1993 (insel taschenbuch 1481), S. 131.

3 Eine Analyse von Uwe Bergmann, Rudi Dutschke, Wolfgang Lefèvre und Bernd Rabehl. Rowohlt, Reinbek bei Hamburg 1968 (Rowohlt Taschenbuch 1043).

4 A.a.O., S. 157.

5 Beacon Press.

6 Peter Weiss: *Es ist gut, daß es Sie gibt!* Herbert Marcuse zum 80. Geburtstag (Sammeltitel), in: Akzente 25 (1978), S. 225.

7 *Geschichte der Deutschen,* S. 133.

8 Herbert Marcuse: *Der eindimensionale Mensch,* übers. v. Alfred Schmidt. Luchterhand, Neuwied u. Berlin, Sonderausgabe 1970, S. 11.

9 A.a.O., S. 11-12.

10 A.a.O., S. 253.

11 Wilhelm Reich: *Die sexuelle Revolution.* Zur charakterlichen Selbststeuerung des Menschen. Europäische Verlagsanstalt, Frankfurt am Main 1966. Eine Lizenzausgabe dieses Textes erschien 1971 im Fischer Taschenbuch Verlag (Bücher des Wissens, FT 6093).

12 FT 6093, S. 269.

13 *M/S 1965,* S. 122 bzw. 124.

14 A.a.O., S. 133-134.

15 Peter Weiss: *Notizbücher 1960-1971.* Suhrkamp, Frankfurt am Main 1982 (edition suhrkamp 1135), 1. Band, S. 55.

16 A..a.O., S. 51.

17 A.a.O., S. 47.

18 A.a.O., S. 48.

19 *M/S 1965,* S. 92.

20 *Notizbücher 1960-1971,* Bd. 1, S. 119.

21 *M/S 1965,* S. 142.

22 *Notizbücher 1960-1971,* Bd. 1, S. 111.

23 *M/S 1965,* S. 123.

24 A.a.O., S. 141.

25 Dieser schreibt (Hugo von Hofmannsthal: *Gedichte und lyrische Dramen.* Bermann-Fischer Verlag, Stockholm 1946, S. 92):
Ich sehe einen solchen Lauf der Welt:
Das Übel tritt einher aus allen Klüften,
Im Innern eines jeden Menschen hält
Es Haus und schwingt sich nieder aus den Lüften:
Auf jeden lauert eigene Gefahr,
Und nicht die Bäume mit den starken Düften
Und nicht die Luft der Berge, kühl und klar,

Verscheuchen das, auch nicht der Rand der See,
Denn eingeboren ist ihr eignes Weh
Den Menschen...

26 Bréal, Rosny s/ Bois.
27 A.a.O., S. 279.
28 Sigrid Weigel: *Topographien der Geschlechter*. Kulturgeschichtliche Studien zur Literatur. Rowohlt Taschenbuch Verlag, Reinbek bei Hamburg 1990 (re 514), S. 43-64.
29 A.a.O., S. 64.

Der Jude Marat.
Identifikationsprobleme bei Peter Weiss

Ingo Breuer

Die Forschungsliteratur zu Peter Weiss gibt regelmäßig dem Erstaunen darüber Ausdruck, daß dieser sich nicht zum Problem der jüdischen Identität geäußert habe, obwohl er nur durch die Emigration dem sicheren Tod entgangen war. Abgesehen von der Tatsache, daß ich eine kurze Phase der Identifikation mit dem Judentum nachweisen werde, muß auf Eines nachdrücklich hingewiesen werden: Nach jüdischer Definition war Peter Weiss kein Jude, da nur sein Vater, nicht aber die Mutter jüdischer Herkunft war. Erst die Nürnberger Rassegesetzgebung definierte ihn dann als „Halbjuden". Seine anfängliche Ignoranz gegenüber diesem Status muß daher als durchaus plausible Reaktion gelten. Im *Fluchtpunkt* heißt es:

> Daß ich kein Deutscher, und väterlicherseits von jüdischer Herkunft war, erfuhr ich erst kurz vor der Auswanderung. [...] Die plötzliche Ernennung zum Ausländer und Halbjuden, das Verbot der Teilnahme am gemeinsamen Gruß, beeindruckte mich nicht, da mir die Fragen nach der Nationalität und der rassischen Zugehörigkeit gleichgültig waren.[1]

Schon der jüdische Vater hatte sich soweit assimiliert, daß er sein Judentum verleugnete, während Peter Weiss sein als existentiell empfundenes Außenseitertum ohne jeglichen Bezug zur jüdischen Abstammung des Vaters kultivierte. Zahlreiche Belege führen zu dem Schluß, daß für Weiss der halbjüdische Status 1933 „keine identitätsstiftende, das heißt die vielfältig-disparaten Erfahrungen integrierende Kraft gewinnen" konnte.[2] In *Die Besiegten* von 1947 reflektiert Weiss über seine Zeit vor dem Exil:

> Aber mein Leben war das Leben des Verfolgten, deshalb war das, was sich näherte: Verfolgung, nicht Verlockung. Hätte ich meine Kindheit im friedvollen Kreis der Familie oder der Freunde zugebracht, [...] dann hätte ich mich einordnen lassen in den persönlichkeitsvernichtenden Weg der vermeintlichen Gemeinschaft. Aber meine Entwicklungskraft hieß Flucht.[3]

Auch in den Werken der vierziger und fünfziger Jahre kommt das Judentum nicht explizit vor. Vielmehr konzentriert sich Weiss auf die Darstellung des Außenseitertums, auf Visionen von Verfolgung und Marter und auf die Schuld, den Massenmord in der relativen Sicherheit des Exils überlebt zu haben. Peter Weiss' Status als Halbjude bildet die unausgesprochene doch unabdingbare Voraussetzung all dieser Themen, und auf der Rezeptionsebene können diese nach 1945 nicht mehr ohne Bezug zu den Konzentrationslagern gelesen werden. In der Zeit der Emigration jedoch hatte Weiss' Vorstellung eines allgemein-existentiellen Außenseitertums die spezifische Qualität der Verfolgung im Dunkeln gelassen. In *Abschied von den Eltern* berichtet der Erzähler:

> Und als Gottfried dann erklärte, daß mein Vater Jude sei, so war mir dies eine Bestätigung für etwas, das ich seit langem geahnt hatte. Verleugnete Erfahrungen lebten in mir auf, ich begann meine Vergangenheit zu verstehen, ich dachte an die Rudel der Verfolger, die mich auf den Straßen verhöhnt und gesteinigt hatten, in instinktiver Überlieferung der Verfolgung anders Gearteter [...][4]

Diese Passage bestätigt scheinbar nochmals das Gefühl des existentiellen Außenseitertums, tatsächlich nimmt Weiss aber in einer zeitlichen Distanz von fast dreißig Jahren eine folgenschwere Umdeutung des Problems vor. Aus der Perspektive der frühen sechziger Jahre sieht er dort den Punkt, an dem dieses vage Gefühl nicht nur eine weitere Bestätigung durch die politisch-rassistische Verfolgung erfährt, sondern in dem umgekehrt die Außenseiterexistenz ihre Ursache und Erklärung findet.[5] Die Bezeichnung „verleugnete Erfahrung" bedeutet, daß Weiss zwar die Erfahrung der antisemitischen Verfolgungen gemacht hatte, deren Bedeutung aber nicht erkennen wollte.

Im *Fluchtpunkt* findet sich das entscheidende Verb „leugnen" in ähnlichem Kontext: „Ich leugnete vor Max meine Zugehörigkeit zu einer Familie, so wie ich meine Zugehörigkeit zu einer Nation oder Rasse leugnete."[6] Mit diesem Satz beschreibt Weiss zugleich das Thema seiner autobiographischen Prosawerke *Abschied von den Eltern* und *Fluchtpunkt*, das heißt die schwierige Ablösung vom Elternhaus, die er bereits 1948 in *Der Turm* behandelt hatte, und das verdrängte Judentum, mit dem er sich Anfang der sechziger Jahre kurze Zeit intensiv beschäftigte. In seinen Erinnerungen an die *Freundschaft mit Peter Weiss* wies Hermann Levin Goldschmidt auf die gemeinsamen Gespräche über das Judentum hin:

Wonach der eine in die Tiefe tauchte, die sehr alte, sehr schöne und seltene Glocke zu bergen, während der andere [...] diesem Beispiel, dem er folgen wollte, nicht folgte, war das von uns zu entziffernde Judentum [...]; Ursprung, wie er auch Pit [d.i. Peter Weiss/I.B.] zum Schicksal geworden war, wenn auch nur vom Vater her, der dazu noch gerade das nicht sein wollte, was er war: ein Jude. Und um diesen unseren Ursprung und mit ihm diese Verwurzelung ging es während der aufwühlenden Zürcher Gespräche im Februar 1962: Judentum, wie es den damals sich wieder fragwürdig Gewordenen umtrieb, seinem Gegenüber dagegen zur tragenden Gewißheit geworden war, Prägung so des Dritten Akts unserer Freundschaft: Übereinstimmung erst, so schien es; Verrat dieser Übereinstimmung schließlich.[7]

Diesen Verrat sah Goldschmidt in *Meine Ortschaft* und der *Ermittlung*, weil Weiss sich auf die Täter konzentriert habe, „ohne daß die Ermordeten selber hervortreten, geschweige denn der hier von Grund aus – biblischem Grund aus! – ernst zu nehmende 'Opfergang der Jüdischen Unschuld'".[8] Tatsächlich läßt sich ab etwa 1964 kein Hinweis auf eine Identifikation mit diesem „Ursprung" ausmachen. Lediglich das Personalpronomen von *Meine Ortschaft* steht noch „im Zeichen der vorbehaltlosen Identifikation".[9] Mit den autobiographisch gefärbten Prosawerken *Abschied von den Eltern* und *Fluchtpunkt* sowie mit dem Stück *Marat/Sade*[10] setzt ein neues Sprechen bzw. Schreiben über die Zeit des Nationalsozialismus und der Emigration ein, indem er nun erstmals und nur für wenige Jahre, von etwa 1960 bis 1963, explizit den von außen verordneten Status des Halbjuden thematisiert.

Dieser neue Umgang mit dem verordneten Status des Halbjuden steht im unmittelbaren Zusammenhang mit einer veränderten politischen und künstlerischen Positionsbestimmung. Zunächst scheinen die Kontinuitäten vorzuherrschen, wenn sich Peter Weiss in den Notizbüchern über die Diskriminierung gegen den „in Schweden wohnhafte(n) deutsche[n] Flüchtling" durch die schwedische Zeitung Svenska Dagbladet beklagt.[11] Er sieht solche Angriffe aber nicht mehr als Bestätigung eines vagen Außenseitergefühls, sondern inzwischen in deren politischer Dimension, was auch sein Einsatz gegen die Filmzensur in den fünfziger Jahren beweist. Entsprechend distanziert sieht er nun seine Zeit in der Emigration. Weiss faßte diese in *Abschied von den Eltern* aus einem Abstand von etwa zwei Jahrzehnten folgendermaßen zusammen:

Meine Niederlage war nicht die Niederlage des Emigranten vor den Schwierigkeiten des Daseins im Exil, sondern die Niederlage dessen, der es nicht wagt, sich von seiner Gebundenheit zu befreien. Die Emigration hatte mich nichts gelehrt. Die Emigration war für mich nur die Bestätigung einer Unzugehörigkeit, die ich von frühster Kindheit an erfahren hatte. Einen heimischen Boden hatte ich nie besessen.[12]

Noch während seiner Zeit im Exil hatte Weiss bekanntlich die Zugehörigkeit sowohl zu einer Familie als auch zu einer Nation oder Rasse geleugnet, doch aus der Sicht der frühen sechziger Jahre erklärt Weiss dieses Unzugehörigkeitsgefühl als Resultat der Gebundenheit an überkommene Vorstellungen: Die eskapistischen Existenz- und Künstlerideale, in denen Hermann Hesse ihn durch den *Steppenwolf* bestärkt habe, bildeten „Gewichte alter Normen",[13] die seine persönliche und künstlerische Entwicklung blockiert haben:

> Diese Lebensform hatte mir als Entschuldigung gedient für alles Halbfertige, alles Mißglückte [...]. Ich wollte Hoderer nicht recht geben, daß ich einer aussterbenden Art angehörte, daß ich zum Untergang bestimmt sei, ich hatte das Dasein des Fliehenden und Verfolgten überlebt, ein verfaultes Dasein, das ich nicht gewollt hatte [...], doch ich konnte mir noch keinen neuen Standpunkt suchen.[14]

Entsprechend wirft die Marat-Figur in dem kurz darauf geschriebenen Stück *Marat/Sade* der Sade-Figur vor: Es spreche aus ihm „noch der alte Höhenmensch", der in seiner „eigene(n) Apathie" verharre.[15] Dem im eskapistischen Künstler- und Existenztypus erstarrten, untergehenden Ich steht eine neue Existenz mit einem Standpunkt gegenüber, die zu einer veränderten Position zur eigenen Vergangenheit und zum Problem der jüdischen Identität führt. Im *Fluchtpunkt* heißt es:

> Ich hörte die Stimme des toten Hoderer. [...] Es rinnt alles an dir ab, du bist ein Parasit, ein Mitläufer, andere haben für dich gekämpft, werden weiter für dich kämpfen, während du bequem an deinem Schreibtisch hockst und über das Unglück der Welt nachdenkst.[16]

Die auf die Innenwelt fixierte Existenz begnüge sich mit dem Schuldgefühl, nicht zu den Opfern zu zählen, also einer unproduktiven Solidarität. Hoderer fordert dagegen die produktive Solidarität im Kampf gegen die Unterdrückung. Dieser moralisch-politische Rigorismus Hoderers und Marats läßt die frühere Existenz nicht mehr nur als Außenseitertum fassen, sondern offenbart auch deren soziale Implikationen: Das Außenseitertum bestätige in dieser Form das System, während der eigentliche Kampf um sein Überleben von anderen geführt werde. Der Rückzug und das Schweigen des Außenseiters verhält sich in diesem Punkt parasitär, bietet dem

Außenseiter gleichzeitig aber auch keinerlei Schutz: Letztlich scheitert es an der Gesellschaft, die den Paria als Paria erkennt und entsprechend behandelt. Im *Fluchtpunkt* wird zum Beispiel beschrieben, wie der Erzähler um die Hand einer 'Tochter aus gutem Hause' anhält: Der zukünftige Schwiegervater

> [...] sagte dann, daß er nun versuchen wolle, mich als Mitglied der Familie anzusehen, es müsse aber darauf hingewiesen werden, daß dies notgedrungenerweise geschehe [...]. In seiner Einleitung wiederholte er, was ihm schon deutlich geworden war, als er zum ersten Mal von meiner Existenz vernommen hatte, daß ich ein Paria war, ein herrenloser Hund, der vor den Fleischtöpfen in den höheren Schichten der Gesellschaft Fuß fassen wollte. (FluPu, 107 f.)

Ähnlich sind die Vorwürfe gegenüber Marat in der Szene „Marats Gesichte":

> VERTRETER DES MILTITÄRS: Seht ihn euch an
> den Scharlatan der nach Titeln
> und höfischen Ehren strebte
> und der nur weil man ihn nicht anerkannte
> sich gegen die wandte die er umschmeichelt hatte
> VERTRETER DER WISSENSCHAFT:
> Was tat er in England dieser dunkle Marat
> war er nicht ein Dandy in der feinsten Gesellschaft
> [...] Schmuggelte er sich nicht wieder ein in namhafte
> Kreise [...]
> NEUREICHER: [...] und als sie ihn auf die Gasse
> hinauswarfen
> auf der er zuhause war
> da begann er zu schrein [...]
> Besitz ist Diebstahl
> und
> Nieder mit den Tyrannen (M/S, 90 f.)

Da diese Beschuldigungen von lächerlichen Figuren vorgetragen werden, muß der Text also im umgekehrten Sinne gelesen werden: Marats Erkenntnis, daß eine Integration des Paria in die Gesellschaft unmöglich ist, führe folgerichtig zum Kampf des Paria gegen die repressive, ausgrenzende Gesellschaft. In der Szene „Marats Gesichte" breitet Weiss denn auch reichliches Material über Marats Verfolgungen aus, und Marat wird nicht nur allgemein als Paria bezeichnet, den „sie auf die Gasse hinauswarfen/ auf der er zuhause war" (M/S IV, 91), sondern sehr präzise als Jude.

In der Marat-Biographie von Belfort Bax fand Weiss die Vermutung, Marat (oder „Mara", wie der Name ursprünglich lautete) sei jüdischer Abstammung gewesen: „The word 'Mara' itself certainly, as it stands, looks Hebrew and suggests the 'waters of Marah'."[17] Bax hält diese kaum belegbare These für wahrscheinlich: „a strong Semitic element has always existed in Sardinia".[18] Weiss verwendet lediglich in der ersten Fassung des Stücks häufiger diesen Hinweis. In der letzten, vierten Fassung findet sich nur noch ein expliziter Hinweis:

DUPERRET: [...] Du sprichst von Marat
Doch wer ist Marat
irgendein hergelaufener Corsikaner Verzeihung Sardinier
oder gar Jude[19]

In der ersten Fassung findet sich zusätzlich als Relativsatz der zitierte Hinweis von Belfort Bax:

der ursprünglich Mara hiess
nach den biblischen Wassern des Marah[20]

Ebenso spricht in der ersten Fassung der Szene „Marats Gesichte" die noch von Coulmier gespielte Lehrer-Figur:

Schon als Kind
zeigte dieser Marat oder Marah
sich mir als ein Aufwiegler[21]

Das große Interesse von Weiss an dieser vermeintlich jüdischen Herkunft Marats wird durch die *Notizbücher* bestätigt. Die erste inhaltliche Notiz zu *Marat/Sade*, die ungefähr auf Februar 1963 datiert werden muß, lautet:

Mara – Wasser des Marah – Sardinien – Hebräisch ein Jude, dieser Marat – sicher ein Goldsammler.[22]

Coulmier verbindet wenige Repliken danach Marats jüdische Abstammung nochmals ausdrücklich mit dem Begriff des „Paria":

Ein nichtsnütziges Gesindel war diese Familie
der Vater ein Weissnichtwas [...]
die Mutter eine Unruhestifterin zwischen den Nachbarn
bis man sie endlich vertrieb
in die Levante oder nach Afrika oder Genua
wo Parias dieser Art hingehören[23]

In der Gleichsetzung von „Jude" und „Paria" versucht Weiss, das Außenseiterdasein an die vermeintliche jüdische Abstammung anzubinden, genauer: den Außenseiterstatus durch die jüdische Identität zu erklären. Aus der Biographie Marats filtert Weiss diejenigen Momente heraus, die er in diesem Sinne identifikatorisch lesen konnte. Marat war, wie die Sänger im Stück formulieren, in seinem britischen Exil „verfolgt und verschrien", seine naturwissenschaftlichen Werke wurden von der Academie Française abgelehnt und von Voltaire verspottet. Und sein in England verfaßtes Werk *The Chains of Slavery* brachte Marat, wie Louis Gottschalk schrieb, „the assiduous persecution of governmental authorities" ein.[24] Weiss' eigene Aussagen zu den Anfeindungen in Schweden decken sich mit den Angriffen auf Marats Werke ebenso wie zum Beispiel die Beschreibung seiner obsessiven Arbeit am Film *Hinter den Fassaden* in Kopenhagen mit der von Marat über dessen Arbeit an *The Chains of Slavery*.[25]

Marats Weg zum Revolutionär erfolgt in Weiss' Stück nicht nur über den rein rationalistischen Weg, wie die Roux-Figur ihn formuliert, sondern es handelt sich um eine bewußte Selbstdefinition, deren existentialistischer Hintergrund bei Weiss kaum verdeckt ist. Marat zieht sich bei Weiss in Münchhausens Manier am eigenen Schopf aus dem Sumpf seiner früheren Parvenu-Existenz und identifiziert sich als Außenseiter mit den Unterdrückten:

Simonne
Das Geschrei ist drinnen in mir Simonne
Ich bin die Revolution[26]

Marat sei, so ist aus der Szene „Marats Gesichte" ablesbar, von Kindheit an als Paria behandelt worden. Erst in der Revolution finde Marat seine wahre Identität: als Paria, der sich als Verfolgter erkennt und als Paria bewußt begreift, um sich folgerichtig mit den anderen Unterdrückten zu verbünden und letztlich mit ihrer Sache identisch zu werden. Der jüdische Paria Marat wird also zur Personifikation der Revolution.

Die Juden waren schon von Max Weber als Idealtypus eines „Pariavolks" beschrieben worden, doch muß die Verbindung von Pariatum und politischem Kampf als ein Spezifikum jüdischer Sozialisten gelten, die die Verwirklichung der Forderungen nach Freiheit, Gleichheit und Brüderlichkeit als Garant für die Gleichberechtigung der Juden sahen. Entsprechende Thesen Arnold Zweigs waren Peter Weiss nachweislich bekannt. In seinen *Notizbüchern* findet sich Ende April oder Mai 1963 der Eintrag „Selbstzeugnisse des deutschen Judentums", der den Titel eines 1962 erschienenen Sammelbands bezeichnet. In diesem befindet sich ein Auszug aus Arnold Zweigs 1934 im Exilverlag Querido gedruckter und 1960 wiederaufgelegter *Bilanz der deutschen Judenheit*.[27] Zweig stellt die These auf, daß alle deutschen Juden stets Proletarier geblieben seien:

> Denn Eines haben die Ereignisse bewiesen: obwohl die Juden es nicht wahrhaben wollen und obwohl ihre äußere Lebensform und Kultur dagegenspricht – wesentlich sind sie ihrer gesellschaftlichen Situation nach nicht Bürger, sondern Proletarier. Sie sind Proletarier mit Komfort und in Zehnzimmerwohnungen, mit akademischer Ausbildung und in geistigen Berufen [...].[28]

So sei es folgerichtig gewesen, daß sich zahlreiche jüdische Intellektuelle mit den Arbeiterparteien, dem – so Zweig – „Erbe der Großen Revolution",[29] verbündet und mit ihnen für die durch die Französische Revolution „verbürgte Gleichberechtigung" gekämpft hätten, denn: „Erst durch den Kampf gegen die allgemeine Ungerechtigkeit von Klasse zu Klasse wird auch den Juden als Juden Gerechtigkeit gesichert [...]."[30] Doch nicht nur Juden und Arbeiter bildeten angesichts des kapitalistischen Systems eine bedrohte Gemeinschaft:

> Wären es nicht die Juden, deren Schicksal der Einbruch des Rassenwahns wieder zum Problem gemacht hat, so wären es außer den Proletariern die Neger, um deren Gleichberechtigung und grundsätzliche Anerkennung der Kampf geführt werden mußte.[31]

Weiss übernimmt die Erkenntnis, daß das Gleichheitspostulat der Französischen Revolution den Garant gegen die Unterdrückung bildet, von der Arbeiter, Juden und Neger gleichermaßen betroffen seien. Und gleichzeitig stellt Weiss den politischen Kampf des Juden Marat in den Kontext des universalen Klassenkampfs, da nur die grundsätzliche Abschaffung der Klassenunterschiede eine Befreiung sowohl der sozialen Unterschichten als auch der ethnischen 'Parias' gewährleiste.

Gegenüber Zweig betont Weiss jedoch stark die individuell-lebensgeschichtliche Seite dieses Problems. In den frühen sechziger Jahren, als Weiss seine eigene Geschichte und Identität überdenkt, versucht er, seinen Außenseiterstatus neu zu begründen. Die lebensgeschichtliche Aufteilung in den auf die Introspektion fixierten Künstlertypus der Emigrationszeit und in den politisierten Außenseiter entspricht weitgehend Hannah Arendts Unterscheidung zwischen unbewußtem und bewußtem Paria. In ihrem Essay *The Jew as Paria: A Hidden Tradition*, der zuerst 1944 in den *Jewish Social Studies* und 1948 in einer deutschsprachigen Essay-Sammlung

Arendts veröffentlicht worden war, untersucht sie den Umgang mit der Paria-Existenz bei Heinrich Heine, Charlie Chaplin, Franz Kafka und ihrem theoretischen Gewährsmann Bernard Lazare:

> Bernard Lazare, der im Frankreich der Dreyfuß-Zeit Gelegenheit fand, die Pariaqualität als spezifisch für die Existenz des jüdischen Volkes zu entdecken, versuchte dies Heimatrecht zu realisieren in der Welt der europäischen Politik. Mit dem Begriff des 'Bewußten Paria' [...] sollte der Jude als solcher zum Rebell werden, zum Vertreter eines unterdrückten Volkes, das seinen Freiheitskampf in Verbindung mit den nationalen und sozialen Freiheitskämpfen aller Unterdrückten Europas führt.[32]

Dieser setze sich ab vom Typus des Juden als Parvenu und Paria, der ohne Bewußtsein der eigenen gesellschaftlichen und politischen Identität sei und als „Revolutionär in der Gesellschaft der anderen" oder als „Schnorrer in der eigenen" „von den Brosamen und den Idealen der Wohltäter" lebe.[33] Weiss bezieht sich vor allem an dem Punkt auf dieses „Schnorrer-Dasein", an dem es für ihn mit der Rolle des Künstlers zusammenfällt. Bernard Lazare hatte verlangt, daß

> [...] der Paria die Vorrechte des Schlemihls aufgebe, sich löse von der Welt der Märchen und der Dichter, dem großen Schutz der Natur entsage und eingreife in die Menschenwelt; mit anderen Worten, sich verantwortlich fühle für das, was ihm von der Gesellschaft angetan ward und nicht mehr flüchte in das göttliche Gelächter und die erhabene Überlegenheit des rein Menschlichen. Dann möchte, historisch gesprochen, der jüdische Paria noch so sehr ein Produkt der ungerechten Herrschaft auf Erden sein [...], politisch gesprochen war jeder Paria, der kein Rebell wurde, mitverantwortlich für seine Unterdrückung, und damit mitverantwortlich für die Schändung der Menschheit in ihm.[34]

Aus der Perspektive der Marat-Figur trifft dieser Vorwurf auf Sade zu, der die Revolution aus der Distanz des zurückgezogenen Außenseiters mit anthropologischen Argumenten ablehnt. Dessen Rückzug in Introspektion und Literatur steht Marat als politischer Publizist und Revolutionär ebenso entgegen wie Bernsdorff und Hoderer dem „untergehenden" Ich des Erzählers von *Abschied von den Eltern* und *Fluchtpunkt*. Marats Vorwürfe gegenüber dem „Höhenmenschen" Sade und Hoderers Angriffe gegen die Erzählerfigur treffen also inhaltlich Hannah Arendts Urteil, daß „man sich nicht mehr außerhalb der Gesellschaft, als Schlemihl und Traumweltbeherrscher, einrichten" könne, da es „keine 'individuellen' Auswege mehr gebe."[35]

Hatte Hannah Arendts Vorläufer Bernard Lazare noch darauf bestanden, daß die Eigenständigkeit der jeweiligen Außenseiter und Außenseitergruppen gewahrt bleibt, so war bei Arnold Zweig unter Nietzsches Einfluß der Ostjude bereits zu einer „Figur der Kulturkritik an der westlichen Moderne" und am Kapitalismus geworden.[36] Dies dürfte auch der reizvolle Punkt für Weiss gewesen sein, dessen Marat-Figur ursprünglich noch Züge einer auf das gleiche Vorbild Nietzsche zurückgehenden dionysischen, antizivilisatorischen Grundverfassung aufwies.[37] Nicht erst durch eine solche Mystifizierung verwischen alle Differenzen, bereits die Hypothese einer Gemeinschaft aller Parias und Außenseiter unterschlägt, daß es kein Kollektiv der Verfolgten gibt, das nicht ex negativo, also durch die Verfolger und Unterdrücker, definiert wäre.[38] Auch Peter Weiss entgeht nicht der Gefahr, über die Solidarisierung mit den anderen Außenseitern von der Spezifik des jeweiligen Außenseitertums abzulenken. Dieses Problem findet sich bei Weiss ab Mitte der sechziger Jahre in zugespitzter Form.

In seinem (offenen) *Brief an H.M. Enzensberger* vom August 1965 formuliert er: „Wir leben immer noch in der gleichen Welt, in der jene lebten, die darin vernichtet wurden."[39] Weiss sieht die „konkrete Trennungslinie" dieser Welt „zwischen den verschiedenartigen Auffassungen der Gesellschaftsordnung",[40] so daß sich kein qualitativer Unterschied zwischen den Hungernden in der Dritten Welt, den Bewohnern der Slums westlicher Großstädte und ihm selbst ergebe:

> Im Grunde ist es das gleiche, was dort hinten bei den Unbemittelten und was hier bei uns, die wir uns einen gewissen Lebensstandard angeeignet haben, geschieht. Wir befinden uns in dem gleichen sozialen Kampf, selbst wenn wir diesem Kampf in zweifelhafter Muße zusehen können, während die anderen dabei in jeder Stunde ihr Leben gefährden.[41]

Weiss sieht sich also, um mit Zweigs Worten zu sprechen, durchaus noch als „Proletarier mit Komfort und in Zehnzimmerwohnungen", der als solcher einem heterogenen Kollektiv der „Proletarier" angehört. Dieses Proletariat definiert sich aber nicht, wie der Name suggerieren soll, aus ökonomisch-materiellen Bedingungen, sondern aus einem weitgefaßten Begriff von Außenseitertum und Unterdrückung. Eine solche Gleichsetzung in noch weitaus breiterem Ausmaß hatte Weiss bereits im Herbst 1964 in seinem Notizbuch vorgenommen:

> Was spielt es für eine Rolle, wie die Orte aussehen, überall das gleiche, das universale KZ, Auschwitz, Dresden, Verdun, Armenien, wir leben

in einer einzigen Grabkammer, reißt sie nieder, reißt sie endlich nieder, daß wir atmen können –[42]

Sein Versuch, die eigene Biographie durch das Bekenntnis zu einer jüdischen Identität mit Sinnhaftigkeit und Stringenz zu versehen, war bereits 1964 mit den Werken *Meine Ortschaft* und *Die Ermittlung* nicht mehr tragfähig, und schon die letzte Fassung des *Marat/Sade* zeigte nur noch Spuren einer solchen Identifikation. Aber der Versuch, sich als potentielles Opfer des Massenmords an den Juden selbst eine jüdische Identität zuzulegen, wurde eine wesentliche Voraussetzung seiner Politisierung, also seines Engagements für ein Kollektiv der Unterdrückten, in dem die Juden schließlich nur noch eine Gruppe unter anderen darstellen.

Anmerkungen

1 Peter Weiss: Fluchtpunkt. Frankfurt/Main 1965 (es 125), S. 9 f.
2 Jochen Vogt: Nur das Opfer kann zum Täter werden. Über Zugehörigkeitsprobleme bei Peter Weiss. In: Ders.: Erinnerung ist unsere Aufgabe. Über Literatur, Moral und Politik 1945-1990. Opladen 1991, S. 56-70; hier S. 59. Vogt betont zwar die Differenz zwischen vergangenem Ereignis und dessen Verarbeitung, zieht daraus aber keine Konsequenzen.
3 Weiss: Die Besiegten. Frankfurt/Main 1985, S. 35.
4 Weiss: Abschied von den Eltern. Frankfurt/Main 1966 (es 85), S. 73.
5 Möglicherweise handelt es sich hier um die Rückdatierung einer späteren Erkenntnis. Zur Differenz zwischen Lebensgeschichte und deren literarischer Verarbeitung vgl.: Beat Mazenauer: Konstruktion und Wirklichkeit. Anmerkungen zur autobiographischen Wahrhaftigkeit bei Peter Weiss. In: Peter-Weiss-Jahrbuch 2. Opladen 1992, S. 41-50.
6 Weiss: Fluchtpunkt, S. 32.
7 Hermann Levin Goldschmidt: Freundschaft mit Peter Weiss. In: Peter Weiss: Briefe an Hermann Levin Goldschmidt und Robert Jungk 1938-1980. Hrsg. v. Beat Mazenauer. Leipzig 1992, S. 198-204; hier S. 200 f.
8 Ebd., S. 201.
9 Irene Heidelberger-Leonard: Jüdisches Bewußtsein im Werk von Peter Weiss. In: Michael Hofmann (Hrsg.): Literatur, Ästhetik, Geschichte. Neue Zugänge zu Peter Weiss. St. Ingbert 1992, S. 49-64; hier S. 52. Trotz dieser Beobachtung sieht Heidelberger-Leonard erst in der *Ästhetik des Widerstands* „einen ersten Höhepunkt" jüdischen Bewußtseins bei Weiss (S. 58).
10 Christine Frisch hält „Marat/Sade" in gewissem Sinne für eine Fortsetzung der beiden autobiographisch gefärbten Prosawerke. Vgl.: Christiane Frisch: „Geniestreich", „Lehrstück", „Revolutionsgestammel". Zur Rezeption des Dramas „Marat/Sade" [...]. Stockholm 1992, S. 21. Weiss' entsprechende Äußerung findet sich in: Michael Roloff: Ein Interview mit Peter Weiss. (März 1964). In:

Rainer Gerlach, Matthias Richter (Hrsg.): Peter Weiss im Gespräch. Frankfurt/Main 1986, S. 31-43; hier S. 39.

11 Weiss: Notizbücher 1960-1971. Frankfurt/Main 1982 (2 Bände), Band 1, S. 150. Datiert auf 26. Mai 1963.

12 Weiss: Abschied von den Eltern, S. 143.

13 Ebd., S. 119.

14 Weiss: Fluchtpunkt, S. 162.

15 Weiss: Die Verfolgung und Ermordung Jean Paul Marats dargestellt durch die Schauspielgruppe des Hospizes zu Charenton unter Anleitung des Herrn de Sade. Frankfurt/Main 1965 (53.-72. Tsd., d.i. IV. Fassung; 1. Aufl. 1964), S. 38. Im folgenden als „Marat/Sade" mit Angabe der Fassung (röm. Ziffer) und Seitenzahl (arabisch). Zu den Fassungen vgl.: Arnd Beise, Ingo Breuer: Vier, fünf oder zehn Fassungen? Entstehungsphasen des „Marat/Sade" von Peter Weiss. In: Peter-Weiss-Jahrbuch 1 (1991), S. 86-115; zur hier verwendeten Nomenklatur siehe die dortige Übersicht auf S. 88 f.

16 Weiss: Fluchtpunkt, S. 137.

17 Ernest Belfort Bax: Jean-Paul Marat – The People's Friend. London 1900, S. 16.

18 Ebd. – Vgl. dagegen eine andere Quelle von Weiss: Fritz Reck-Malleczewen: Charlotte Corday. Geschichte eines Attentats. Wiesentheid 1947 (10.-15. Tsd.), S. 29, Anm. 1: „Man hat Marats als Juden angesprochen. [...] Ein weiteres Moment, das für die jüdische Abkunft der Marats spräche, findet sich in den bislang bekanntgewordenen Urkunden nicht."

19 Weiss: Marat/Sade, IV, S. 53.

20 Weiss: Marat/Sade, I. Fassung (Nr. 3), S. 24.

21 Ebd., S. 42. Erste jugendliche Erfahrungen als „Aufwiegler" vermeldet auch „Abschied von den Eltern" (S. 97): „[...] meine winzigen Aufruhrversuche waren im Keim erstickt worden. Ich konnte meine Lage nicht erkennen."

22 Weiss: Notizbücher 1960-1971, Band II, S. 111. Ebenso im Original-Manuskript (Peter-Weiss-Nachlaß in dar Westberliner Akademie der Künste, Sign. 76/86/2), S. 55.

23 Peter Weiss: Marat/Sade, I. Fassung, S. 43 f. Offensichtliche Tippfehler des Manuskripts sind stillschweigend korrigiert.

24 Louis R. Gottschalk: Jean Paul Marat. A Study in Radicalism (1927). Chicago, London 1967, S. 6.

25 Weiss: Notizbücher 1960-1971, S. 48 ff. – Marats eigene Darstellung hat Weiss z.T. wörtlich übernommen: Weiss: Marat/Sade, IV, S. 110 f. Dazu auch: Bax: Marat, S. 31 f. und Gottschalk: Marat, S. 20.

26 Peter Weiss: Marat/Sade, IV, S. 27. Hervorhebung im Original gesperrt gedruckt.

27 Achim von Borries (Hrsg.): Selbstzeugnisse des deutschen Judentums 1870-1945. Frankfurt/Main, Hamburg 1962, S. 178 f. Dort der Auszug aus Kap. II. 28b „Die sozialistische Bewegung" aus: Arnold Zweig: Bilanz der deutschen Judenheit. Ein Versuch (1934). Köln 1961. Nach dieser Ausgabe wird im folgenden zitiert, in Klammern die Seitenzahl der davor genannten Ausgabe.

28 Ebd., S. 280.

29 Ebd., S. 281.

30 Ebd., S. 282 (S. 178).

31 Ebd., S. 283 (S. 178).

32 Hannah Arendt: The Jew as Paria: A Hidden Tradition (1944). Benutzt wurde die deutschsprachige Ausgabe: Die verborgene Tradition. In: Dies.: Sechs Essays. Heidelberg 1948, S. 81-111; hier S. 91 f. – Zuletzt in: Dies.: Die verborgene Tradition. Frankfurt/Main 1976, S. 46-73.

33 Ebd., S. 94.

34 Ebd., S. 93.

35 Ebd., S. 72.

36 Gert Mattenklott: Ostjudentum und Exotismus. In: Thomas Koebner, Gerhardt Pickerodt (Hrsg.): Die andere Welt. Studien zum Exotismus. Frankfurt/Main 1987, S. 291-306; hier S. 299.

37 Vgl. hierzu: Arnd Beise: Ein Existentialist mit Namen Marat. Zur Entstehung des „Marat/Sade" von Peter Weiss. In: Zeitschrift für deutsche Philologie 111 (1992), Heft 2, S. 284-308; hier S. 303 ff.

38 Vgl. hierzu: Hans Mayer: Außenseiter. Frankfurt/Main 1975, S. 464.

39 Weiss: Brief an H.M. Enzensberger. In: Ders.: Rapporte II. Frankfurt/Main 1971, S. 35-44; hier S. 37.

40 Ebd., S. 38.

41 Ebd., S. 39.

42 Weiss: Notizbücher 1960-1971, Bd. I, S. 308.

Der Stellenwert der „Ermittlung" im Gedächtnis von Auschwitz

Jean-Michel Chaumont

> Dabei war Weiss der beste Besucher, den man
> sich wünschen kann, denn er sah kein fertiges,
> starres Mahnmal. Er endet mit der Bemerkung,
> daß „es" noch nicht vorbei sei, und so hat er mit
> der ihm eigenen Konsequenz die Judenverfol-
> gung mit anderen Massenverbrechen vergli-
> chen, was ihm viele übel genommen haben. Aber
> ich weiß gar nicht, wie man anders an die Sache
> herankommen soll als durch Vergleiche.
> *Ruth Klüger:* weiter leben

Nicht im Lichte des späteren Werkes von Peter Weiss, sondern im Hinblick
auf die Entwicklung der Rahmenbedingungen des Gedächtnisses von
Auschwitz möchte ich in diesem Beitrag eine neue Lektüre der „Ermittlung" versuchen. „Rahmenbedingungen des Gedächtnisses" meint dabei
die Gesamtheit philosophisch-ideologischer Voraussetzungen, die bestimmen, auf welche Weise historische Erfahrungen und Ereignisse zum Zwek-
ke öffentlicher Vermittlung in eine adäquate Form gebracht werden. Diese
Rahmenbedingungen sind für die Gesamtheit der Träger dieses Gedächtnisses, d.h. die Gruppierungen (z.B. die Vereinigungen ehemaliger Häftlinge) und die Institutionen (Museen usw.), die sich dieser Vermittlung
widmen, niemals identisch gewesen; es steht jedoch außer Zweifel, daß
zu gewissen Perioden bestimmte Strömungen eine hegemoniale Stellung
einnahmen und daß seit zwei Jahrzehnten eine Kehrtwende stattfindet.
Als Weiss schrieb, waren die Rahmenbedingungen des Gedächtnisses sowohl bei den Vereinigungen ehemaliger Häftlinge als auch bei den Museen
und allen anderen Vermittlungsinstanzen mehrheitlich durch den Antifaschismus bestimmt; daraus ergaben sich vor allem zwei Folgerungen: einerseits wurden die Opfer des Völkermordes an den Juden nicht besonders
erwähnt, weil sie - wie man sagte - Menschen wie die anderen Verfolgten
waren; andererseits diente die Erinnerung an die Verbrechen der Natio-

nalsozialisten im allgemeinen dazu, ungerechte Verhältnisse in der Gegenwart anzuprangern. So fehlte in dem Text der Tafeln am internationalen Mahnmal in Birkenau schlicht und einfach jeder Hinweis darauf, daß die überwältigende Mehrheit der Opfer Juden war, und während der Einweihung im Jahre 1967 wurde mehr vom Vietnamkrieg als vom Zweiten Weltkrieg gesprochen.

Nach dem Ende der kommunistischen Herrschaft in Polen wurden diese Tafeln entfernt, und es gibt heftige Polemiken um einen neuen Text; es scheint aber, daß man sich für einen Auszug aus dem Alten Testament („O Erde, decke meinen Schrei nicht zu!", nach Hiob 16:18) mit einem kurzen historischen Abriß entscheiden wird, der die Besonderheit der Opfer unterstreicht. Das ist überhaupt nicht überraschend: der vorherrschende Diskurs des Gedächtnisses artikuliert sich zur Zeit fast ausschließlich um das Thema der Eigentümlichkeit, ja der absoluten Einzigartigkeit der Shoah.

In diesem Zusammenhang ist es auch nicht erstaunlich, daß die „Ermittlung" zum Gegenstand scharfer Kritiken wird. Das implizit vermittelte Auschwitzbild sei durch die Ideologie von deren Verfasser vollständig verzerrt. So schreibt der Amerikaner James Young, dessen ehrgeizige Arbeit gerade im Jüdischen Verlag (Suhrkamp) veröffentlicht worden ist[1]: „Weiss behauptet zwar, er habe die Fakten lediglich komprimiert und arrangiert, aber sein eigenes politisch-ökonomisches Verständnis der Ereignisse fungiert eindeutig als Richter über die Fakten" (Y 123). Wenn auch zuzugeben ist, daß die „Ermittlung" eine sehr unvollständige Interpretation des Mordes an den europäischen Juden anbietet, so ist es doch beunruhigend zu sehen, wie den politischen Optionen Weiss' eine nicht weniger krasse Parteilichkeit seiner heutigen Leser entspricht. Deren Einseitigkeit scheint mir jedoch symptomatisch für ein wirkliches Problem zu sein: Während nämlich das antifaschistische Gedächtnis die fatale Tendenz hatte, Auschwitz überall wiederzufinden, bemüht sich das gegenwärtige Gedächtnis vor allem um den Nachweis, daß der Ermordung der Juden nichts Gleichwertiges entspricht und daß sie deshalb keinen Vergleich erlaubt. Wie soll man dann aber Verbindungen herstellen zwischen der Vergangenheit und der Gegenwart, zwischen Auschwitz und uns? Damit ist das Problem der *Aktualisierung* aufgeworfen, mit dem sich dreißig Jahre nach dem Frankfurter Prozeß jeder auseinandersetzen muß, der Auschwitz noch im historischen Bewußtsein des Abendlandes verankern will.

I. „Die Ermittlung": ein brüchiges Monument?

Die Kritik an der „Ermittlung" ist bei Young in den größeren Rahmen einer Kritik des literarischen Realismus[2] eingebettet, die uns als solche hier nicht interessiert, und wir beschränken uns deshalb darauf, die genauen Argumente zu untersuchen, die seine Ablehnung des Stückes begründen. Drei Hauptvorwürfe werden diesem gemacht: (1) die jüdischen Opfer nicht zu nennen, (2) die „rassischen" und die „politischen" Häftlinge in unzulässiger Weise zu verquicken, (3) eine monokausale (ökonomische) und ideologische (kommunistische) Erklärung des Mordes an den Juden zu geben.

1. Verschleiert das Stück das Judentum der Opfer?

Ich zitiere wörtlich, denn die Formulierung der ersten Kritik ist als solche schon bezeichnend für das Klima der Abrechnung, das in dieser Angelegenheit herrscht. Unmittelbar nach dem oben zitierten Satz kann man folgendes lesen:

> So stellt man zum Beispiel fest, daß sein Dokumentarstück über Auschwitz, wo nahezu die Hälfte der vier Millionen Opfer einzig und allein ihrer jüdischen Herkunft wegen ermordet wurde, genauso *judenrein* ist wie der größte Teil Europas nach dem Holocaust. (Y 123)

Die Heftigkeit dieser Aussage verblüfft: Weiss wird angeklagt, das Verbrechen symbolisch zu reproduzieren. Aber unabhängig von den Kommentaren, die durch die Ungeheuerlichkeit dieser Anklage hervorgerufen würden, drängen sich drei Bemerkungen auf:

1) Hervorzuheben ist zuallererst ein ziemlich verblüffender doppelter Fehler in einem Satz, der eine Lektion in historischer Genauigkeit geben soll: erstens waren in Auschwitz nicht 50 %, sondern 90 % der Opfer Juden; zweitens gab es nicht vier Millionen Opfer, sondern zwischen einer und 1,5 Millionen.[3] Wenn auch die Korrektur der absoluten Zahl der Opfer nach unten nichts an deren unvorstellbarer Dimension ändert, so modifiziert die Korrektur des Verhältnisses hingegen beträchtlich den Gesamteindruck und macht die vollständige Auslassung des Wortes „Jude" in dem Stück um so erstaunlicher. Aber man muß sich davor hüten, in diesem Zusammenhang einer rückblickenden Illusion zu erliegen: in den sechziger Jahren herrschte in bezug auf die Zahlen der Opfer eine allgemeine Un-

sicherheit, und Bernd Naumann, auf dessen Arbeit Weiss verwies, nachdem er sie selbst ausgiebig benutzt hatte, gab eine Spanne zwischen einer und vier Millionen an.[4] Weiss ging schließlich von der Zahl 3 Millionen aus und glaubte entsprechend der Schätzung des Historikers Reitlinger, die damals die wissenschaftlichste war, daß es etwas weniger als eine Million Juden waren, die bei der Ankunft vergast wurden.[5] Wenn man die 300.000 Häftlinge (jüdische und nichtjüdische) abzieht, die nach der Registrierung im Lager getötet wurden, *so blieben also nach Weiss' Kenntnissen weit über 1,5 Millionen nichtjüdischer Opfer, die unmittelbar bei der Ankunft vergast wurden.* Damit hätte er aber, obwohl er die „Funktionsweise" von Auschwitz genau erfaßt hat, auf der Grundlage der Informationen, über die er verfügte, nicht auf eine nennenswerte Eigentümlichkeit des Schicksals der jüdischen Opfer schließen können.

2) Die Behauptung, die „Ermittlung" sei *judenrein**, ist falsch. Das Stück enthält mehrere deutliche Anspielungen, und selbst wenn es sich tatsächlich nur um Anspielungen handelt, so sollte man sie wenigstens erwähnen: die wichtigste findet sich im zweiten Teil des „Gesangs vom Unterscharführer Stark": „Ich hörte wie eine Frau schrie/ Herr Kommandant/ ich habe doch nichts getan/ Da rief er/ Los an die Wand Sarah/ Die Frau flehte um ihr Leben/ da begann er zu schießen" (E 363)[6] Sarah ist aber nicht irgendein jüdischer Vorname, sondern derjenige, den alle deutschen Juden ab dem 1. Januar 1939 auf dem Personalausweis angeben mußten. Wenn Stark „Sarah" sagt, so ist dies also genauso als wenn er „Jüdin" sagte, und genauso wollte er auch verstanden werden. Es handelt sich hier um die klarste Anspielung, aber nicht um die einzige: wenn der Autor von „den 6 Millionen/ aus rassischen Gründen Getöteten" (E 445 f.) spricht, so ist kein Zweifel erlaubt, um wen es sich handelt.

3) Die intellektuelle Redlichkeit würde es gebieten, auch dies zu erwähnen: Weiss hat auch bei den *anderen* Opfern systematisch jeden Hinweis auf deren ethnische, nationale und politische Zugehörigkeit gestrichen. Dies ist um so bedeutsamer, als Young die fehlende Erwähnung der Juden letztlich mit Weiss' Absicht erklärt, an deren Stelle die sowjetischen Kriegsgefangenen als die Opfer aus seinem ideologischen Lager herauszustellen; warum hätte der Autor aber dann Identitäten unkenntlich gemacht, die seiner Sache hätten dienen können? Letzteres hat er aber auch gemacht, wie das folgende Beispiel in überzeugender Weise zeigt. Vergleichen wir das Protokoll des Prozesses von Naumann und das, was in der „Ermittlung" daraus wird:

Naumann: Die polnischen Häftlinge riefen: Es lebe Polen, es lebe der Sozialismus, weg mit der braunen Mordbande, es lebe die Rote Armee, es lebe der Kommunismus. Die Rufe hörte man noch, als die Häftlinge schon hingen. Es machte die umstehenden SS-Männer wahnsinnig vor Wut. Boger und Kaduk warfen sich auf die umstehenden Häftlinge. Sie traten mit den Stiefeln nach ihnen und gaben ihnen Ohrfeigen und zogen sie an den Füßen ruckweise nach unten. (N 152)

„Die Ermittlung": Die Häftlinge schrien irgend etwas/ Boger und Kaduk waren außer sich vor Wut/ Sie traten mit ihren Stiefeln/ und ohrfeigten sie/ dann hängten sie sich an die Füße der Häftlinge/ und zogen sie ruckweise nach unten (E 325)

Es ließen sich noch mehrere Beispiele derselben Art anführen[7]: sie zeigen alle, daß es Weiss nicht darum ging, eine bestimmte Gruppe von Opfern zu begünstigen oder zu benachteiligen; er hat es vielmehr vorgezogen, sie alle unter der allgemeinen Kategorie der „Verfolgten"* zu subsumieren.[8] Dies führt zu dem zweiten Hauptvorwurf: der angeblichen Verquickung der Opfer, die dazu dienen soll, die Einzigartigkeit des Mordes an den Juden in der nebulösen Verschwommenheit der faschistischen Verbrechen untergehen zu lassen.

2. Verquickt das Stück in unzulässiger Weise die Opfer?

Young bezieht sich einleitend zunächst auf „Meine Ortschaft" und stellt zu diesem Essay folgende Behauptung auf:

Er [Weiss] äußert sich jedoch nicht dazu, ob er als Jude oder als politischer Gefangener für Auschwitz bestimmt war. Daß er als Opfer dorthin gekommen wäre, ist eindeutig, aber indem er offen läßt, zu welcher Kategorie von Opfern er gehört hätte, will er wohl andeuten, daß er für beide in Frage gekommen wäre. (Y 124)

Auch hier drängen sich zwei Bemerkungen auf: zunächst ist festzustellen, daß Weiss Ausdrücke verwendet, die kaum einen Zweifel lassen. Wenn er schreibt: „Es ist eine Ortschaft, für die ich *bestimmt* war und der ich entkam. Ich habe selbst nichts in dieser Ortschaft erfahren. Ich habe keine andere Beziehung zu ihr, als daß mein Name auf den Listen derer stand, die dorthin für immer übersiedelt werden sollten",[9] so ist eigentlich kein Mißverständnis möglich. Nur die Opfer der nationalsozialistischen Rassenpolitik waren „bestimmt"*, nur ihre Namen standen auf vorher erstellten Listen.[10] Ein großer Teil von Weiss' Problem bestand gerade darin, daß seine jüdische Identität[11] keine andere Grundlage als eben diese Eintragung seines Namens auf den Listen der Nazis hatte. Denn, und dies führt uns zu der zweiten Bemerkung, Weiss war sich im übrigen der Tatsache nur zu bewußt, daß er ohne diesen quasi apriorischen Ausschluß aus der nationalsozialistischen „Volksgemeinschaft"* wahrscheinlich ein Teil von dieser gewesen wäre, und daß er sich im Gegensatz zu den Behauptungen Youngs in Auschwitz vielleicht in einer SS-Uniform wiedergefunden hätte. Man darf nicht vergessen, daß Weiss jemand ist, dem sein Halbbruder gesagt hat: „wie schade daß du nicht dabei sein darfst"[12] und der deshalb genau weiß, daß ihm nur aufgrund seines von ihm selbst nicht gewählten Judentums – aufgrund dessen, was er selbst einen „glücklichen Zufall" nannte – die Schande erspart blieb, ein Unterdrücker zu sein. Insofern sollte man, wenn es auch wahr ist, daß Weiss wie viele andere Schwierigkeiten hatte, die Fäden zu entwirren, die seine zugewiesene Identität als Jude mit seiner gewählten Identität als Sozialist verknüpften,[13] nicht vergessen, daß sein inneres Dilemma eher in dem Zweifel bestand, ob er zum Lager der Verfolger oder zu dem der Verfolgten gehörte. Und wenn er so nachdrücklich und unüberhörbar sein Engagement für die letzteren proklamiert hat, so geschah dies mehr mit der Absicht, sich selbst davon zu überzeugen, als aus jedem anderen denkbaren Grund.

Young zitiert anschließend einige Auszüge aus dem Stück, die zeigen sollen, wie dessen Autor das Schicksal der verschiedenen Opfer, insbesondere das der Juden und das der sowjetischen Kriegsgefangenen, in unzulässiger Weise vermengt. Es würde den Rahmen dieses Beitrags sprengen, wenn ich die Interpretation jeder einzelner dieser Passagen widerlegen würde; deshalb untersuche ich diejenigen, die mir am charakteristischsten erscheinen, bevor ich einige Stellen anführe, die Young wohlweislich nicht erwähnt, weil sie die Haltlosigkeit seiner Unterstellungen erweisen. Auf die Frage, ob er niemals an der Schuld der Frauen und Kinder gezweifelt habe, die er in die Gaskammer führte, läßt der Autor einen der Angeklagten antworten: „Es war uns gesagt worden/ daß sie beteiligt waren/ an Brunnenvergiftungen/ Brückensprengungen/ und anderen Sabotagen" (E 364). Dazu Youngs Kommentar: „In dieser Passage werden ein verleumderisches antisemitisches Klischee und die Aktivitäten der Partisanen nebeneinandergestellt und 'Verbrechen', die den Juden emblematisch zur Last gelegt werden, mit militärischen Straftaten vermischt [...]" (Y 126). Nun ist es aber, wie man bei Naumann nachlesen kann,[14] nicht der Autor, sondern der Angeklagte selbst, der hier „vermischt"*; und wenn man bedenkt, daß die ersten Massentötungen an Juden durch die Einsatzgruppen* tatsächlich unter dem Deckmantel des Kampfes gegen Partisanen begangen wurden und daß die Hetzreden gegen den „jüdischen Bolschewismus" üblicherweise alte antisemitische Klischees mit Tiraden gegen den kommunistischen Fanatismus verbanden, so ist es nicht verwunderlich, daß Stark die menschenverachtende Sprache der Naziideologie verwendet.

Nicht weniger unbegründet ist der Vorwurf Youngs, Weiss habe die „Vernichtung einer Weltanschauung" (E 365) als übergreifendes Motiv für die Tötung der Sowjets und der Juden angegeben, denn im Gegensatz zu Youngs Behauptung geht aus der kritisierten Passage des Stückes hervor, daß dies nur als Motiv für die Ermordung der russischen Gefangenen, nicht aber als Begründung für die Tötung der Frauen und Kinder herangezogen wird. In der Tat hat der Angeklagte gerade in bezug auf die Frauen und Kinder geantwortet, und der Richter dringt in ihn mit der Frage: „Sahen Sie auch Kriegsgefangene/ zwischen diesen Menschen", worauf der Angeklagte antwortet: *„Ja/ Diese Gefangenen hatten laut Befehl/ jeden Anspruch auf ehrenhafte Behandlung/ verloren"*; und ausschließlich auf diese bezieht sich die Frage des Anklägers: *„Welcher Grund/ war für die Erschießung der Kriegsgefangenen/ angegeben worden"*, dazu die Antwort des Angeklagten: „Es handelte sich um die Vernichtung/ einer Weltanschauung/ Mit ihrer fanatischen politischen Einstellung/ gefährdeten *diese Gefangenen/* die Sicherheit des Lagers" (E 364 f., Hervorhebungen von mir, J.M.Ch.). Man sieht: jegliche Täuschung ist ausgeschlossen.

Young fährt fort mit der „Feststellung", daß die Russen „[...] später denn auch folgerichtig als die ersten angeführt [werden], die in Auschwitz vergast wurden" (Y 127). Er formuliert so, daß man glauben könnte, der Autor verfälsche die historische Realität. Weiss erfindet aber nichts: sowjetische Kriegsgefangene und Kranke wurden tatsächlich als erste in Auschwitz vergast (Weiss erwähnt dies, aber diese Stelle wird von Young nicht zitiert).

Der letzte zitierte Ausschnitt steht am Ende des Gesangs. Dort erklärt Stark: „Jedes dritte Wort in unserer Schulzeit/ handelte doch von denen/ die an allem schuld waren/ und die ausgemerzt werden mußten" (E 369). Völlig sinnwidrig behauptet Young in seinem Kommentar: „In diesem Text bezieht sich das Pronomen 'die' auf die Opfer, deren Tod soeben beschrieben worden war, die sowjetischen Kriegsgefangenen" (Y 128). Das ist wiederum falsch: nicht Gefangene, „ein gemischter Transport" (E 368) wurde erwähnt, und Naumann bestätigt, daß der Zeuge von Juden und Polen sprach.[15] Die Schlußfolgerung aus dieser falschen Deutung – Young behauptet nicht nur, die anonymen Opfer seien durch die Russen vertreten, er erklärt sogar: „[...] die Russen sind in dieser Replik nun auch als Juden dargestellt, ihr Elend wird mit spezifisch jüdischen Begriffen ausgedrückt" (Y 129) – ist logischerweise unhaltbar.

Gegen die zentrale Rolle, die in dieser Interpretation den sowjetischen Gefangenen für den Bau des Stückes zugewiesen wird, muß man übrigens hervorheben, daß diese in dem Text, der als Grundlage für die ersten Theateraufführungen diente, nicht genannt wurden. Was auch immer Weiss' Gründe gewesen sein mögen,[16] allein die Tatsache, daß es sich um eine nachträgliche Hinzufügung handelt, beweist, daß diese Herausstellung der sowjetischen Gefangenen keineswegs für sein Vorhaben unabdingbar notwendig war.

So viele Schwächen der Interpretation überraschen. Nicht weniger erstaunlich ist die vollständige Mißachtung der Passagen, in denen der für das Verständnis entscheidende Unterschied zwischen den Opfern, die für die sofortige Vernichtung bestimmt waren, und den Verschleppten, die erfaßt wurden und für die Vernichtung durch Arbeit vorgesehen waren, völlig explizit herausgestellt wird. So erklärt Stark im selben Gesang VI: „Die Häftlinge die verlegt wurden/ kamen ins Lager/ Die überstellten Häftlinge wurden nicht aufgenommen/ und nicht erfaßt/ Das ist der Unterschied zwischen Verlegung/ und Überstellung" (E 361). Nun wissen wir aber schon seit dem „Gesang von der Schaukel": „Nur Häftlinge/ die eine Nummer erhalten hatten/ wurden in den Büchern geführt/ Diejenigen die direkt von der Rampe/ in das Gas geschickt wurden/ kamen in keinen Listen vor" (E 308). Und für den Fall, daß die Leser es vergessen haben sollten, erinnert der Autor uns noch im siebten Gesang daran, was es bedeutete, nicht von der Registratur erfaßt worden zu sein: „es war gar nicht daran gedacht/ daß diese Leute überleben könnten" (E 382). Weiss liefert damit den Beweis, daß er erfaßt hat, wie die Todesfabrik funktionierte; wenn er gewußt hätte, daß bis auf wenige Ausnahmen nur Juden für den sofortigen Tod in den Gaskammern bestimmt waren, wäre er in der Lage gewesen, auch die Eigentümlichkeit des Mordes an den Juden zu verstehen; hätte er diese deshalb betont? Das ist keineswegs sicher, aber die Antwort auf diese Frage bleibt jedenfalls spekulativ.

Tatsächlich steht weniger die „Endlösung" als vielmehr die Wirklichkeit des Lagers* im Zentrum der „Ermittlung", und auch darin entspricht das Stück genau dem Frankfurter Prozeß. Wie Hannah Arendt zu Recht hervorhebt,[17] stellte der Prozeß „gegen Mulka und andere"* im Gegensatz zu dem Verfahren gegen Eichmann in Jerusalem nicht den Versuch einer juristischen Bewältigung des Mordes an den Juden dar. Dies wird unschwer deutlich, wenn man neben dem Bewußtseinsstand im Hinblick auf Auschwitz, der in den sechziger Jahren herrschte, das Gewicht der verschiedenen Anklagen berücksichtigt, wegen derer sich die Beschuldigten rechtfertigen mußten. Gewiß bestand ein Hauptanklagepunkt darin, daß die Angeklagten an Selektionen (auf der Rampe und im Lager) beteiligt gewesen waren und damit zu Komplizen eines Massenmordes geworden waren; die erwiesenen Fälle von Tötungen identifizierbarer Häftlinge innerhalb des Lagers hatten aber bei den Verurteilungen größeres Gewicht als die Beteiligung an Vernichtungen ganzer Zugladungen. Wir werden später sehen, daß diese Konzentration auf die Verbrechen, die an erfaßten Häftlingen begangen worden waren, von einem anderen Gesichtspunkt her die Konstruktion des Stückes verdeutlicht.

3. War Weiss ein Ideologe?

Vielleicht weil er weiß, daß er offene Türen einrennt, faßt Young sich so kurz, wenn er die Anklage gegen den Kapitalismus in der „Ermittlung" aufdeckt und beanstandet. Diese ist in der Tat leicht zu erkennen, und Weiss hat nie einen Hehl aus seiner Absicht gemacht, die Rolle der Großunternehmen im Faschismus allgemein und rund um Auschwitz im besonderen hervorzuheben;[18] er hat auch offen gesagt, daß es ihm darum ging, das Bestehen problematischer Kontinuitäten in der Bundesrepublik Deutschland und in den kapitalistischen Gesellschaften zu enthüllen. Heute sind sich alle darüber einig, daß die vom XIII. Plenum der Kommunistischen Internationale verfügte und von Weiss übernommene Erklärung des Faschismus als einer terroristischen Diktatur der imperialistischsten Fraktionen des Finanzkapitals unhaltbar ist.

Auch wenn man dies zugibt, so sollte man sich doch nicht über den Sinn dieser Anschuldigungen täuschen: glaubt man dem Kritiker Young, so gewinnt man den Eindruck, Weiss instrumentalisiere nach seiner Bekehrung zum Kommunismus kaltblütig die Opfer von Auschwitz und bediene sich ihrer zynisch zur Verbreitung seiner Ideologie. Weiss' Vorgehen ist aber das Gegenteil davon.

Die Lektüre von Weiss' Notizbüchern zeigt in überzeugender Weise, daß ihn zur Zeit des Frankfurter Prozesses zwei Dinge außerordentlich belasten: zuerst die Tatsache, daß die Opfer – und er denkt dabei offenbar hauptsächlich an die Masse der „unschuldigen" Juden – für nichts gestorben sind: subjektiv sind sie in dem Sinne für nichts gestorben, daß sie nicht für etwas sterben wollten – sie waren also weder Märtyrer noch Helden; objektiv sind sie für nichts gestorben, weil ihr Tod keinem Zweck gedient hat: die Welt ist dadurch nicht besser geworden.[19] Schließlich und vor allem ist Weiss buchstäblich verzweifelt, weil er nichts für sie getan hat und nichts mehr für sie tun kann;[20] um diesen Mangel an Solidarität in der Vergangenheit und seine Machtlosigkeit in der Gegenwart auszugleichen, will er um jeden Preis für diejenigen seiner Zeitgenossen kämpfen, die Opfer desselben Systems sind. Folglich ist es falsch zu glauben, Weiss instrumentalisiere die Opfer der Vergangenheit: ganz im Gegenteil, er engagiert sich in der Gegenwart in ihrem Namen (nachträgliche Kompensierung der Sinnlosigkeit ihres Todes) und aus Solidarität mit ihnen (Kompensierung seiner Verfehlungen und seiner Machtlosigkeit). Aber gerade weil sich das Engagement im Namen der Vergangenheit vollzieht, ist es unbedingt notwendig, eine Verbindung zwischen der Vergangenheit und der Gegenwart herzustellen. Weiss muß sich also dem heiklen Problem der *Aktualisierung* stellen.

Wer Lehren aus der Vergangenheit ziehen will, muß sich an ihr abarbeiten, denn wenn es keinerlei Verbindung zwischen der Vergangenheit und der Gegenwart gibt, ist nicht einsehbar, wie man die geringste Lehre aus ersterer ziehen will. Dabei sind nun zwei Gefahren zu vermeiden: Auschwitz überall wiederzufinden (was darauf hinausläuft, es zu banalisieren) oder es nirgendwo wiederzufinden (was darauf hinausläuft, seine potentielle Tragweite unwirksam zu machen). Während Weiss oft der ersten Gefahr erliegt, muß die Frage erlaubt sein, ob Youngs Ansatz nicht unmittelbar zu der zweiten führt. Wie wir gesehen haben, beruht der Kern seiner Argumentation auf zwei Voraussetzungen: Man muß die jüdischen Opfer nennen, man muß das Eigentümliche ihres Leidens respektieren. An sich läßt sich nichts gegen diese Thesen sagen; man wartet aber auf eine Fortsetzung, die nicht kommt. Anders gesagt: es hat den Anschein, als ob sich die neue Konfiguration des Gedächtnisses darin erschöpfte, die vergangenen Verwirrungen anzuprangern und dem Mord an den Juden seine einzigartige Besonderheit wiederzugeben. Nur: wenn dieses Ergebnis einmal erreicht ist, bleibt nichts mehr zu sagen; es bleibt lediglich Raum für ein historisches und gedenkendes Interesse. Historischer Positivismus und sakrales Ritual werden die beiden einzigen legitimen „Auswertungen" des Mordes an den Juden und abgesehen von einer problematischen Neugier haben die Nichtjuden mit dieser Geschichte nichts zu tun.

Auch wenn man dies berücksichtigt, so bleibt es doch unheilvoll, die Einzigartigkeit der Vergangenheit um der umstandslosen Übertragung in die Gegenwart willen zu nivellieren: „Überall das gleiche, das universale KZ" (NB 304) – eine solche Notiz ist schockierend und unannehmbar, wenn nicht verdeutlicht wird, daß sie uneigentlich verstanden werden soll. So lobenswert auch Weiss' Wille zur Universalisierung sein mag, es ist realistisch, aber moralisch falsch, die Opfer anonym zu machen, damit sich jeder mit ihnen identifizieren kann: selbst wenn es nicht einen einzigen Nichtjuden in Auschwitz gegeben hätte, wäre die universelle Tragweite des Geschehens offenkundig. Schließlich ist der Aktualisierungsmechanismus, den Weiss bevorzugt, wohl doch zu plump. Wenn Weiss in seinen Notizbüchern schreibt:

> Vor kaum 25 Jahren vernichtete das faschistische Regime in Deutschland 6 Millionen Juden und 13 Millionen andere Zivilisten in den besetzten Ländern. Das faschistische Regime in Deutschland wurde besiegt. Doch das Prinzip der Verfolgung und Vernichtung großer Bevölkerung, bis zur Vernichtung, besteht weiter. Es ist ein Prinzip, das zur Struktur der kapitalistischen Staaten gehört. (NB 375),

so drückt er eine Überzeugung aus, die zu Recht jede Glaubwürdigkeit verloren hat und auf die man sich nicht stützen kann, um die Aktualisierung zu bewirken.

II. Eine gelungene Aktualisierung: das Problem der „Normalität"

> Nein, ich kann jetzt nicht weiter.
> Weinkrampf.
> ANSTÄNDIG UND HART
> Die Jungen: wir wollen nichts davon
> wissen, wir müssen an das Morgen
> denken –
> Die Alten: wir wollen nichts davon
> wissen, wir müssen das Gestern
> vergessen –
> *Weiss:* Notizbücher 1960-1971

> Ich habe einen zweiten unerträglichen Augenblick erlebt, als mir bewußt wurde, daß ich einer Gesellschaft einverleibt war, die einem Konzentrationslager glich. Sie war *meine* Gesellschaft geworden. Sie war *mein* Universum geworden. Ich gewöhnte mich an sie. Man „überlebte" in ihr. Das war für mich ein schrecklicher Schock.
> *David Rousset:* Une vie dans le siècle
> (Ein Leben in dem Jahrhundert)

Wenn dies gilt, folgt daraus, daß Weiss' Darstellungen für uns keinerlei Bedeutung mehr haben? Ich glaube es nicht. Wie wir gesehen haben, stand die Wirklichkeit des Lagers mehr als der Mord an den Juden im Vordergrund des Prozesses. Es interessiert mich nicht sehr, ob Weiss es gewollt hat oder nicht, aber es scheint mir, daß ein Teil von dem, was er über das Leben im Lager schreibt, und die *Art und Weise*, wie er es schreibt, uns ein Beispiel einer gelungenen Aktualisierung geben, d.h. einer Inbeziehungsetzung von Gegenwart und Vergangenheit, die eine unzulässige Verquickung beider vermeidet.

Wenn Weiss sich folgsam an naive Klischees gehalten hätte, die insbesondere von vielen Vereinigungen ehemaliger Häftlinge verbreitet wurden, dann hätte er einen idealisierten Alltag des Konzentrationslagers beschrieben mit brüderlichen Häftlingen, die im Bündnis gegen die Henker solidarisch handelten. Vielleicht war dies die Versuchung, der er in den „Frankfurter Auszügen"[21] erlag, als er die heroische Geste eines russischen Gefangenen beschrieb, der umgebracht wurde, weil er sich geweigert hatte, einen jüdischen Mithäftling zu töten; es bleibt aber festzuhalten, daß sich davon in der „Ermittlung" keine Spur findet. Dagegen findet man in dem Stück und nicht in den „Frankfurter Auszügen" derartige Beschreibungen,[22] daß ein überlebender Häftling, ein aus politischen Gründen Verschleppter, daraus folgende Konsequenz ziehen kann: „Auch wir Häftlinge/ vom Prominenten bis hin zum Sterbenden/ gehörten dem System an/ Der Unterschied zwischen uns/ und dem Lagerpersonal war geringer/ als unsere Verschiedenheit von denen/ die draußen waren" (E 335).

In welcher Hinsicht ist dies bedeutsam? Die Unterschiede zwischen den SS-Schergen und den Häftlingen* waren weiß Gott beträchtlich; nirgendwo fände man vielleicht eine ähnliche Diskrepanz, und doch bleibt diese geringer als die, welche sie von jenen trennt, „die draußen waren". Das heißt, daß die entscheidende Trennungslinie gegen allen Anschein nicht zwischen Opfern und Henkern verläuft, sondern eher einer Grenze zwischen zwei Nationen gleicht, die durch Sprachen und Kulturen so verschieden sind, daß die unterschiedliche Herkunft größere Bedeutung erlangt als alle anderen Unterschiede. Es hat den Anschein, als ob das Lager eine „neue Gesellschaft" (E 288) herausbilde, die zwar ganz anders, aber doch eine Gesellschaft im strengen Wortsinne mit eigenen Sitten, Gesetzen, Glaubensüberzeugungen, Riten, Randgruppen ist – und vor allem eine Gesellschaft mit einer *Normalität*, an die man sich anpassen muß, wenn man nicht jede Chance zu überleben verlieren will: „Und schon begannen wir/ nach neuen Begriffen zu leben/ uns einzufügen in diese Welt/ die für diejenigen/ die darin existieren wollten/ zur normalen Welt wurde" (E 288).

Es scheint mir, daß eine der bemerkenswertesten literarischen Wirkungen der „Ermittlung" dadurch erreicht wird, daß der Schrecken auf allen Ebenen neutralisiert wird: dies geschieht nicht nur in dem langen Monolog, in dem das Wort „normal" in quälender Eintönigkeit regelmäßig wiederkehrt (vgl. E 288 f.), sondern auch durch die Beschreibung zahlreicher „Einzelheiten": der Blumentöpfe an den Fenstern der politischen Abteilung, deren Arbeit als die irgendeiner beliebigen Verwaltungseinheit erscheint, der routinemäßigen Durchführung der Selektionen, welche die Entscheidungen zur sofortigen Tötung herbeiführen, der völligen Banalisierung des Raubes, der fehlenden Skrupel, aber auch der Mißachtung des Lebens und der schändlichen Tötung: hier ist besonders an die Ermordung des Kindes mit dem Apfel zu denken (vgl. E 312 f.), die um so schrecklicher erscheint, als Bogers Geste völlig banal und unbedeutend wirkt. Meiner Ansicht nach zeigt sich in diesem Punkt Weiss' „Genie" und der Wahrheitsanspruch, der für seine Kunst charakteristisch ist. Der Verdacht kommt kaum auf, aber Weiss' Schreibweise hat eher den Ton als den Inhalt der Zeugenaussagen umgewandelt, denn – wie man sich vorstellen kann – der wirkliche Ton der Zeugen, insbesondere der Opfer, war von Anfang an anders: von Gefühlen geprägt, von Weinen, Empörungsschreien und Sitzungsverschiebungen unterbrochen, weil die Anwesenden die Darstellung der Tatsachen nur schwer ertrugen. Mehr als verschwommener Theorien über das Dokumentartheater bedarf es einer genauen Vorstellung vom Alltag des Konzentrationslagers, um die beträchtliche Arbeit zu ermessen, die Weiss leisten mußte und die auch seine eigene geschärfte Sensibilität betraf, wenn er vermitteln wollte, was die Normalität des Schreckens in Auschwitz *für diejenigen bedeutete, die dort waren.* Diese Normalisierung wäre eine Banalisierung, wenn Weiss wie mancher Beteiligter am Historikerstreit* zu verstehen gegeben hätte, daß der Schrecken von Auschwitz seiner Meinung nach *von außen gesehen* relativ normal und daß es deshalb nicht gerechtfertigt sei, sich bei ihm besonders lange aufzuhalten; es gelingt ihm aber, genau das gegenteilige Gefühl zu erzeugen.

Gewiß erscheint die „neue Gesellschaft" manchmal seltsam vertraut: es ist klar, daß die Maximen, die das Überleben im Lager ermöglichen, durch eine geringfügige Umformung zu den Maximen werden können, die bei uns die individuelle Bereicherung erleichtern. Es ist aber dennoch unmöglich, an die Identität der Gesellschaft des Konzentrationslagers mit der draußen zu glauben; *das Beharren auf der Normalität im Lager erschüttert nur schlicht und einfach unser spontanes Vertrauen in den Wert und den Sinn unserer eigenen Normalität;* wenn sich tatsächlich unter diesen extremen Bedingungen eine Normalität herstellen läßt, dann darf man *keiner* Normalität mehr trauen. Da sich mittlerweile gezeigt hat, daß die Menschen alles tolerieren können, beweist die Tatsache, daß eine Normalität existiert, rein gar nichts mehr. Es ist heute sinnlos, wenn jemand sagt: „Dies ist normal" oder „Dies ist unnormal"; ein solcher Satz ist bestenfalls eine empirische Feststellung, die an dem Ort und zu der Zeit des jeweils Sprechenden gültig ist. Sicherlich ist nicht alles von allen zu ertragen, und viele steigen aus – seien es „Muselmänner"* oder „loser"; aber ihr Aussteigen behindert das Funktionieren der Gesellschaft nicht, und abgesehen von den unterschiedlichen Einsätzen, um die es geht – physisches Überleben oder sozialen Erfolg –, läßt sich nicht entscheiden, ob bestimmte Sätze des Stückes sich auf die Normalität des Lagers oder auf unsere Normalität beziehen[23]: hier wie dort erscheint „man muß mitmachen"[24] als das beste Alibi; wenn man sich mit dieser Notwendigkeit einmal abgefunden hat, ist es normal, daß die Lebenden es normal – wenn auch manchmal etwas hart – finden, daß man alles tut, was dafür erforderlich ist.

Aber wenn wir nun einmal in der Willkür einer durch die Umstände bedingten Normalität leben, so gibt es keinen Grund, eine dieser Normalitäten zu einem absoluten Maßstab zu erheben. Nichts ist unerträglich, nichts ist unakzeptabel, nichts ist heilig. Aber das Gegenteil ist nicht weniger wahr: man kann mit genauso viel Berechtigung sagen, daß *alles* heilig ist, daß die Vorstellung eines „normalen" und demnach „akzeptablen" (wenn auch bedauernswerten) Grades an Ausbeutung und Unterdrückung lächerlich ist; daß Ausbeutung und Unterdrückung, so geringfügig sie auch sein mögen, unerträglich sind.

In diesem Fall *verharmlost die Verbindung* zwischen der Wirklichkeit des Lagers und der gegenwärtigen Realität *das Lager nicht, sie dramatisiert vielmehr die Gegenwart*, die Parallelisierung zwischen dem Unbekannten und dem Bekannten banalisiert das Unbekannte nicht, sie *entbanalisiert* vielmehr das Bekannte, das in diesem Licht ein neues und wenig freundliches Aussehen annimmt: die Normalität wird unbequemer, wenn sie mit Fragmenten des „anus mundi" durchsetzt ist. Aber, so schwer es auch sein mag, die Folgerungen aus diesen Reflexionen zu akzeptieren, es ist fruchtbar, unserer Normalität aus der Perspektive der Normalität von Auschwitz den Prozeß zu machen, und es handelt sich dabei um eine Art der Aktualisierung, welche die Eigenart der nationalsozialistischen Verbrechen vollständig respektiert, ohne diese gänzlich aus der allgemeinen Geschichte herauszulösen.

Ich behaupte keineswegs, daß die „Ermittlung" ohne Fehler sei. Ich glaube im Gegenteil, daß der Text zeitgebunden ist und daß es heute undenkbar und falsch wäre, die Opfer nicht zu nennen und die Eigentümlichkeit des Mordes an den Juden zu übergehen. Aber, selbst wenn man dies anerkennt, bleibt die „Ermittlung" ein Meisterwerk; und wenn es richtig ist, daß man nicht rückblickenden Illusionen erliegen soll, so gilt doch auch, daß man Antifaschismus nicht zu schnell mit Stalinismus gleichsetzen soll: andere zeitgenössische Werke – ich denke zum Beispiel an den kürzlich erschienenen „Chant d'amour des alphabets d'Auschwitz" (Liebeslied der Alphabete von Auschwitz) von Armand Gatti – zeigen, daß das antifaschistische Gedächtnis in der Lage ist, sich zu erneuern und noch immer denkwürdige Texte hervorzubringen, ohne deswegen auf seine universalisierende Perspektive zu verzichten. Es wäre zu schade, das Kind mit dem Bade auszuschütten.

(Ins Deutsche übertragen von *Michael Hofmann*)

Anmerkungen

1 James Edward Young: Beschreiben des Holocaust. Darstellung und Folgen der Interpretation. Aus dem Amerikanischen von Christa Schuenke. Frankfurt am Main 1992. Künftig im laufenden Text mit der Sigle Y zitiert.
2 Vgl. Y 112. Young kommt zu dem Schluß, die „Ermittlung" biete in dieser Hinsicht „ein Paradebeispiel für die Kunst der ideologischen Auslöschung" (Y 134).
3 Vgl. Franciszek Piper: Estimating the Number of Deportees to and Victims of the Auschwitz-Birkenau Camp. In: Yad Vashem Studies 21 (1991), S. 41-103.
4 Vgl. Bernd Naumann: Auschwitz. Bericht über die Strafsache gegen Mulka und andere vor dem Schwurgericht Frankfurt. Frankfurt am Main, Bonn 1965 (künftig im laufenden Text mit der Sigle N zitiert), S. 11. Weiss nennt Naumann als Quelle in: Notizbücher 1960-1971. Frankfurt am Main 1982 (künftig mit der Sigle NB zitiert), S. 391. Weiss konnte die zweibändige Arbeit von Hermann Langbein: Der Auschwitzprozeß. Eine Dokumentation. Wien/Frankfurt am Main/Zürich 1965 (künftig zitiert mit der Sigle L), die *nach* der Abfassung der „Ermittlung" erschien, nicht benutzen; es ist aber unabdingbar, sich auf sie zu beziehen.
5 Gerald Reitlinger: The Final Solution. London 1953. Man schätzt gegenwärtig, daß der Anteil der getöteten Juden mit mindestens 960.000 Toten (davon 865.000 nicht Erfaßten) im Verhältnis zu den anderen Opfern bei ungefähr 90 % liegt.
6 Ich zitiere die „Ermittlung" mit der Sigle E nach folgender Ausgabe: Stücke I. Frankfurt am Main 1976, S. 257-449.
7 Vgl. zu den Polen N 55 und E 357 sowie N 327 und E 378; zu den Sinti und Roma N 370 und E 385 sowie L 362 und E 387 und sogar für einen anonym gewordenen sowjetischen Politkommissar N 227 und E 406. Es versteht sich von selbst, daß die Auslassungen jüdischer Identitäten zahlreicher sind. Eine vollständige Liste findet sich bei Rolf D. Krause: Faschismus als Theorie und

Erfahrung. „Die Ermittlung" und ihr Autor Peter Weiss. Frankfurt am Main/
Bern 1982, S. 632 f. Gern erkläre ich, wieviel ich Krauses großartiger gelehrter
Arbeit verdanke.

8 Vgl. zu dieser „Reduzierung" der Juden auf „Verfolgte", die auch von Young
beanstandet wird: „Denn Weiss spricht in seinem Stück nicht von Juden, ja
kaum einmal von *Opfern,* sondern gebraucht statt dessen den juristischen
Ausdruck *Verfolgte"* (Y 123). NB 256: „Masse immer contra Einzelner – Einzelner
= Jude = Außenseiter – [...] – Nur noch 2 menschliche Typen: Verfolger u
Verfolgte".

9 Peter Weiss: Meine Ortschaft. In: P.W.: Rapporte. Frankfurt am Main 1968,
S. 113-124; hier S. 114 (Hervorhebung von mir, J.M.Ch.).

10 Ruth Klüger hat sich in bezug auf diese Frage nicht getäuscht: „Gewiß, es zieht
auch welche, die ohne Touristenneugier und Sensationslust kommen, zu den
alten Lagern, aber wer dort etwas zu finden meint, hat es wohl schon im Gepäck
mitgebracht. So einer war Peter Weiss, als er einen Aufsatz schrieb, in dem er,
nach einem Besuch in Auschwitz, das Lager als 'seine Ortschaft' bezeichnet,
weil er als Jude verurteilt war, dort zu sterben" (Ruth Klüger: weiter leben. Eine
Jugend. Göttingen 1992. S. 75, Hervorhebung von mir, J.M.Ch.).

11 Bekanntlich war sein Vater, der nach den Nürnberger Gesetzen Halbjude war,
zum Christentum übergetreten und zeigte offenbar alle Merkmale eines Juden
mit schlechtem Gewissen. Vgl. NB 254: „Mein Vater im Purgatorio: seine
Bemühungen, sich zu assimilieren, sein 'Antisemitismus' aus Furcht, als jüdischer Emigrant erniedrigt zu werden –".

12 Peter Weiss: Abschied von den Eltern. Erzählung. Frankfurt am Main 1961,
S. 73. Vgl. auch NB 310: „Ja, ich ging auf diesen Straßen, wurde mitgerissen von
diesem Taumel, diesem Geschrei, vom Wunsch, zusammenzugehören mit den
Jubelnden –/ aber ich ging auch dort, plötzlich herausgerissen, angepöbelt,
bedroht –/ Beide Möglichkeiten waren gegeben – aus beiden Möglichkeiten
hattest du etwas zu machen".

13 Vgl. hierzu den aufschlußreichen Beitrag von Irene Heidelberger-Leonard:
Jüdisches Bewußtsein im Werk von Peter Weiss. In: Michael Hofmann (Hrsg.):
Literatur, Ästhetik, Geschichte. Neue Zugänge zu Peter Weiss. St. Ingbert 1992,
S. 49-64.

14 Vgl. N 321: „Aber sie seien ja auch täglich belehrt worden, von Schulungsoffi-
zieren, über die Gründe der ganzen Judenvernichtung. Sie hätten gefragt,
warum die Juden getötet würden, und es sei geantwortet Worden, *weil sie
Brunnen vergifteten, Sabotage trieben und Brücken sprengten"* (Hervorhebung von
mir, J.M.Ch.).

15 Vgl. N 58: „Es können 150 bis 200 gewesen sein. Immerhin vier Lastwagen voll.
Es waren Juden und Polen. Auch Frauen? – Auch, jawohl! Auch Kinder? – Im Jahr
41 kamen noch keine Kinder nach Auschwitz. (Hervorhebung von mir,
J.M.Ch.)"

16 Krause (Faschismus als Theorie und Erfahrung, S. 634) stellt die Hypothese auf,
daß es Weiss darum gegangen sei, einer spontanen Reaktion in Deutschland
vorzubeugen, die darin bestand, das Schicksal der russischen Gefangenen in
Deutschland mit dem der deutschen Gefangenen in Rußland auf eine Stufe zu
stellen.

17 Vgl. Hannah Arendt: Der Auschwitzprozeß. In: Dies.: Nach Auschwitz. Berlin 1989, S. 99-136.

18 Die Tatsache, daß das Gericht sich geweigert hatte, ein Gutachten von Professor Jürgen Kuczynski über die „Verflechtung der wirtschaftlichen Unternehmen mit der Leitung der Konzentrationslager" anzuhören (vgl. L 941), konnte Weiss nur in dieser Überzeugung bestärken.

19 Vgl. NB 328: „Das schreckliche Gefühl: wofür sind sie gestorben? – wurde nach ihnen eine bessere Welt errichtet?" Dies schrieb Weiss nach seiner Rückkehr aus Auschwitz am 15. Dezember 1964. Vgl. zur Sinnlosigkeit des Todes der ermordeten Juden auch E 336 und Weiss: Meine Ortschaft, S. 123.

20 Vgl. NB 397: „weint vor Verzweiflung über diesen Mord an 6 Millionen – der nie wieder gutzumachen ist – Haß gegen sie, die daran beteiligt waren u. die in Deutschland wieder oben sind".

21 Vgl. Peter Weiss: In Gegensätzen denken. Ein Lesebuch. Ausgewählt von Rainer Gerlach und Matthias Richter. Frankfurt am Main 1986, S. 181 f. „Einmal warf er einen jüdischen Häftling zu Boden/ und aus einer vorbeigehenden Kolonne griff er sich einen heraus/ einen mit dem Buchstaben R im Winkel/ Töte den Juden dann bekommst du eine Zigarre rief er/ und der russische Bursche sah auf das Opfer/ und dann ins Gesicht des Henkers/ und spie ihm in die Augen/ Als Adolf Rey den Revolver zog/ schlug ihm der Russe die Waffe aus der Hand/ Da war er schon überwältigt und wurde in den/ Bunker geworfen/ im Totenblock 11". Festzuhalten ist, daß hier das Wort „Jude" erscheint. Diese Episode wird tatsächlich wiedergegeben von Alexej Lebdjev in: Auschwitz. Zeugnisse und Berichte. Hrsg. v. H.G. Adler u.a. Frankfurt am Main 1962, S. 260-262. Es ist auch nicht unwichtig, daß „die Judenbraut" (NB 272) Lili Tofler anstelle eines antifaschistischen Kämpfers die „Heldin" des Stückes ist.

22 Das Stück enthält Beschreibungen, welche die Korrumpierung der „Prominenten"*, aber auch die fehlende Solidarität unter den „normalen" Häftlingen belegen. Vgl. zum Beispiel die schreckliche Schilderung des Zeugen 5 im „Gesang vom Lager" (E 287-289). Es ist festzuhalten, daß Weiss sich in bezug auf die letzteren nicht so sehr auf die Zeugenaussagen des Prozesses, sondern hauptsächlich auf die Dissertation eines Überlebenden von Auschwitz gestützt hat. Vgl. Elie A. Cohen: Human Behavior in the Concentration Camp. New York 1953.

23 Vgl. zum Beispiel E 289 und 300.

24 Vgl. E 302.

(Anmerkung des Übersetzers: Wörter mit einem * finden sich im Original in deutscher Sprache.)

II. Zur „Ästhetik des Widerstands"

Najaden und Sirenen. Weiblichkeitsbilder in der „Ästhetik des Widerstands"

Birgit Feusthuber

Die Dimension des Weiblichen in der *Ästhetik des Widerstands* wurde in den letzten Jahren verstärkt berücksichtigt – wenige Arbeiten über den Roman kommen mittlerweile ohne Reflexionen beziehungsweise das Kapitel über die „Frauenfiguren in der *Ästhetik des Widerstands*" aus. Kennzeichnend für viele dieser Abhandlungen ist aber, daß die weibliche Perspektive als Teil einer umfassenden Auseinandersetzung über das Scheitern des Widerstands begriffen wird und nicht als Gestaltung spezifisch weiblicher Lebensunmöglichkeit(en), welche die nach wie vor aktuelle Geschlechterproblematik als konstitutiv für den gesamten Roman ausweist. Bezeichnenderweise ist in Gesprächen und Diskussionen innerhalb der Peter-Weiss-Forschung immer wieder festzustellen, daß es erst eines nachdrücklichen Hinweises auf die weibliche Perspektive im Roman bedarf, damit diese den ihr zukommenden Stellenwert erhält. Dieser ist meines Erachtens nicht als Teilaspekt innerhalb des Romangefüges auszumachen, sondern einer der großen inhaltlichen „Bögen", mit denen der Roman zu erhellen ist. Wenn ich mich nun mit meinen Ausführungen sehr nah am Text bewege, so deshalb, weil die Patriarchalismuskritik in der *Ästhetik des Widerstands* sich nicht nur in den oft zitierten Passagen verdeutlicht, in denen die Frauenfiguren ihre Anklagen gegen die 'Männerwelt' artikulieren. Betrachtet man die Bilderketten, die den mythischen Zuordnungen zugrundeliegen, offenbaren sich sowohl Tiefe aber auch Grenzen der Kritik an männlichen Hierarchien auf seiten des Widerstands. Während sich für die männlichen Protagonisten die Lücke, die Herakles am Pergamonfries hinterlassen hat, zu einem ambivalenten Bild füllt, welches sie von diesem „Fürsprecher des Handelns" (I, S. 11) entwickeln können, verharren die Frauenfiguren am Rande, überlagert mit Bildern, die sie von Anbeginn fremdbestimmten. Sie begehren auf und gehen unter, sind Opfer und Mittäterinnen zugleich.[1]

Lotte Bischoff vermag als einzige der Frauenfiguren aus der mythischen Starre der gedemütigten, scheiternden Frau auszubrechen. Während die

Erdgöttin Ge die mythische Kristallisationsfigur für alle Frauenfiguren im Roman bildet,[2] ist der mythische Rahmen, in dem sich Lotte Bischoff bewegt, komplexer angelegt.

Als deutsche Zollbeamte auf den Frachter kommen, der sie von Göteborg nach Bremen bringt, heißt es:

> Wüßten sie nur dort oben, welche Galionsfigur dieses ähnliche Schiff trug. Welche geschnitzte Schwester der Najaden und Sirenen, der Niobe und Nike, hier hinausfahren könnte aus dem Bug. (III, S. 77)

Mit dem dynamischen Gestus – 'welche hier hinausfahren könnte aus dem Bug' ist schon eine markante Unterscheidung zu den eher statisch gezeichneten übrigen Frauenfiguren getroffen, deren 'weiblicher' Widerstand ja in Krankheit, Verstummen und Selbstzerstörung mündet. Demnach ist Lotte Bischoffs Spur durch das Inferno Deutschland in diesem dichten mythischen Geflecht auszumachen, das die geschichtliche Dimension ihrer Figur vertieft und auf der mythologischen Ebene sowohl die innere Verknüpfung als auch die Differenz zwischen ihr und Stahlmann, den ich ihr gegenüberstellen möchte, unterstreicht.

Von den eben zitierten mythischen Zuordnungen greife ich nun die der Najaden und Sirenen heraus, um die Vielschichtigkeit zu zeigen, mit der sich Peter Weiss der Geschlechterproblematik genähert hat.

> Nun war der Mist im Viehstall des Augias schon jahrelang nicht weggeräumt worden, und wenn auch sein aufdringlicher Gestank die Tiere selbst nicht störte, verbreitete er doch eine Pestilenz über den ganzen Peloponnes. Außerdem waren die Talweiden so tief mit Mist bedeckt, daß sie nicht mehr gepflügt und bestellt werden konnten.[3]

Dies ist der Überlieferung zufolge der Anlaß für die fünfte der zwölf Taten des Herakles und er vollbringt sie, wie befohlen, an einem einzigen Tag mit der ihm eigenen Schläue und List, „ohne auch nur seinen kleinen Finger zu beschmutzen".[4]

Lotte Bischoffs Finger allerdings werden in übertragenem Sinne „schmutzig". Mehrmals wird auf ihre Tätigkeit als Reinmachefrau und Haushaltsgehilfin in Stockholm und Berlin hingewiesen. Diese Tätigkeit ist im Kontext der Geschichte der Frauen nur folgerichtig und findet auch ihren Ausdruck in den von ihnen verrichteten (Lohn-)Arbeiten. So ist die Mutter des Ich-Erzählers vor der Heirat mit dem Vater „Hilfsschwester" (I, S. 133), gehört Marcauer in Spanien zu den „Frauen im Sanitärzentrum" (I, S. 276), arbeitet Rosalinde Ossietzky im Exil als „Hausgehilfin" (II,

S. 131) und „Wäscherin" (II, S. 202), wird auf den Verdienst der Frau Mineurs, eines schwedischen Genossen, bei dem Funk Unterschlupf gefunden hat, hingewiesen – „Die Frau, als Geschirrwäscherin, die Familie versorgend (...)" (III, S. 59), ist Lindner „Pflegerin (...) und säuberte Wohnungen stundenweise" (II, S. 117). Sind diese Arbeiten im Roman einerseits natürlich Zeichen der Klassenzugehörigkeit der jeweiligen Frauen, die der Arbeiterbewegung entstammen, aber auch Zeichen der Frauen im allgemeinen zugeordneten sozialisationsbedingten 'Fähigkeiten' des Helfens und Dienens, so eröffnet sich bei näherer Betrachtung ein erweiterter Bedeutungszusammenhang, der dazu beitragen kann, die Figur der Lotte Bischoff zu erhellen, aber auch diejenige Stahlmanns, wie ich im folgenden ausführen möchte. Zuvor aber soll dieser erweiterte Bedeutungszusammenhang an einigen Textstellen verdeutlicht werden.

Schon zu Beginn des Romans werden die 'sauberen und geordneten Arbeiterstuben', deren „Kargheit (...) verschwiegne zähe Auflehnung aus(drückte)" (I, S. 35), der politischen Wirrnis und dem Leben in der „Ungewißheit" (I, S. 34) gegenübergestellt. Diese Zeichen 'verschwiegner Auflehnung' verweisen auch auf das Bild der Mutter Coppis, die nach einem mühevollen Arbeitstag die Füsse in einer Schüssel mit Wasser reinigt, und gehen eine unmittelbare Beziehung mit der Gesprächssituation ein, in der sie diese körperliche Reinigung vollzieht. Ihre Diskussion mit den drei Freunden und ihrem Mann rekonstruiert die Geschichte des Pergamonfrieses, verfolgt die daraus entspringenden Fragen von Herrschaft und Kunstproduktion und korrespondiert so auf der bildhaften Ebene des äußeren Reinigungsvorganges mit dem auf'klärenden' Diskurs über jahrtausendealte Herrschaftsstrukturen (vgl. I, S. 35 f.).

'Klären', 'Reinigen', 'Ordnung' schaffen – diese Bedeutungsfelder werden in besonderem Maße Lotte Bischoff zugeordnet, die an mehreren Stellen mit dem Vorgang der körperlichen Wäsche in Verbindung gebracht wird:

> sie legte das Kleid ab, zog die zweite Bluse, die doppelte Unterwäsche aus, das Wasser im Gesicht, am Hals erfrischte sie, mehr nach Wasser hatte sie verlangt als nach Nahrung (...) (III, S. 174)

Deutlicher noch wird diese Zuordnung in der Verwunderung der Gefängniswärterin, der „Schwester" (II, S. 78),

> daß ihr Schützling so schlicht aussah, gar nicht, wie sie sich eine Umstürzlerin vorstellte. Bereits im Gefängnis hatte sie bemerkt, wie die Verhaftete für ihre Kleidung, ihre Körperpflege sorgte, sie hatte ihrer Überraschung Ausdruck gegeben darüber, daß ein Mensch, der sich so

anständig benahm, Kommunist sein konnte. Kommunisten, so hatte sie gehört, seien schmutzig, heimtückisch, räuberisch, eine Gefahr für das Land (II, S. 80).

Der körperliche Reinigungsvorgang wird also in unmittelbarem Zusammenhang mit moralischer Integrität als gleichsam innerer Reinheit gesehen. Diese Verbindung finden wir auch als Eintragung in den Notizbüchern wieder:

> Bischoff machte sauber bei Leuten, wie sie früher mal, in Stockholm, sauber gemacht hatte, sie erwarb ihren Lebensunterhalt mit dieser Reinigung, d.h. sie half Herakles, den Augiasstall zu säubern (NB II, 71-80, S. 880).

In diese Notiz schreibt sich die unterschiedliche Beurteilung männlicher und weiblicher Tätigkeit ein – während Herakles seine 'Aufräumarbeit' auf eine Art und Weise leistet, in der ihm Anerkennung und Ruhm zuteil wird, die aber oftmals nicht von sinnloser Raserei und unkontrolliertem 'männlichen' Wüten zu unterscheiden ist, bleiben Lotte Bischoffs beherrschte Handlungen – („Sie spürte nur (...), daß sie nicht die Beherrschung verlieren durfte" (II, S. 81), vertraut nicht auf „Ratschläge (...), die ihrer Vernunft widersprachen" (II, S. 84) – unspektakulär, im Verborgenen.

Die Najaden

Der Hinweis auf die Najaden verweist explizit auf die vielfältigen Bezüge zum Element des Wassers, das mit Lotte Bischoff in Zusammenhang gebracht wird – die Najaden sind kleinere Wassergottheiten, die stets mit Quellen, Flüssen und Seen, aber auch mit Schiffen verbunden werden und prophetische Kräfte besitzen.[5]

Mythisch überhöht betrachtet, könnte die 'prophetische' Kraft Lotte Bischoffs darin bestehen, daß sie die in Stockholm verbliebenen Funktionäre durch ihre Annonce im 'Völkischen Beobachter' vor dem Kommen warnt, diese sich jedoch schon zuvor selbstherrlich über ihre zu erwartende Analyse der Situation in Deutschland hinweggesetzt haben, „die schwarz umrandete Warnung vor weitern Ausfahrten war da, Welter und Wagner aber hatten das Meer schon hinter sich" (III, S. 109). Wieder einmal verhallt die Stimme der Frau ungehört – die Gefährten reisen ins Verderben.

Der Bedeutungsaspekt 'Wasser', der durch den Vergleich mit den Najaden hervorgerufen wird, eröffnet einen weiteren Zusammenhang insofern, als Wasser aufs engste mit der Fähigkeit zum Widerstand verknüpft wird; so zum Beispiel im Bild des 'Schwimmers', das Henke vor ihrer Abreise mit der Tätigkeit der gegen den Faschismus Kämpfenden in Beziehung setzt:

> (...) wie einer der Schwimmer dort, hinter den Glaswänden, mußt du sein, *mußt dich stoßen durch dein Element, dann anstrengungslos gleiten, doch geübt, zu blitzschnellen Wendungen bereit* (...) (III, S. 79)

Meer, Wasser erhalten demzufolge eine neue Konnotation. Dieses Element wird im Roman oftmals mit dem Bereich des Tödlichen, Verschlingenden, Übermächtigen verbunden, wie dies unter anderem in Géricaults 'Floß der Medusa' und Meryons Stich 'La Morgue', aber auch bei der Flucht Coppis durch das brennende Berlin kurz vor der Entdeckung der Widerstandsgruppe zum Ausdruck kommt:

> (...) und Coppi krümmte sich, von einer schrecklichen Mattheit überkommen, mit stechendem Schmerz in der Seite, überm Geländer am Lützow Ufer zusammen. Immer noch schwamm im trägen Wasser des Landwehr Kanals Rosas Leiche (...). Er schleppte sich über die Herkules Brücke. Da schwappte es in den Sümpfen von Stymphalos, da schlängelte die Hydra sich am Sockel empor, da streiften ihn die Fittiche des Adlers (III, S. 181 f.).

In Zusammenhang mit Lotte Bischoff verweisen die Bilder von 'Wasser' und 'Meer' jedoch auf eine neue semantische Ebene – sie evozieren die Sehnsucht nach Ganzheit, Aufgehobensein, sinnlicher Verflechtung mit Natur bei gleichzeitig steter Wachsamkeit.

Wasser als Ursprung allen Lebens wird so zum Bedeutungsträger für jene Bereiche des Daseins, die in der *Ästhetik des Widerstands* angesichts des Leidens, des Schmerzes und der Übermacht des Todes wenig Raum finden können und doch aufzuspüren sind als Zeichen der Möglichkeit andersgearteter Beziehungsformen, eines freieren, gelösteren Umgangs der Menschen untereinander. In der Zeichnung Lotte Bischoffs, Henkes und Stahlmanns, aber auch Rosners erkennen wir das Moment der Fröhlichkeit[6] und an dieses gekoppelt bedeutet Wasser Trost, Auflösung, Entgrenzung, es hat 'keine Lücke', wie Hegel einmal sinngemäß formulierte[7] – als hätte es die Fähigkeit, all jenes 'fortzuwaschen', was Menschen am Leben hindert:

> Wer konnte es den Menschen verübeln, daß sie flohn aus ihren stickigen Büros, Läden, Werkstätten, Fabriken. Daß sie sich versteckten im Grün. Daß sie tauchten ins Wasser. Daß sie ruderten, segelten hinaus ins

Glitzern. Daß sie nicht aufschrien vor Leid, vor Haß. Stahlmann hatte die Fäuste geballt. (III, S. 72)

Wasser ist in diesem Kontext Metapher für die Sehnsucht nach Ursprünglichkeit, Einheit mit der Natur, dem Wiedererlangen einer verlorenen Symbiose.

Bei der Überfahrt nach Deutschland fällt Lotte Bischoff in halluzinatorische Zustände, in denen sich ihre psychische Belastung in den bildhaften Polen von der 'Welt als Wüste' und dem Verlangen nach Wasser, 'ihrem Element' als der „Fata Morgana des Meers" verdichtet:

> Noch schlug das Herz. Bald würde es aussetzen. Das Herz dröhnte. Sie riß sich die Kleider vom Leib. Sie stürzte sich ins Meer. Sie lag im glühenden Sand. Erlahmt waren die Wellen. Versickert war das Meer. Ihre Augen füllten sich mit Blut. Bald würde sich die Schwärze ausbreiten in ihr. (III, S. 75)

Da die Bilder von 'Meer' und 'Wasser' auch oftmals Ursprungs- und Todesphantasien zugleich verbinden, erhält diese Passage einen ambivalenten Sinn; mit dem Wunsch, sich 'ins Meer zu stürzen', wird das Bedürfnis nach Rückkehr in ein embryonales Stadium angedeutet, in dem Lotte Bischoff vom 'Fruchtwasser' (Meer) geschützt, dem Auftrag entfliehen kann. Diese Vision erinnert an Heilmanns Überlegungen in seinem Abschiedsbrief in Plötzensee:

> Vielleicht stimmt es, daß viele Vorgänge in unsern Träumen, diese Anklänge an pränatale Bewegungen, vom Trieb herrühren, zurückzukehren in den Mutterleib, als Embryo konnten wir uns noch nichts vorstellen von der Wirklichkeit, in die wir gelangen würden, und nachdem wir sie erlebt haben, können wir uns ebensowenig den Tod außerhalb unsrer Wirklichkeit denken, so sind wir vorm Tod wieder wie das Lebewesen in der Gebärmutter, wir wußten nichts, und wieder werden wir nichts wissen. Deshalb das Gleichnis. Sehnen wir uns nach dem Schlaf im Mutterleib, sehnen wir uns auch nach dem Tod, denn als Ungeborne gehören wir noch unmittelbar dem Kreislauf an, der auch den Tod enthält. (III, S. 205 f.)

Das Meer verwandelt sich für Lotte Bischoff in 'glühenden Sand', es 'versickert' und zeigt damit den Zusammenhang von Auflösung und Tod an. Doch Lotte Bischoff überwindet diese Todes- und Regressionssehnsucht – interessanter- und bezeichnenderweise durch die imaginäre Beruhigung Stahlmanns – „Sachte, sachte, sagte er. Atme tief und gleichmäßig" (III, S. 75). Mit der Vorstellung von ihm, der „von allen der am meisten Gefährdete" ist und in dessen Nähe „sie sich doch immer geborgen" (III, S. 76) fühlt, erlangt Lotte Bischoff ihre Sicherheit und Ruhe wieder, um sich auf das Kommende vorbereiten zu können. Noch in den Schlußpassagen der *Ästhetik des Widerstands* verbindet sich das Bild des Wassers mit der ungebrochenen Widerstandsfähigkeit Stahlmanns; in ihm manifestiert sich das freilich höchst ambivalente utopische Moment, „diese bebende, zähe, kühne Hoffnung", da er, „ehe er mit den Gefährten zurückkehrte in sein Land (...), sich ins blaue Wasser des Zentralbads" (III, S. 266) werfen würde, und wir finden ihn somit in Gegensatz zum Untergang Hodanns, der „in einer Lache von Schweiß" (III, S. 267) tot aufgefunden werden würde.

Die Differenz zwischen Stahlmann und Lotte Bischoff besteht meines Erachtens nun darin, daß wir diese moralische 'Reinheit' bis zum Ende der Erzählhandlung als wesentliches Charakteristikum ihrer Figur vorfinden, weshalb der Erzähler zuletzt versucht sein wird, „sie mit einer Heiligen zu vergleichen" (III, S. 267); während wir in der Verknüpfung der Wassersymbolik mit Stahlmann auch dessen negative, mit Schuld beladenen, 'herakleischen' Züge widergespiegelt erkennen können.

In Stockholm berichtet er dem Ich-Erzähler, „daß ihm kürzlich die Kleider in der Kabine des Zentralbads (...) durchsucht worden seien" und „es sei ihm übrigens, beim Schwimmen, etwas Sonderbares widerfahren (...)":

Vor ihm aus dem Wasser, sei der Kopf Bucharins aufgetaucht, der ja dort einst, bei seinem Besuch in Stockholm im April Neunzehnhundertsechzehn, festgenommen und triefend naß abgeführt worden sei. (III, S. 156)

Die visionäre Verdichtung seiner eigenen Gefährdung mit der Verhaftung Bucharins im Jahr vor der Revolution mutet auf den ersten Blick tatsächlich sonderbar an, denn von Stahlmann, dem „Kriegsknecht" (III, S. 122), dem „die Partei etwas Vollendetes war" (III, S. 95), heißt es, daß es für ihn „den Gedanken, etwas Falsches getan, sich geirrt zu haben", nicht gab, „nie hätte er anhalten wollen, um eine Handlung zu revidieren, um neu zu beginnen, er existierte nur mitten in einer einzigen Tat" (III, S. 94).

Erst in den Erzählungen von Angkor Wat, wo er seine Gesichtszüge in jenen der Götterkönige wiederzuerkennen glaubt und nicht mehr weiß, ob er den „Obern" oder den „Untern" (III, S. 103) angehört und darüber fast wahnsinnig wird, offenbart er dem Ich-Erzähler tiefere Schichten seines Wesens, seine Ängste und Selbstzweifel.

In der oben angeführten Vision von dem aus dem Wasser auftauchenden Kopf Bucharins bricht zugleich ein Erinnerungsfragment hervor, das wiederum mit dem Element Wasser in Verbindung steht:

> Und plötzlich sah er sich in einer Geröllhalde am Ebro, die Pistole hatte er einem Brigadisten an den Nacken gesetzt, und abgedrückt, vornüber war er gestürzt, von ihm allein zum Tod verurteilt, wegen Feigheit vorm Feind. Feigheit. (III, S. 157)

Wenn wir gleichzeitig festhalten, daß Bucharin „das Wesen des Revolutionären, die Umwälzung des gesamten Lebens" nur „im uneingeschränkten Besitz seiner Persönlichkeit" (I, S. 300) sehen wollte und Stahlmann als einer dargestellt wird, der Gespräche über Sexualprobleme der Soldaten im Krieg als „kleinbürgerlich" (I, S. 260) verächtlich macht und dem Unterhaltungen über Kunst und Literatur hinter der Front unwichtig erscheinen, so werden hier erneut die ungelösten Fragen des inneren Zusammenhangs der Moskauer Prozesse und der Niederlage in Spanien aufgeworfen.

Radikalisiert und auf den äußersten Punkt zusammengedrängt wird diese Frage darüber hinaus in der Assoziation, die diese Erinnerung unweigerlich hervorruft – bedenken wir die Todesart Bucharins, der zum „Höchstmaß an sozialistischer Verteidigung", dem „Schuß in den Nacken" (I, S. 300) verurteilt wurde, so scheint Stahlmann mit seiner Erinnerung an den von ihm durch Genickschuß getöteten Brigadisten die Hinrichtung Bucharins erneut symbolisch zu vollziehen.

Diese gleichsam die narrative Ebene des Romans unterlaufenden Verbindungsfäden, die in solchen hervorbrechenden Visionen und Erinnerungsbruchstücken gebündelt werden, verdichten sich für Stahlmann dennoch nicht zu einem Erkenntnisprozeß, in dem er seine Rolle als Kämpfer in den verschiedensten Erdteilen zu hinterfragen begänne. Er bleibt bis zum Ende der Handlung der Prototyp eines Revolutionärs, der Sympathie erweckt aufgrund seiner unerschöpflich scheinenden Energien, seiner Sinnlichkeit, seiner kindlichen Verspieltheit und Zärtlichkeit, dem aber auch etwas „Unheimliches" anhaftet, weil er einer von jenen ist, die, wie das Ich am Ende des Romans schreibt, „mich an die Wand stellen" (III, S. 265) hätten können. Stahlmann repräsentiert so das aufgeklärte Subjekt, dessen 'barbarische' Handlungen letztlich nicht die Basis für eine neue Gesellschaftsordnung sein können. Nicht zufällig schimmert hier der Mythos von Odysseus durch, der für Adorno/Horkheimer in der *Dialektik der Aufklärung* zum ersten autoritären Charakter gerät. Odysseus, der 'Listenreiche', verklebt die Ohren seiner Gefährten mit Wachs und läßt sich an den Mast des Schiffs binden, damit er den lockenden Gesang der Sirenen genießen und gleichzeitig dem unausweichlichen Verderben entgehen kann. Gefesselt und die tauben Gefährten benützend, wird Odysseus seiner selbst mächtig, indem er die Sirenen überlistet, die eine matriarchalische Ordnung und „rein natürliche Existenz"[8] verkörpern. Er unterwirft sie seinen Vernunftskategorien, die eine Entfremdung von Natur und somit von ihm selbst bewirken. So wird Selbstbeherrschung, die einhergeht mit Naturbeherrschung zum Symbol für das den Mythos zerstörende, vernunftgelenkte Individuum, welches tendenziell die Gefahr des Umschlags in die Barbarei in sich trägt.

Sirenen

Im Roman wird dieser Mythos indirekt aufgenommen und in einen überraschenden Zusammenhang mit Lotte Bischoff gebracht. Sie bewegt sich im Bauch des Schiffes, das sie nach Deutschland bringt, in einem quasi archaisch-zivilisatorischen Raum, denn das Schiff ist zum einen feindliche, mit akustischen Bedrohungssignalen ausgestattete Maschine:

Das Rattern des Spills, das Donnern der gehievten Ankerkette, das Anrucken des Hebels im Ruderhaus. Jetzt rauschten die Schrauben wieder (III, S. 74)

und sie hat „mit dem Eingepferchtsein, dem Donnern und Krachen (...) fertig zu werden" (III, S. 77). Zugleich ist das Schiff organischer Körper:

Sie ging auf im Schiff, sie war selbst dieses Schiff, hatte seinen Puls, seine Regungen im Ohr, in den Fingerspitzen, ihre Haut war eins mit den vibrierenden Platten (III, S. 71).

Denn nicht oben, an Deck, wo sich Odysseus an den Mast binden ließ, ist es ihr möglich zu überleben. Ihr Platz ist unten, in der stickigen Schwüle des engen, dunklen Raums, einen Riemen hat sie, „mit dem sie sich an der Leiter festschnallte" (III, S. 76) – das Verborgene, Verschwiegene ist ihre Welt, kein Laut ihrerseits darf diesen Schutzraum durchdringen, denn nur Ausgewählte wissen, „welche Galionsfigur dieses ärmliche Schiff trug" (III, S. 77).
    Das Verhältnis zwischen den 'tauben Knechten' und dem 'hörenden Odysseus' hat sich verändert; bildet dieses bei Homer und anderen eine

dialektische Einheit, so ist der antagonistische Riß, der die Außenwelt spaltet, auch für die 'Ferm' und die Beziehungen der Menschen auf ihr, konstitutiv:

> Diejenigen der Besatzung, denen ihre Anwesenheit bekannt war, würden kein Wort verlauten lassen. Und in die Kabinen der Mannschaft würde der Kapitän seinen Fuß nicht setzen. Welche Haltung auch immer der Kapitän einnehmen mochte, er würde nie ins Vertrauen gezogen, er gehörte der Welt der Obrigkeit an (III, S. 75).

Lotte Bischoff kann in ihrem Versteck wohl als Trägerin all dessen angesehen werden, was sich gegen die Pervertierung des Denkens stellt, dessen extremste Ausformung der Faschismus bedeutet – sie verkörpert gleichsam eine andere Vernunft, die scheinbar unbeschadet jenen Strang aufklärerischen Denkens in sich birgt, in dem noch Anklänge an frühe, nicht-deformierte Daseinsformen mitschwingen. Wiederum ist es Stahlmann, der Lotte Bischoff in ihren Angstvisionen beruhigt – „Laß dich einschläfern von der Maschine. Dieses metallische Rauschen, dieses Rollen und Hämmern" (III, S. 75). Das 'Metallische', im Roman ja immer mit der „Welt des Männlich-Rationalen und der Gewalt verbunden, scheint so seinen zerstörerischen Charakter zu verlieren",[9] wie Günter Samuel formuliert. Meines Erachtens verliert es diesen nicht: Lotte Bischoff lernt vielmehr, sich in der 'Welt des Männlich-Rationalen' zurechtzufinden, indem sie deren Strukturen klar und präzise erkennt (III, S. 80 f.) und sich immer wieder gleichsam gewappnet auf das sie Bedrohende einzustellen vermag. Als plötzlich deutsche Stimmen „bis in die innersten Fasern ihrer Nerven" eindringen, diese sich „scharf durch die eisernen Wände" (III, S. 77) schneiden und in diesem Kontext wohl Symbol für instrumentelle Vernunft sind, reagiert Lotte Bischoff überlegt und ohne Furcht – „sie stellte fest, daß sie sich nicht fürchtete". Sie schnallt den Gurt ab und stellt sich in den „Winkel des Bugs, wo sie vielleicht, (...) unsichtbar bleiben würde" (III, S. 77).

Hier ist ein Vorgang erkennbar, den Norbert Rath in bezug auf Kafkas Mythenauflösungen „Überlebensstrategie" nennt – „Mimikry, Sich-Klein-Machen, gestische Vieldeutigkeit, scheinbare Unterwerfung"[10] dienen der Möglichkeit, sich den Mächtigeren entgegenzustellen. Den Rat Henkes, „sich Wachspropfen für die Ohren mitzunehmen" (III, S. 77), hat Lotte Bischoff einfach vergessen – sie braucht diese auch nicht, es besteht keine Gefahr, daß der Gesang der Sirenen sie bedrohen könnte und auch das Schweigen der Sirenen, nach Kafka deren „noch schrecklichere Waffe",[11] vermag ihr nichts anzuhaben, denn sie trägt es ja in sich, verwandelt es zu ihrer eigenen Waffe gegen die allgegenwärtige Gefahr. So wird der Gesang der Sirenen – mehr noch – ihr Schweigen – in der *Ästhetik des Widerstands* umgedeutet zu einem Überlebensmittel: nur im Verschwiegenen, Unsichtbaren, in der Tarnung und dem Unkenntlichsein als Frau ist Überleben möglich.

Lotte Bischoffs Scharfsinn, ihre Abrechnung mit den Genossen, ihre Unbeirrbarkeit und Reflexionsfähigkeit darf aber nicht darüber hinwegtäuschen, daß Peter Weiss diese Figur mit Mythen besetzt, die kritisch betrachtet werden müssen. Sie wird zu einer „Heiligen" stilisiert, „Reinheit" und bedingungslose Integrität konstituieren ihre Gestaltung – eine Idolisierung und bekannte Überhöhung von Frauen, die durch die Verweise auf Niobe und Nike vertieft werden.[12] Wenn nach Bloch der Mythos polywertig ist, je nach dem gesellschaftlichen Nutzungszusammenhang zum Regressiven oder Utopischen hin, dann stört Peter Weiss im Sinne des Utopischen anhand des Herakles-Mythos die zerstörerischen Strukturen männlicher Leitbilder auf. Im Sinne Blochs wird hier auf die emanzipatorische Funktion des Mythos gesetzt: im Gegensatz zum reaktionären Mythosbegriff, der sich gegen den geschichtlichen Veränderungsprozeß stemmt, bietet jener die Möglichkeit des „utopische(n) Einbruch(s)", der „Umfunktionierung welche sich *auf Befreiung der archetypisch eingekapselten Hoffnung versteht"*.[13] Die Frauenfiguren hingegen werden vom Mythos 'gebannt', ihre je individuellen Befreiungs- oder Ausbruchversuche sind im Gegensatz zu den männlichen Möglichkeiten von Beginn an zum Scheitern verurteilt.

Die schmerzliche Erinnerungsarbeit, die der Roman leistet, leistet er so auch für den Ausschluß der Frauen aus der Geschichte. Peter Weiss bildet keine realen Frauen ab, sondern spürt deren Lebenswirklichkeiten nach, die aufgrund seiner spezifischen Arbeitsweise höchst authentisch gelungen sind. Daß, wie Christiane Krause anläßlich der Hamburger Tagung in ihrem Aufsatz „Weiblichkeit und Feminismus in der *Ästhetik des Widerstands"* beklagt, „die wenigen bekannten Frauen, die sich auch als sozialistisch-feministische Theoretikerinnen innerhalb der Arbeiterbewegung exponiert haben wie z.B. Alexandra Kollontay, nur in wenigen Nebenbemerkungen erscheinen",[14] scheint mir sehr plausibel. Denn ebenso wie es Peter Weiss' Anliegen war, den wenig bis gar nicht bekannten Männern der Arbeiterbewegung ihren Namen zurückzugeben, ist es Strukturprinzip, den Frauen, die mehr noch als die Männer von der Literatur- und Geschichtsschreibung 'vergessen' wurden, eine Würdigung zu erweisen.

Auch daß die Frau Hodanns namenlos bleibt, scheint mir nicht wie Christiane Krause „eine herablassende Haltung" von Peter Weiss zu dokumentieren. Im Gegenteil – gerade weil Hodann den profundesten männlichen Ankläger des Patriarchats in diesem Roman verkörpert, legt Peter Weiss in dessen 'privater' Darstellung den Finger auf die Kluft zwischen Theorie und Praxis fortschrittlich gesinnter Männer.[15] Eine Mythenrezeption im Sinne weiblicher Emanzipationsarbeit leistet die *Ästhetik des Widerstands* jedoch nicht. Peter Weiss relativiert seine weitreichende Patriarchalismuskritik mit seinen mythischen Zuordnungen.

Vergegenwärtigen wir uns die Entwicklung des Ich-Erzählers, so erkennen wir, daß die Frauenfiguren, denen er begegnet, in gewissem Maße zu Stationen seiner Wissenserweiterung instrumentalisiert werden. Rosalinde Ossietzky und Karin Boye bieten ihm produktive Reibungsflächen auf seinem Weg zum Schriftsteller, und der Tod der Mutter löst eine erweiterte Wahrnehmungsfähigkeit für seine künstlerische Produktion aus. Gerade in Lotte Bischoffs vielschichtigem Porträt wird der „Reichtum der imaginierten Weiblichkeitsbilder"[16] vorgeführt. Sie ist neben der Mutter in besonderem Maße Projektionsfläche männlicher Utopien, „Ganzheits- und Identitätssehnsucht".[17]

Das was weiblich sein *könnte,* wird im Roman von 'neuen' Mythen überlagert. So bleibt die Desillusionierung,

> daß die Frauen kein Bild davon und keine Erinnerung daran haben, was eine Frau war oder sein könnte *vor* bzw. *außerhalb* einer männlich geprägten und überlieferten Geschichte; so sehr ist ihre eigene Geschichte mit der des männlichen Subjekts verbunden.[18]

Dies unterscheidet die Frauen auch von all den männlichen Erniedrigten, Unterdrückten, Gescheiterten der Geschichte, da sie niemals die Möglichkeit erringen konnten, der Logik des Phallogozentrismus etwas *eigenes* entgegenzusetzen, etwas, das unabhängig von männlichen Projektionsflächen besetzt werden könnte. Es hieße Peter Weiss historisch zu überfordern, würde man ihm seine diesbezügliche literarische Gestaltung 'anlasten' – denn uns Frauen bleibt es vorbehalten, „uns von uns selbst ein Bild zu machen".

Anmerkungen

1 Vgl. dazu: Birgit Feusthuber: Sprache und Erinnerungsvermögen. Weibliche Spurensuche in der „Ästhetik des Widerstands" von Peter Weiss. In: Ästhetik Revolte Widerstand. Zum literarischen Werk von Peter Weiss. Hrsg. v. Jürgen

Garbers, Jens Hagsphil, Sven Kramer, Ulrich Schreiber. Jena: Univ.-Verlag, Lüneburg: zu Klampen 1990.

2 Auf die Vielfalt der Bezüge zu Ge kann hier nicht eingegangen werden. Einen Überblick versuchte ich zu geben in: B.F.: Spurensuche weiblich. Über Sprache, Mythos und Erinnerungsvermögen in der „Ästhetik des Widerstands" von Peter Weiss. Diss. Salzburg 1989.

3 Robert von Ranke-Graves: Griechische Mythologie. Quellen und Deutung. Bd. 2. Hamburg: Rowohlt 1982, S. 111.

4 Ebd., S. 111.

5 Vgl. Herbert Jennings Rose: Griechische Mythologie. Ein Handbuch. München: C.H. Beck 1969, S. 166 und Robert Ranke-Graves, a.a.O., S. 179d.

6 Ich möchte nur auf jene Passage verweisen, in der Stahlmann als einziger einer großangelegten Verhaftungswelle entkommt und danach in ein Türkisches Bad geht, wobei dies Peter Weiss mit einem Schuß Ironie schildert, die im originären Sprachgestus des Romans sonst nie zu finden ist (vgl. III, S. 166).

7 Georg W.F. Hegel: Der Geist des Christentums. In: Werke in zwanzig Bänden. Bd. 1. Frühe Schriften. Frankfurt am Main: Suhrkamp 1971, S. 391.
Es gibt kein Gefühl, das dem Verlangen nach dem Unendlichen, dem Sehnen, in das Unendliche überzufließen, so homogen wäre als das Verlangen, sich in einer Wasserfülle zu begraben; der Hineinstürzende hat ein Fremdes vor sich, das ihn sogleich ganz umfließt, an jedem Punkt seines Körpers sich zu fühlen gibt, er ist der Welt genommen, sie ihm, er ist nur gefühltes Wasser, das ihn berührt, wo er ist, und er ist nur, wo er es fühlt; es ist in der Wasserfülle keine Lücke, keine Beschränkung, keine Mannigfaltigkeit oder Bestimmung; das Gefühl derselben ist das unzerstreuteste, einfachste; der Untergetauchte steigt wieder in die Luft empor, trennt sich vom Wasserkörper, ist von ihm geschieden, aber er trieft noch allenthalben von ihm; sowie es ihn verläßt, nimmt die Welt von ihm wieder Bestimmtheit an, und er tritt gestärkt in die Mannigfaltigkeit des Bewußtseins zurück.

8 Adorno/Horkheimer: Die Dialektik der Aufklärung. Frankfurt am Main: Fischer 1969, S. 44.

9 Günter Samuel: Kafka hinter Dantes Schultern. Textfiguren und Schattenkörper in der „Ästhetik des Widerstands". In: Ästhetik Revolte Widerstand, a.a.O., S. 290.

10 Norbert Rath: Mythos-Auflösung. Kafkas „Schweigen der Sirenen". In: Christa Bürger (Hrsg.): Zerstörung, Rettung des Mythos durch Licht. Frankfurt am Main: Suhrkamp 1986, S. 95.

11 Franz Kafka: Das Schweigen der Sirenen. In: Ders.: Sämtliche Erzählungen. Frankfurt am Main: Fischer 1985, S. 305.

12 Vgl. B.F.: Spurensuche weiblich, a.a.O., S. 175-180.

13 Ernst Bloch: Das Prinzip Hoffnung. Kapitel 1-32. Werkausgabe Bd 5. Frankfurt am Main: Suhrkamp 1985, S. 187.

14 Christiane Krause: Weiblichkeit und Feminismus in der „Ästhetik des Widerstands". In: Ästhetik, Revolte und Widerstand im Werk von Peter Weiss. Ergänzungsband, hrsg. von der Internationalen Peter-Weiss-Gesellschaft. Luzern/Mannenberg 1990, S. 181.

15 Zu Beginn des Romans finden wir die Spanienkämpferin Lindbaek an Hodanns Seite. Lindbaek wird dominant gestaltet, er wirkt neben ihr „klein" und „schmächtig", während sie ihn „an sich heran(zog)" (I, S. 259) – „Es war, als hielte sie ihn fest (...)" (I, S. 261). In Schweden taucht die namenlose Frau als „seine" Frau in der Erzählhandlung auf, in der sich das „typische" Frauenbild manifestiert: aufmerksam alle Regungen des Mannes registrierend, in Warteposition verharrend – „Die Frau sprang von ihrem Sitz, stand bereit, Hodann zu halten, versuchte seine weitere Rede abzuwehren" (II, S. 127) – beschäftigt sie sich mit den alltäglichen Angelegenheiten – „Möbel, Gardinen und Miete" (vgl. II, S. 130). Hodann ist in Gedanken schon bei seinen nächsten Besuchen – das traditionelle Verhältnis zwischen beiden offenbart sich u.a. in dieser Situation: „Hodann schlug vor, daß wir sie, noch heute, besuchten, die Frau wollte Einspruch erheben, doch er ging schon an ihr vorbei (...)" (II, S. 130).

16 Dorothe Schuscheng: Arbeit am Mythos Frau. Weiblichkeit und Autonomie in der literarischen Mythenrezeption Ingeborg Bachmanns, Christa Wolfs und Gertrud Leuteneggers. Frankfurt am Main/Bern/New York/Paris: Peter Lang 1987 (Europäische Hochschulschriften, Bd. 1006), S. 56.

17 Silvia Bovenschen: Die imaginierte Weiblichkeit. Exemplarische Untersuchungen zu kulturgeschichtlichen und literarischen Präsentationsformen des Weiblichen. Frankfurt am Main 1979, S. 35, zit. n. Schuscheng, a.a.O., S. 56.

18 Sigrid Weigel: Topographien der Geschlechter. Kulturgeschichtliche Studien zur Literatur. Hamburg: Rowohlt 1990, S. 262 (Hervorhebungen von der Autorin).

Das Sterben der Mutter und Heilmanns Abschiedsbrief. Beobachtungen zur Figurengestaltung im Epilogband der „Ästhetik des Widerstands"

Ernst Leonardy

> „Dies sei der Zwiespalt heute, der überwunden werden müsse, daß wir, um das zu erreichen, was unser Leben wieder sinnvoll mache, durch Tod und Verderben gehn müßten und unsre Kraft zwischen Lüge und Wahn einzusetzen hätten."[1]

Der dritte Teil der *Ästhetik des Widerstands*, der hier in Rede steht, wurde laut Eintragungen in die *Notizbücher* 1971-1980 am Sonnabend, dem 30. Dezember 1978 von Peter Weiss in Angriff genommen; die Arbeit an ihm wurde am Donnerstag, dem 28. August 1980 abgeschlossen.[2] Schon vor Beginn der Redaktion bezeichnete der Autor ihn als *Epilogband*, der „eine Hadeswanderung" darstellen sollte (NB II, 661 u. 761); in ihm sollte „alles von Trauer verdüstert" sein (NB II, 722). Schildert bereits das Romanwerk in seiner Gesamtheit das Scheitern des Widerstands, so gilt dies in ganz besonderem Maße für den Epilogband. Der erste in den *Notizbüchern* aufgenommene Plan für Teil III (NB II, 608) scheint den aktiven Formen des Widerstandskampfes noch einen viel breiteren Raum zu gönnen, sieht er doch nach dem Wiedersehen mit den Eltern einen Teil über Stahlmann, Mewis und Wehner voraus, der in die Abreise Bischoffs münden soll. Nach einem der Reise Bischoffs gewidmeten dritten Teil sollte dann über Bischoff und Heilmann in Berlin berichtet werden. Wenn dieser Plan auch das Erzählgerüst für die endgültige Fassung liefert, so läßt er nur wenig von deren Düsternis ahnen. In der Tat: der dritte Band spricht vor allem von den Opfern des Widerstands, der in Berlin im Blut erstickt wurde, auch von denen, die im Exil als Opfer des Nationalsozialismus starben (wie die Mutter) oder an dessen Folgen (wie Hodann). Unter jenen Figuren, deren Handlungen unter Zuhilfenahme der Kategorie des Heroischen dargestellt werden, ist Bischoff die einzig Überlebende – wir dürfen wohl auch Stahlmann hinzuzählen; der übrigen gedenkt der Text in der Form des Mahnmals und des Nachrufs. Die überlebenden Parteikader sind vollauf beschäftigt mit ihren ideologischen Auseinandersetzungen. Ob diese die Geschichte auf die Bahn des Fortschritts lenken werden, bleibt ungewiß. Bei soviel Leiden, Scheitern und Tod stellt sich die Frage nach deren Integration in eine Ästhetik des Widerstands. Hat der Autor ins offensichtliche Scheitern einen Keim der Utopie zu legen vermocht? Insbesondere interessiert uns der Zusammenhang zwischen dem Scheitern der politisch-revolutionären Utopie und bestimmten Aspekten der Figurengestaltung.

Allgemeiner ästhetischer Rahmen

Die ästhetische Ausgangsposition, von der aus Peter Weiss sein Meisterwerk schrieb, ist zwar hinlänglich bekannt, sei aber der Verständlichkeit halber kurz zusammengefaßt. Sie setzt eine Absage an die Auffassung von der Kunst voraus, wie sie beim Autor bis zum *Abschied von den Eltern* und dem *Fluchtpunkt* vorherrschte. In der *Rekonvaleszenz*, von Maria C. Schmitt als „biographischer Ausgangspunkt der *Ästhetik des Widerstands*"[3] bezeichnet, dokumentiert sich dieser Wandel am dezidiertesten. Das nun folgende Schaffen – ab dem *Marat/Sade* also – will „die Beschäftigung mit dem eigenen Ich"[4] beenden, um sich der Außenwelt zu widmen und jenen, „denen es weit dreckiger ging als dir und die nicht, wie du, die Muße hatten, ihr privates Leiden auszuloten".[5]

Unannehmbar an der früheren künstlerischen Haltung erschien die subjektive Problematik des Autors als Fall und Thema. Das Private am Leiden hatte jeden repräsentativen Wert verloren und zählte nur noch „im riesigen sozialen, politischen Kräftespiel".[6] Von der Neuorientierung wird nicht nur die Thematik betroffen; auch das Material hat sich der Forderung nach Objektivität zu beugen, „in meiner Anstrengung, nur Dokumentarist zu sein;[7] ich bin überall dort gewesen, wo ich mein Ich, im Buch, hinstelle, habe mit allen, die ich nenne, gesprochen, kenne alle Straßen u Räumlichkeiten" (NB II, 872). Die strenge Bindung an das dokumentarische Prinzip schließt die freie Erfindung und das Fiktionale keineswegs aus, sondern stellt sie nur in einen äußerst präzisen Rahmen. Authentizität und Fiktion sind ineinander verwoben, so der erfundene Tod der Mutter und die genaue Lokalisierung des Ereignisses, Heilmanns Abschiedsbrief und die Wirklichkeit von Plötzensee mit seiner Hinrichtungsstätte. Der Erzähler seinerseits hat nichts Reporterhaftes oder neutral Abstandnehmendes an sich, wie es das dokumentarische Prinzip nahelegen könnte. Er wird mit einer vom Autor erfundenen Subjektivität ausgestattet; der Autor leiht ihm seine Beobachtungsgabe, sein Urteilsvermögen und seine Einbildungskraft aus, um das von ihm recherchierte Material zu beleben. Das Resultat ist von halluzinatorischer Eindringlichkeit; der Autor sieht sich in eine Doppelgängergestalt versetzt. Das Zitat aus den Notizbüchern fährt fort: „ich schildre mein eignes Leben, ich kann nicht mehr trennen zw. Erfundenem und Authentischem – es ist alles authentisch (wie im Traum alles authentisch ist) –" (NB II, 872s).[8] Das hängt eng zusammen mit der ausgesprochenen Vorliebe für ein Verfahren, das dem dokumentarischen Prinzip entgegengesetzt ist. Weiss verwendet nämlich die Schreibtechnik der Binnenschau gerne für solche Situationen, in denen seine Figuren mit der letzten, äußersten Einsamkeit konfrontiert werden und diese als Probe bestehen müssen: das gilt für die Mutter inmitten ihrer Visionen, Lotte Bischoff auf ihrer Schiffsreise und Heilmann in seiner Todeszelle. Diese Situationen des Isoliert- bzw. Eingeschlossenseins erhalten im Epilogband eine verhältnismäßig große Autonomie und Selbstwertigkeit, die sie teilweise aus dem Handlungszusammenhang des Widerstandskampfs herauslöst, handelt es sich doch um individuell erlebte Zustände, die den Ablauf der politischen Handlung nicht beeinflussen. Damit stehen die Figuren, die in solchen Situationen geschildert werden, auch in einem neuen Licht: sie sind nicht mehr bloße Akteure im politisch-revolutionären Geschehen, sondern werden vom Autor in heroisierter oder mythisierter Form dargestellt. Das soll an einigen exemplarischen Fällen im vorliegenden Beitrag gezeigt werden.

Das Sterben der Mutter

Unter den „Blöcken" des Epilogs zeichnen sich diejenigen, die das Sterben der Mutter zum Thema haben, durch ihre besonders komplexe Komposition aus. Vergleicht der Leser sie mit etwa Heilmanns Abschiedsbrief, der Schiffsreise Bischoffs oder dem Angkor Wat-Erlebnis Stahlmanns, so fällt zunächst der ausgiebige Gebrauch der Polyperspektivik ins Auge. Das Leiden der Mutter wird von Deutungsversuchen (des Vaters, Boyes, Hodanns ..) geradezu umstellt; diese erhellen zwar teilweise die Ursprünge des Traumas; dennoch wird größter Wert auf die Unausdeutbarkeit ihres Leidens gelegt.

Die auslösenden Ereignisse fanden während der Flucht von Vater und Mutter von Prag nach Schweden statt. Dreimal scheint diese Flucht zu scheitern. Zunächst in Mährisch Ostrau, wo sie mit jüdischen Händlern und Handwerkern ins Gefängnis gesperrt werden und nach Ausweis der Deutschstämmigkeit des Vaters – trotz des Widerstrebens der Mutter – freigelassen werden. Zum zweiten Male in der Nähe von Gorlice, am Fuß der Karpaten, wo sie wieder mit Juden zusammengetrieben werden und der Vater wieder aufgrund seiner Vergangenheit als Kriegsveteran einen Passierschein erhält. Erst viel später erfährt der Vater vom dritten Erlebnis, das die Mutter allein zu bestehen hatte: sie verlor sich unter Juden, die ihr Grab schaufeln mußten, ehe sie erschossen wurden; „sie stürzte mit in die Grube, unverletzt" (NB II, 817) und fand schließlich zum Vater zurück. Die Vision des Massakers läßt sie seitdem nicht mehr los und verfolgt sie bis nach Schweden (sie bildet den Eingang des Epilog-Bandes). Wesentlich ist schließlich noch die Erinnerung an eine Nacht, die sie auf einem Feldbett verbrachte, in einem Raum mit trinkenden Offizieren; aus „deren Raunen, das doch keine bestimmten Angaben enthielt, hatte sie alles entnommen, was kommen würde" (ÄdW III, 130), nämlich die Juden-vernichtung. Seitdem verfällt sie zunehmend in Sprach- und Kommuni-kationslosigkeit und psychomotorische Störungen, ist für den Zuspruch des Gatten und Sohnes so wenig zugänglich wie für den des Pflegeper-sonals, verweigert schließlich die Nahrungsaufnahme und läßt sich wi-derstandslos in den Tod gleiten. Für diesen Befund werden im Buch eine Reihe von Erklärungsversuchen gegeben, die alle einen Teil an Wahrheit enthalten, von denen aber keiner dem Zustand der Mutter gerecht wird. Am wenigsten vermag der Vater mit seiner rationalen Einstellung sie in ihrer Versunkenheit zu erreichen. Was ihn rettet, ist sein Reflex, „die Ge-schehnisse, in die er und meine Mutter hineingeraten waren, durch ma-thematische Berechnungen übersichtlich zu machen" (ÄdW III, 14) und der Versuch, „das, was in Fremdartigkeit untergehen wollte, in wieder-erkennbare Zusammenhänge zu bringen" (ÄdW III, 15). Folgerichtig nennt er in seiner großen Zornesrede das kapitalistische System und seine Träger als die wahren Verantwortlichen für den Zustand der Mutter: „Im Ge-gensatz zu der für uns ungreifbaren innern Welt meiner Mutter war dies das vollkommen Rationale" (ÄdW III, 125). Aber zwischen der geistigen Sphäre des Vaters und der „innern Welt", in der die Mutter verbleibt, gibt es keine Berührungspunkte, und vergeblich sind seine Versuche, sie davon zu überzeugen, „daß alles, was sie gepeinigt hatte, dem Vergangenen angehöre, und daß es jetzt nichts anders gab, als Sicherheit" (ÄdW III, 18). „In seinem Anspruch auf Eindeutigkeit, als Unwiderlegbarkeit trieb er die Erfahrungen, die meine Mutter gemacht hatte, in ein noch größres Dunkel" (ÄdW III, 25).

Ein Beschreibungs- eher denn ein Deutungsmodell des körperlichen Zustands der Mutter bieten die Termini der Neurologie, „die Weiss explizit bemüht".[9] Erbel weist darauf hin, daß Peter Weiss Gottfried Ewalds „Neurologie und Psychiatrie" (München/Berlin 1954) in NB II, 783-785 exzerpiert hat[10] und daß die Symptome der Mutter zu Anfang des dritten Teils genau den Beschreibungen der Neurologen entsprechen. Die diagnostischen Stichworte lauten hier „motorische und sensorische Aphasie, katatonischer Stupor" oder „katatones Syndrom. Diese Begriffe umfassen Symptome wie Sprachlosigkeit, Apathie, Bewegungslosigkeit und kaum wahrnehmbare Reaktionen auf die Außenwelt".[11] Im Buch wird ausdrücklich betont, daß bei der Mutter „keine Gehirnschäden festgestellt werden konnten" (ÄdW III, 26). Es dürfte sich um psychosomatische Störungen handeln. Peter Weiss' Quellensuche im Bereich der Neurologie unterstreicht nochmals eindringlich die Wichtigkeit, die er dem dokumentarischen Prinzip beimißt.

Eine Interpretation ohne fachspezifischen Hintergrund, die aber wesentlich für die künstlerischen Absichten des Autors ist, wird der Schriftstellerin Karin Boye in den Mund gelegt. Ich nenne diese Deutung mythisch, denn sie besagt, daß die Mutter sich aus freiem Willen entschlossen habe, bei und mit den toten Opfern zu leben. Nicht umsonst wird Boye zum Sprachrohr dieser Version; denn sie ist selber schon unheilbar von „Todesverlangen" (ÄdW III, 22) besessen und „fortgetrieben" (ÄdW III, 37); „denn meine Mutter, die konnte ihr etwas vermitteln von den vielen, die versammelt waren im Totenreich" – lautet eine Eintragung (NB II, 808). In den Augen Boyes ist die Mutter „eine Entrückte, doch keine Geistesgestörte" (ÄdW III, 25), „das, was bei den Naturvölkern als erleuchtet bezeichnet werde" (ÄdW III, 24). Man müsse sie in ihrer Abwesenheit belassen, „denn würdet ihr sie erwecken, dann litte ihr Geist die Katastrophe des Irrsins"; weiterhin stellt Boye sich die Frage: „und müsse nicht jeder Versuch, sie aus ihrer Versenkung zu locken, wie eine Versuchung zum Betrug erscheinen an jenen, mit denen sie in ihren Träumen zusammenlebte" (ÄdW III, 25). In den Augen Boyes will die Mutter jene Erfahrungen des Grauens auf der Flucht als absolute und ausschließliche Gegenwart in sich verewigen. Seit jenen Tagen stehen Leben und Zeit für sie still, und sie versucht, zum versteinerten, leblosen Denk- und Mahnmal sprachlosen Grauens zu werden. Der Ich-Erzähler scheint die Mutter-Gestalt auf ganz ähnliche Weise zu verstehen, wie sich bereits aus der Erzählung der Gefängnishaft in Mährisch Ostrau ergibt: „Meine Mutter [...] gehörte zu diesen schwitzenden Leibern [...] sie lebte in diesem Organismus, nie würde sie hinaus wollen aus dieser Geschlossenheit, eine Trennung wäre ihr Verderben, ihr Untergang" (ÄdW III, 12). Und die Art, wie ihr Sterben beschrieben wird, liest sich beinahe wie eine wunderbare Bestätigung dieser Gemeinschaft mit den Ermordeten: „Manchmal, als wir am Bett meiner Mutter saßen, [...] war es uns, als sterbe in ihr nicht nur ein einzelner Mensch, sondern ein Meer von Menschen" (ÄdW III, 129). An Stellen wie solchen, auch z.B. der Vision der Mutter von der Auferstehung der verstorbenen Karin Boye und der anderen Toten (ÄdW III, 35s) scheint Weiss auf legendenhafte, um nicht zu sagen: hagiographische Züge zurückzugreifen; in der Ästhetik des bisherigen Romankonzepts waren sie undenkbar.

Die Lektüre der Notizbücher läßt noch zwei weitere Facetten erkennen, die in der Figur der Mutter angelegt sind. Zu dem eben erwähnten Aspekt der Seherin tritt der der Prophetin: „Anfangen mit der Vision der Mutter [...] hat 1939 alles kommen sehn, wußte, daß Vernichtung geplant war, hellsichtig, halluzinierend" (NB II, 763, vgl. ÄdW III, 135: „sie habe alles kommen sehn, [...] sie müsse schon gewußt haben, was uns erwartete"). Daß sein Hölderlin-Bild die Konzeption der Mutter-Gestalt im Epilog-Teil stark mitgeprägt hat, scheint dem Autor erst beim Schreiben ins Bewußtsein gedrungen zu sein. In NB II 790 steht jedenfalls zu lesen: „in Bezug auf das Verstummen, das Erstarren, die Geistesabwesenheit der Mutter auf Hölderlin zu sprechen kommen – mit Hodann". In der Besprechung von Pierre Bertaux' Buch *Hölderlin und die Französische Revolution* sind die Parallelen nicht zu übersehen. Auch Hölderlin gehört zu jenen, denen „es die Stimme verschlagen hat vor dem letzlich 'Geschauten'" (NB II, 804); auch er vollzog den „Schritt in das Undenkbare" (ibd.). Er bewegt sich zu Erkenntnissen hin, „die außerhalb alles Gewohnten und Bekannten liegen" (NB II, 802). Auch für ihn trifft zu, „daß ihn der Kontakt mit der Außenwelt nichts mehr angeht" (ibd.). Was ihn in seinen späten Schriften beschäftigt, entzieht sich der Artikulation (ibd.). Weiterhin heißt es: „Wir wissen, daß Menschen, die Folterhöllen und Vernichtungslager überlebten, jahre- und jahrzehntelang in einem scheinbaren Dämmerzustand verharren können, ohne daß ihnen ein Irresein zuzuschreiben wäre" (NB II, 803). Das „mythische Selbstopfer" (ibd.) des Empedokles kann ebenfalls als Parallele hinzugezogen werden.

Zu den komplexen Deutungsmustern, die das Sterben der Mutter umspielen, gehören ebenfalls die Kontrastierungen zum Tod Münzenbergs und Karin Boyes, die in den gleichen „Blöcken" dargestellt werden: des einen aktives und erfülltes Leben beendete jäh seine Ermordung; die andere vermochte dem Sog in den Tod, der in ihr wirkte, keine Widerstandskraft mehr entgegenzusetzen.

Trotz des Reichtums und der Mannigfaltigkeit der Deutungsansätze wird aber das Scheitern an der Aufgabe, das Sterben der Mutter darzustellen, ja die Vermessenheit des Versuchs, immer wieder betont. Denn dasjenige, was der Mutter widerfährt, ist rationeller Deutung und auch der adäquaten Darstellung im Wort nicht zugänglich. Die Mutter selber verbleibt in ihrer „hermetischen Absperrung" und verweigert jede Rückkehr ins Normale und „zu dem, was als Vernunft galt", um sich vor „Geistesverwirrung" und „tatsächlichem Wahnsinn" zu schützen (NB II, 792). Auch Vater und Sohn zweifeln daran, ob Vernunft das, was die Mutter beschäftigt, noch zu erfassen vermag: „Doch die Frage beunruhigte uns, ob sie nicht mehr wisse als wir, die wir die Vernunft bewahrt hatten, und ob nicht alles, was nach unsern Normen erklärbar war, hinfällig werden müsse angesichts einer sich anbahnenden Umwälzung des Denkens" (ÄdW III, 16). Gestalt und Schicksal der Mutter bleiben im Unfaßbaren. „An irgendeinem Punkt [...] sei meine Mutter über die Grenzen unseres Vorstellungsvermögens hinausgetreten" (ÄdW III, 25). Ihr „Versinken im Unbenennbaren" (ÄdW III, 132) vergleicht Hodann mit Dürers Melencolia, „vor sich hindämmernd, unnahbar" (ibd.). Was die Mutter im Bann hält und auch im Ich-Erzähler Gefühle der Ohnmacht hinterläßt, ist das „Unaussprechliche" (ÄdW III, 19): „Wie aber [...] solle sich das, was jenseits unserer Sprache liege, einbringen lassen in unser Vokabular" (ÄdW III, 25). Beim Ich-Erzähler verursacht die Unfaßbarkeit und Ferne der Mutter sogar eine künstlerische Krise: „Doch indem sich nun das Leben meiner Mutter von mir entfernte, begann auch die Kunst von mir abzurücken. Je unausweichlicher die Trennung von meiner Mutter wurde, desto fragwürdiger und fremder wurden mir die künstlerischen Mittel" (ÄdW III, 131). Allerdings ist dieses so scharfe Hervorheben des Unvermögens und des Scheiterns nicht das letzte Wort, sondern muß im Hinblick auf ein zukünftiges, utopisches Gelingen als vorläufiges Fazit festgehalten werden. Über „unser Unvermögen, meiner Mutter zu folgen", erklärt Hodann folgendes: „Wir besaßen für das, was das Offenkundige überstieg nur noch keine Register, unsre Hilflosigkeit war eine vorläufige". Er fährt fort: „Einmal würde sich beschreiben lassen, was meiner Mutter widerfahren war" (ÄdW III, 135).

So wird in der Darstellung der Mutterfigur „eine Art Grenzüberschreitung der Vernunftrede [...] inszeniert".[12] Gewiß wird ihre Krankheit unter Zuhilfenahme psychologischer (und neurologischer) Materialien geschildert; im Unterschied zum ersten Teil aber, in dem die herkömmlichen Mittel realistisch-empirischer Romanpsychologie genügen, um ihre Gestalt zu erfassen, überhöht der Autor im dritten Teil ihre Figur durch die Hinzufügung mythisierender und heroisierender Züge. Nicht übersehen werden dürfen die wiederholten Äußerungen, die die Undarstellbarkeit ihres Schicksals bezeugen und damit das künstlerische Unterfangen als ein Provisorium hinstellen. Damit wird die „Abweisung des Definitiven", zu der sich Weiss in der *Rekonvaleszenz* (op.cit., S. 513) als Schriftsteller bekennt, in die Schreibpraxis einbezogen, gleichsam aus einer utopischen Perspektive, die im Namen eines zukünftig Möglichen das aktuell Geleistete relativiert. Hinzu kommt, daß dasjenige, warum sie stirbt, die Judenvernichtung das Maß jeder Vernunft und damit jeder Vernunftrede überschreitet.

Heilmanns Abschiedsbrief

Der Kontrast zwischen dem Hinsterben der Mutter und Heilmanns gewaltsamem Tod ist denkbar schroff. Die Mutter stirbt an etwas, das sie nicht gewollt hat und das sie überrollte. Heilmann stirbt für etwas, wofür er sich kämpferisch eingesetzt hatte. Damit zusammen hängt die künstlerische Entscheidung von Peter Weiss, daß der in Schweigen versunkenen Mutter Selbstzeugnisse über ihr Sterben versagt bleiben; Heilmann hingegen schreibt angesichts des Todes einen Brief, der den testamentarischen Charakter eines letzten Vermächtnisses hat. Dennoch gibt es einige entscheidende Gemeinsamkeiten: beide befinden sich in der Konfrontation mit dem Tode in einer Situation äußerster Einsamkeit; beide sind auch Sehergestalten und haben Zugang zu Regionen „wo die Vorstellungskraft ihr Ende erreiche, sich doch immer weiter noch ausstrecken wolle" (ÄdW III, 169).

Hier beginnen aber auch schon die Unterschiede und Kontraste: die Mutter ist Opfer ihrer Visionen und geht an ihnen zugrunde. Heilmann versucht seine Träume zu provozieren und operativ mit ihnen umzugehen. Wie Herakles, sagt Coppi, sei Heilmann „einer, der sich nicht begnügen könnte mit dem Erkennbaren, der ins Ungreifbare wolle" (ÄdW III, 169). Die kurze Zeit, die ihn von seinem Tode trennt, benutzt er zur letztmaligen „Schulung noch weitgehend ungenutzter Hirnfähigkeiten" (ÄdW III, 204), für Abenteuerfahrten in unerkannte Zonen der Seele und geistige Flugübungen. Er knüpft dabei an frühere Bemühungen mit dem Ich-Erzähler an: „Weißt du noch, wie wir früher diese Gedankenübungen betrieben haben, meist gingen wir von einem Traum aus, gelangten zu Visionen, die alles Bisherige überflügelten" (ÄdW III, 204). Vorbilder bleiben wie eh und je für Heilmann Hölderlin und Rimbaud. Als Geschöpf seines

Autors Peter Weiss, der das Geschäft des Umgangs mit Träumen bei den Surrealisten erlernt hat, geht Heilmann methodisch zu Werk. Der intellektuell analytische Zugriff auf seine Traumphänomene bildet den einen Pol seines Vorgehens; Hingabe an die Bilder und Einfälle den anderen (vgl. NB I, 187: „Heilmann: erstrebt wissenschaftl. Genauigkeit, doch auch beeindruckt von der Haltung des Sehers.“). Zum ersteren Aspekt gehört der Entwurf einer Traumtheorie – ein etwas merkwürdiges Unterfangen in der Nacht vor seiner Hinrichtung. Wie man bei Bommert nachlesen kann, weicht diese erheblich von der Freuds ab. So ist für Freud die Traumarbeit absolut nicht schöpferisch und prinzipiell regressiv. Bei Weiss hingegen gibt es im Traum keine Zensur, die den Text des Traums verschlüsseln würde; also bedarf es auch keiner Deutung seiner Rätsel. Schließlich hat der Traum bei Weiss keinen roten Faden und ist im ständigen Fließen begriffen.[13] Im Traum, so führt Heilmann aus, gibt es „diese frühesten Bilder, scharf und genau in jeder Einzelheit“, oft genug von großer Leucht- und Lichtkraft, über die sich dann „in ungeheurer Vielfalt, Spieglungen, intuitiv geordnet“ legen. Diese „schwimmen, fluten in den verschiedenen emotionalen Zentren umher; manchmal kann es geschehn, daß das originale Bild zutage tritt, dann ist, blitzhaft, alles was drüber lag, weggewaschen“. Der Wunsch, einen Menschen oder einen Ort, der uns eben noch nah gewesen ist wiederzusehen, entstammt bereits dem Halbschlaf.[14] Was den Pol der Hingabe an wechselnde Einfälle betrifft, so artikuliert er sich in der augenscheinlich planlosen Lockerheit, mit der der Schreibende seinen wechselnden Einfällen nachgibt. Beschreibungen, Erinnerungen, Erörterungen und Betrachtungen, Traumbilder, Vorausblicke auf den kommenden Tod folgen aufeinander, ohne daß ein festes Konzept in der Abfolge erkennbar wäre. Nur auf ein festes Thema kommt der Brief immer wieder zurück, um dann wieder von ihm abzuweichen, und das ist Libertas Schulze-Boysen; ansonsten scheinen „frei flottierende Energien“ den Ablauf des Textes zu bestimmen. Gerade an Libertas vollzieht der träumende Heilmann eine seltsame Verwandlung; von ihr entsteht eine Verdoppelung, die der aus Erfahrung bekannten Figur widerspricht, aber dennoch mit dem gleichen – vielleicht noch mit höherem – Anspruch an Wahrheit auftritt. Da ist einmal die Libertas, die Heilmann aus dem Wachbewußtsein kennt und die in einer benachbarten Zelle ebenfalls auf ihre Hinrichtung wartet. Als die Tätigkeit der *Roten Kapelle* bereits entdeckt war, ergab sich für Heilmann eine Gelegenheit zur Liebesbegegnung mit ihr, der Frau seines Mitkämpfers Harro. Von dieser Gelegenheit Gebrauch zu machen, wäre Heilmann damals als Verrat an seinem Lebenswerk erschienen: „Wie klein aber wäre alles wieder geworden, da eben doch das Absolute erreicht war, wie hätte die Scham mich überkommen, die Scham, die ich in dieser Stunde noch tragen müßte, wenn ich dem, was mich an die fleischliche Existenz binden wollte, nachgegeben hätte" (ÄdW III, 202). Diese heilig-mäßige Askese und „sonderbare Reinheit", wie er sie selber nennt (ÄdW III, 201) gipfelt in dem Bekenntnis: „und ich hätte ihn [Harro] und mich noch einmal verraten, wenn jetzt der Wunsch in mir gesiegt hätte, ein gewöhnlicher Sterblicher zu sein" (ÄdW III, 202). In Heilmanns Augen sind solche Opfer notwendig für diejenigen, die nur erfüllt sind von dem „Verlangen mitzuarbeiten an den Grundlagen [...] des Gemeinwesens und der Gerechtigkeit" (ÄdW III, 201). Libertas ist überdies in den Augen des (wachen) Heilmann die verächtlichste ihres Kreises, seitdem sie „hörten, daß sie uns verraten, sich käuflich dem Feind hingeworfen hatte, weil sie hoffte, in diese morastige Freiheit entlassen zu werden" (ÄdW III, 206). Statt „käuflich" heißt es in der DDR-Ausgabe des Henschel-Verlages „als Hure".[15] Zudem schockiert es den Kommunisten Heilmann, daß sie bis zuletzt auf die guten Beziehungen ihrer Familie vertraut hat, um sich als einzige mit heiler Haut aus der Affäre zu ziehen. So erscheint sie dem Wachenden. Doch im Vorerlebnis des Todes, in diesen durch Traum und Vision intensivierten Augenblicken, halluziniert er sich ihr Bild ganz an-ders. Da erscheint es mit der Leuchtkraft dieser „frühsten Bilder" (ÄdW III, 204): „Vor der Helligkeit der Mansardenfenster zerfloß sie fast" (ÄdW III, 200) – „Libertas war rückwärts hineingegangen in das Leuchten" (ÄdW III, 201). Da erfaßt ihn der Wunsch nach dem „originalen Bild" (das Libertas nach seiner Traumtheorie überhaupt nicht sein kann, da sie nicht zu den „frühsten Bildern" gehört), der Wunsch, „wieder vor sie hingestellt zu werden, wie an jenem Morgen des Verzichts, um zu bekennen, daß keiner meiner Vorsätze standhielt" (ÄdW III, 204s). Es handelt sich hier nicht um eine Verleugnung seines früheren Standpunkts, sondern um eine Spal-tung zwischen Heilmanns wachendem Ich und seinem Traum-Ich. Heil-mann versucht selber das gespaltene Bild von Libertas, welches auf einer Spaltung in seinem Selbst beruht, zu interpretieren: „Im Traum sind wir [...] unsres teilnehmendes, verantwortungsvollen Ich entäußert, im Wachen wiederum haben wir den Zugang verloren zu unsern innersten Wahrhei-ten" (ÄdW III, 208). In der Disziplin „siegte die Realität über den Traum" (ÄdW III, 210), während der Traum, diese „Sprache der Seele [...] keine Moral, keine Verantwortung kennt" (ÄdW III, 207); in ihm fällt alles über uns her, „das des ersichtlichen Zwecks entbehrt" (ÄdW III, 208). Heilmann stellt fest: „im Schlaf aber kam sie wirklich zu mir, rein war sie und lächelte unschuldig" (ÄdW III, 206); „so entband ich sie von allen ethischen Geboten" (ibd.). In seiner letzten Nacht, die er „entflohn ins Innerste meines

Gehäuses" (ÄdW III, 207) halluzinierend und auf bewußt experimentierender Gratwanderung zwischen Traum und Wachen verbringt, steigert sich das Fassungsvermögen von Heilmanns Bewußtsein (vgl. ÄdW III, 207) bis zur Wahrnehmung des Doppelbildes: die leichtsinnige Verräterin Libertas und die traumentsprungene bilden eine widersprüchliche Einheit, die ihre Entsprechung in der Widersprüchlichkeit zwischen dem wachenden und dem träumenden Heilmann findet. In der Praxis des schriftlichen Ausdrucks muß die Artikulation dieser Einheit aber (vorläufig) noch scheitern (muß sie doch auch schon in der Wahrnehmung scheitern, da beide nie simultan vorhanden sind). „Falsch. Aber es muß so stehnbleiben", heißt es mitten im Text (ÄdW III, 203). Die letzten Worte, die Heilmann schreibt, lauten: „Ich hätte alles anders schreiben wollen. Doch die Zeit zu kurz. Und das Papier zu Ende" (ÄdW III, 210). Auch der zweimalige Stoßseufzer „O Herakles" (ÄdW III, 203 und 210) bringt die Ferne zum utopischen, gott-menschlichen Vorbild zum Ausdruck. Das Scheitern Heilmanns ist mit dem des Autors identisch, trotz dessen Bemühung um eine „surrealistische Schreibweise, die den politischen Diskurs des Romans unterläuft".[16]

Heilmanns Abschiedsbrief ist vom Autor wie die Schilderung vom Sterben der Mutter als Nachruf und Denkmal bezweckt. Beide erhalten im Leiden und Sterben einen Lebenssinn, durch den die Figuren überhöht und aus dem menschlichen Durchschnitt herausgehoben werden. Zu diesem Zweck bedient sich der Autor in beiden Fällen vorzugsweise fiktiver Materialien und läßt die dokumentarischen in den Hintergrund treten. Heilmanns Gestalt wird heroisiert, und zwar als Geistesheld und Visionär. In einem letzten Ikarusflug des Geistes versucht er sich dem Ideal des „neuen Menschen" zu nähern, der im Sinne des surrealistischen Programms Traumvisionen und Realitätsbewußtsein in seine Persönlichkeit integriert. Da eine solche Erweiterung des Bewußtseinsraums vorerst noch utopisch ist, muß sie scheitern, und eben dieses Scheitern wird als ein heroisches zelebriert.

In bezug auf die Figurengestaltung innerhalb des dritten Teils der *Ästhetik des Widerstands* bilden die besprochenen Texte Ausnahmen. Die meisten Figuren eignen sich schwerlich für eine solche Überhöhung; sie werden dann meist als Kämpfer im Zusammenhang einer Gruppe dargestellt, und zwar mit realistisch-dokumentarischen Mitteln und als Akteure des Widerstands. Bei einer einzigen Figur werden der Einsatz dokumentarischer Mittel und die mythisierende Überformung aufs glücklichste miteinander verbunden. Lotte Bischoffs Schiffahrt, besonders ihr Aufenthalt im Trimmtank hat alles von einer mythischen Hadesfahrt, mehr noch von einem Initiationsritus mit Hinabtauchen in den Bauch des Todes und anschließender Wiederauferstehung. Dazu gehören sowohl eine Leidenserfahrung, die sie in die Nähe des Todes bringt (als das Schiff sich der Kieler Bucht nähert in ÄdW III, 75) wie die Erwähnung „einer Grabkammer" (ÄdW III, 81); aber gerade in dem betreffenden „Block" werden die mythischen Elemente verquickt mit einer Fülle von schiffs- und navigationstechnischen Details und historischem Material (wie dem deutschen Angriff auf die Sowjetunion). Ähnliches geschieht am Schluß des Romans, wenn sie als Göttin Mnemosyne über das Nachgedächtnis waltet („Schnell, es eilte, es mußte etwas über sie gesagt werden, das sie nie in Vergessenheit geraten ließ". (ÄdW III, 226)), wobei zugleich die konkreten Todesumstände der Opfer memoriert werden. Bischoff ist aber die einzige unter den Lebenden, der eine solche Erhebung zuteil wird. Ihr, der Mutter und Heilmann werden durch solches Verfahren der Mythisierung und Heroisierung Memoriale errichtet, die sie über gewöhnliches Menschenmaß, selbst der Mitkämpfer, hinausheben. Innerhalb der Romankonzeption des dritten Teils stellen solche Passagen eine Erweiterung und Bereicherung dar. Einerseits wirken sie heteroklit, indem sie das realistisch-dokumentarische Prinzip durch Hinzufügung mythischen und rein fiktiven Materials sprengen und sich so z.T. als eigenwertig herauslösen aus dem allgemeinen Zusammenhang. Andererseits fächern sie das Romankonzept auf im Sinne einer größeren Offenheit und eines „ständigen Erweiterns des Blickfelds",[17] freilich unter Inkaufnahme einer gewissen Diskrepanz, die – in der Formulierung Andreas Hubers „die Widerspruchselemente weder synthetisch liquidiert, noch 'paralogisch' (Lyotard) zementiert".[18]

Zu solcher Offenheit gehört auch das Wissen um das Scheitern des Projekts, das aus utopischer Perspektive genährt wird. Es bereichert den Begriff des Widerstands um eine neue Dimension.

Anmerkungen

1 Peter Weiss: Die Ästhetik des Widerstands. Roman. Zitiert nach Peter Weiss, Werke in sechs Bänden. Dritter Band: Prosa 3: Die Ästhetik des Widerstands. Roman. Frankfurt am Main 1991. Dritter Teil, S. 135. Im folgenden abgekürzt als ÄdW.

2 Peter Weiss: Notizbücher 1971-1980. 2 Bände. Frankfurt am Main 1981, edition suhrkamp Neue Folge Band 67, S. 781 bzw. 926; im folgenden abgekürzt als NB.

3 Maria C. Schmitt: Peter Weiss. Die Ästhetik des Widerstands. Studien zu Kontext, Struktur und Kunstverständnis. St. Ingbert, 2. Aufl. 1990 (Saarbrücker Beiträge zur Literaturwissenschaft; Bd. 15), S. 66.

4 Peter Weiss: Rekonvaleszenz. In: Werke in sechs Bänden op.cit., Zweiter Band, Prosa 2, S. 363.

5 Peter Weiss: Notizbücher 1960-1971. 2 Bände. Frankfurt am Main, edition suhrkamp Neue Folge Band 135, S. 792.

6 Peter Weiss: Rekonvaleszenz, S. 513.

7 Peter Weiss: Rekonvaleszenz, S. 435.

8 Die Perspektive dieses halluzinierten Subjekts wird übrigens vielfach gebrochen und vervollständigt durch personale Medien (wie Hodann z.B.) und Collage-Verfahren.

9 Kunibert Erbel: Sprachlose Körper und körperlose Sprache [...]. St. Ingbert 1991 (Saarbrücker Beiträge zur Literaturwissenschaft), S. 140.

10 Kunibert Erbel, S. 162s.

11 Kunibert Erbel, S. 140.

12 Klaus R. Scherpe: Kampf gegen die Selbstaufgabe. Ästhetischer Widerstand und künstlerische Authentizität in Peter Weiss' Roman. In: Die Ästhetik des Widerstands lesen. Über Peter Weiss. Berlin 1981 (Argument-Sonderband AS 75), S. 63.

13 Vgl. Christian Bommert: Peter Weiss und der Surrealismus. Poetische Verfahrensweisen in der „Ästhetik des Widerstands". Opladen 1991, S. 42-57.

14 Sämtliche Zitate aus ÄdW III, S. 204.

15 Peter Weiss: Die Ästhetik des Widerstands. Berlin 1983, III, S. 213.

16 Klaus R. Scherpe: Kampf gegen die Selbstaufgabe, S. 66.

17 Nach Rekonvaleszenz, S. 513.

18 Andreas Huber: Mythos und Utopie. Eine Studie zur „Ästhetik des Widerstands" von Peter Weiss. Heidelberg 1990 (Reihe Siegen. Band 96), S. 268.

III. Zum Gesamtwerk

Zur Rolle Rimbauds in Peter Weiss' Werk. Vom Alter ego zur mythischen Figur

Monique Boussart

Die Faszination, die Rimbaud, der Rebell, auf den Autor der *Ästhetik des Widerstands* ausübte, prägt schon die allerersten Seiten der Trilogie. Sie wird den Kenner der Weissschen Gedankenwelt kaum überraschen. Der Dichter der Subversion erscheint als die ideale Verkörperung von Peter Weiss' Grundüberzeugung, nach der Kunst „stören", „unterhöhlen" und beunruhigen solle.[1] Weiss, der „Unzugehörige" und „Unbeheimatete", fühlte sich offensichtlich mit diesem Abtrünnigen und Wanderer par excellence verwandt, den Verlaine bekanntlich „l'homme aux semelles de vent" nannte. In diesem Außenseiter, der sich nach einer *anderen* Gemeinschaft sehnte und für den Dichtung auch eine Waffe zur Befreiung war, erkannte er einen Gleichgesinnten.

Seine Aufnahmefähigkeit für die Welt von Rimbaud, dem Seher, ist kaum von seinem frühen Bekenntnis zu einer visionären Kunst und zum Surrealismus zu trennen. André Breton berief sich ja in seinem ersten Manifest auf Rimbaud als Vorläufer des Surrealismus. Vielsagend ist in dieser Hinsicht Weiss' Erklärung in den *Notizbüchern*:

> Ich begann, die Surrealisten kennenzulernen, las eigentlich auch erst jetzt richtig Rimbaud (die schwedischen Übersetzungen).[2]

Auf die ersten Nachkriegsjahre zurückblickend, rechnet er seine Leseerfahrungen mit Rimbaud und den französischen Surrealisten zu den „hauptsächlichen Anstößen", die er damals bekam.[3]

Weiss' Prädisposition für ein tiefgehendes Rimbaud-Verständnis bedarf also keiner umständlichen Beweisführung. Über die gleich auffallenden Affinitäten hinaus bleibt aber doch zu klären, ob eine Entwicklung in Weiss' Rimbaud-Rezeption erkennbar ist, inwieweit das Bild, das er vom französischen Dichter entwirft, sich zwischen 1966 und 1980, zwischen den ersten Bemerkungen in den *Notizbüchern* und der letzten Evokation im Schlußkapitel der *Ästhetik*, geändert hat.

Andrerseits erhebt sich die Frage, ob es sich bei Weiss nicht eher um einen Rimbaud-*Mythos* handelt, dessen Bedeutung präzisiert werden sollte, da sich eine Reihe von Legenden um die Figur des jungen Dichters herausgebildet haben, wie René Etiemble u.a. nachgewiesen hat.[4] Das Problem der wahren Identität Rimbauds ist Peter Weiss nicht entgangen, es wird sogar im Prolog seines Rimbaud-Fragments (1969) thematisiert. Der Dichter erscheint von vornherein in seiner ganzen Ambiguität und als eine schwer zu fassende Persönlichkeit.[5]

Die ersten Eintragungen über Rimbaud in den *Notizbücher*(n) im Mai 1966 scheinen vor allem unter dem Eindruck der frühen Briefe (1870-1872) des französischen Dichters und der *Saison en enfer* entstanden zu sein. Weiss spricht nämlich von „Satans-Litanei" und betont die „Leiden dieses Knaben", „ein Leiden – ganz bedeckt mit Sonnenflecken".[6] In einer Zeit der inneren Krise, da Weiss offensichtlich am Sinn der Literatur in einer politisch düsteren Welt zweifelte und durch das „Abschlachten" im Vietnamkrieg erschüttert war, sind ihm der Nihilismus, der Überdruß Rimbauds, aber auch sein Verlangen nach Aufbruch zuallererst aufgefallen. Kennzeichnend ist, daß Weiss sich primär durch eine Seinsart, durch den „Weltschmerz" angesprochen fühlt, sich aber zugleich für charakteristische Wendungen und Bilder empfänglich zeigt. Rimbaud erscheint ihm als „poète maudit" und Avantgardist. Sein Name steht in unmittelbarer Nachbarschaft von Beckett und Lautréamont, der „der Vernunft abschwor", wie Weiss ausdrücklich vermerkt.

Etwa drei Jahre später, im Oktober 1969, nach der Vollendung des Trotzki-Dramas und in der Zeit der Studentenrevolte, der Weiss anfänglich sehr kritisch gegenüberstand,[7] gewinnt die Figur Rimbauds festere Konturen, als ob Weiss den jungen, orientierungslosen Anarchisten der späten sechziger Jahre eine Art archetypische Rebellgestalt entgegenhalten wollte, die aber durch die „Verrohung" und Obszönitäten gewisser Revolutionäre enttäuscht wurde und sich nach einer anderen Welt sehnte. 1969, da eine wahre „Commune" als reine Utopie erschien, entstanden Skizzen zu einem Stück über Rimbaud, das sich zwischen *Trotzki* und *Hölderlin* in die Reihe der Dramen über große Revolutionäre und Außenseiter eingefügt hätte.

Die Notate dieses Jahres zeigen, daß Weiss genaue Recherchen über den französischen Dichter und seine historische und menschliche Umgebung anstellte. Er stützte sich dabei vor allem auf Rimbauds Briefe und auf Paul Zechs Nachdichtung der sämtlichen Gedichte sowie auf die Erinnerungen von Rimbauds Schwester Isabelle und auf Zeugnisse seines Schulfreunds Ernest Delahaye. So rekonstruierte er eine Art Chronik von Rimbauds Leben zwischen 1870 und 1891.[8]

Aufschlußreich sind die Momente, die er festhält, nämlich die heftige Verneinung der damaligen Gesellschaft und Dichtung, die Angriffe gegen die Kirche, das berühmte „Merde à Dieu", das provokative Auftreten als Antibürger und Haschischraucher wie auch die Beziehungen zu Verlaine. Selbstverständlich werden die Begeisterung des jungen Dichters für die Commune und der Verkehr mit einstigen Communarden in London berücksichtigt. Die sehr umstrittene Teilnahme Rimbauds an der Commune im Frühling 1871 behandelt Weiss als eine feststehende Tatsache. Nach seiner Chronik soll sich Rimbaud in die Nationalgarde der Commune haben einreihen lassen. Der Dramatiker verläßt sich hier offensichtlich auf Delahayes Zeugnis, nach dem der Dichter im April 1871 mehrere Tage in der Caserne Babylone verbracht hätte.[9] Die heutige Rimbaud-Forschung hält allerdings eine aktive Teilnahme an der Commune für unwahrscheinlich. Rimbaud sei zwar ein „Communard de coeur" gewesen, habe sich aber an keinem Kampf beteiligt.[10]

In Weiss' Chronik nimmt Rimbauds Wanderleben nach seinem Verstummen im Jahre 1875 einen sehr großen Platz ein, so auch der Waffen- und „Sklavenhandel"[11] in Abessinien, die Amputation und der frühe Tod in Marseille. Offensichtlich haben in erster Linie eine „phantastische Lebensgeschichte", ein befremdendes Schicksal den Autor des Rimbaud-Fragments angezogen.

Die drei ausgearbeiteten Szenen sind durch die Wahl des jeweiligen Schwerpunkts besonders aufschlußreich und zeigen, warum der schwedisch-deutsche Schriftsteller sich mit Rimbaud geradezu identifizieren konnte. Neben der Selbstsuche spielt nämlich im Prolog die Konfrontation mit der Mutter die zentrale Rolle. Ihr langer Monolog,[12] der sich eigentlich aus einer Reihe von Vorwürfen zusammensetzt, veranschaulicht das Bedrückende der Bindung an die Mutter. Im „hochgeschlossenen schwarzen Kleid" erscheint sie als Inbegriff des bürgerlichen Arbeitsethos, als Vertreterin der Moral und der gesellschaftlichen bzw. kirchlichen Normen, denen sich der Sohn unterwerfen soll. Diese Auseinandersetzung mit einer repressiven und kastrierenden Mutter steigert sich kennzeichnenderweise zu einer Prügelszene, die vom Wimmern und Schreien der Schwester begleitet wird. Die von der Kritik öfters hervorgehobene sado-masochistische Komponente von Weiss' Thematik und die Faszination, die Tortur und Grausamkeit auf ihn ausübten, sind auch hier erkennbar. Der Dramatiker läßt den Knaben stammeln:

ja ich beuge mich ich lasse mich knechten unterwerfe mich.[13]

Nicht nur in der frustrierenden, von einem Mangel an Affektivität geprägten Beziehung zur Mutter konnte Weiss sich wiedererkennen, sondern auch im Einverständnis mit der Schwester, das hier freilich bloß angedeutet wird. Wesentliche Themen der autobiographischen Schriften *Abschied von den Eltern* und *Fluchtpunkt* klingen nach: Trotz des politischen Wandels läßt sich eine Kontinuität in der Behandlung existentieller Probleme erkennen. Wie er es selber von seinem *Hölderlin* sagte, holt Weiss sich beim Schreiben die historische Figur in seine Gegenwart. Noch deutlicher heißt es in *Rapporte*:

> Ich las intuitiv [...]. Es ging mir nicht darum, einen Schriftsteller in ein Fach einzuordnen, sondern nur Material bei ihm zu finden, das mir entsprach ...[14]

Die Szene „Die Schulfreunde" konzentriert sich auf einen Dialog zwischen Rimbaud und Ernest Delahaye und auf Motive, die Rimbauds frühe Briefe und Dichtungen durchziehen. Außer der scharfen Ablehnung der „verkrusteten Provinzstadt" Charleville ist vor allem die Revolte gegen die Schule wiederzufinden, die das wahre Leben erstickt und die freie Entfaltung des einzelnen verhindert. Es häufen sich lauter negativ konnotierte Wörter: „Käfig", „Mausoleum", „Staub", „Moräste von Abfall", „Trümmerhaufen" ... Unmißverständlich ist das Fazit:

> Wir hocken da als Gerippe. Wir kauen wieder, was längst ausgekotzt und verfault ist. Teufel, ich bin dressiert. Dressiert zum hohlen Echo. Das quatscht nur so aus mir raus. Ich, ich bin das nicht ...[15]

Weiss hat Rimbauds provokativen Ton gut getroffen, seinen outrierten Stil fast kongenial wiedergegeben, indem er zu Bildern und Wendungen griff, die u.a. an *Schlechtes Blut* und *Delirien (II)* in *Ein Aufenthalt in der Hölle* erinnern. Er läßt z.B. seine Hauptfigur fragen:

> Fürchtest du diese Gasmasse da oben. Dieses donnernde lodernde Gestirn?
> [...]
> Sie sollen mich ausdörren, verkohlen, diese Strahlen. Sie sollen einstechen auf diesen schrecklichen Schädel, mit seinen schrecklichen Gedanken.[16]

Obwohl in den sechziger Jahren die Figur des Neinsagers zweifellos im Vordergrund von Weiss' Beschäftigung mit Rimbaud steht, zeigt die dritte und letzte Szene des Fragments, ein Gespräch des Dichters mit seinem

Lehrer Izambard, daß positivere und zukunftsträchtigere Momente auch berücksichtigt werden. Die Grundlage für diesen Auftritt bilden die beiden Seher-Briefe vom Mai 1871 an Georges Izambard und Paul Demeny, die als Parteinahme für die Commune und als literarisches Manifest so berühmt wurden. Im impulsiven Bekenntnis der Weissschen Figur:

> Die Revolution wird ausbrechen. Das Volk wird den Despotismus nicht länger dulden. Ich werde mit dabei sein, wenn die Klassenherrschaft gestürzt wird. Ich werde mithelfen, Barrikaden zu bauen.[17]

spiegeln sich Inhalt und Ton des Originalbriefs:

> Je serai un travailleur: c'est l'idée qui me retient quand les colères folles me poussent vers la bataille de Paris.[18]

Außerdem plädiert Rimbaud im Fragment für eine visionäre Dichtung, die über die Grenzen des Ich hinausginge; die großen Poeten seien „Seher", „besessen", „von Sinnen", „in der Gewalt einer Musik, die durch sie hindurchgeht".[19] Anklänge an die vielzitierten Worte aus den obengenannten Briefen sind nicht zu übersehen:

> Je veux être poète, et je travaille à me rendre voyant [...]. Il s'agit d'arriver à l'inconnu par le dérèglement de tous les sens.
> Je dis qu'il faut être voyant, se faire voyant.[20]

Durch die Auseinandersetzung zwischen Rimbaud und Izambard stellt Weiss zwei Kunstauffassungen einander gegenüber. Der aufklärerischen Einstellung Izambards, der eine dem wissenschaftlichen Zeitalter angemessene Kunst fordert, steht Rimbauds Ringen um eine Dichtung entgegen, die sich von jeder Moral befreien und sich dem Unbekannten öffnen würde. Die Entlarvung der meisten Dichter als feige Träumer:

> Ja, sie träumen von der Befreiung [...]. Sie rasen, sie vergiften sich, aber sie wagen nicht den letzten Schritt, der sie abhebt von allem Wiedererkennbaren, von jeglicher Ordnung,[21]

ist eigentlich eine Verschärfung der Anklage im Brief an Izambard:

> Mais vous finirez toujours comme un satisfait qui n'a rien fait, n'ayant rien voulu faire. Sans compter que votre poésie subjective sera toujours horriblement fadasse.[22]

Das für Weiss so charakteristische „In-Gegensätzen-Denken" läßt hier zwei extreme Positionen gegeneinanderprallen, die er im Spätwerk in einer Art Synthese zu überwinden versucht. Nicht von ungefähr bricht der Text ausgerechnet mit Izambards Frage ab:

> Was Ihnen vorschwebt, das ist das Gestammel, das wir in den Irrenhäusern hören, das ist das beklagenswerte Gelalle von denen, die diese Welt nicht länger ertragen konnten. Wollen wir diese nicht heilen? Wollen wir nicht die Vernunft, die endlich den sinnlosen Verschleiß von Kräften, die Zerstörung von Menschen aufhebt?[23]

Eine implizite Infragestellung von Rimbauds Radikalität, die Weiss' Schwanken und die Verstärkung der aufklärerischen Tendenz dokumentiert.

In den *Notizbüchern* kann der Leser verfolgen, wie Weiss sich ab 1970 mehr und mehr auf die Hölderlin-Figur konzentriert, während das Rimbaud-Stück Fragment bleibt. Über die Gründe läßt sich nur spekulieren. War die Rimbaud-Sphäre dem deutschsprachigen Dramatiker trotz allem weniger vertraut? Paßten die letzten Etappen von Rimbauds Leben in Afrika als Kaufmann und Waffenhändler nicht in Weiss' Konzept? Zweifellos ließ sich Rimbaud schwerer als Hölderlin zur Opfer- und Heiligenfigur der Revolution stilisieren.

Wie dem auch sei, mit dem Anfang der Arbeit an der *Ästhetik* kehrt Weiss zu Rimbaud zurück, die Akzente haben sich aber verschoben: diesmal macht er aus Rimbaud keine individualisierte, konkrete Zentralgestalt mehr, sondern eher eine immer wieder heraufbeschworene, verklärte, geradezu schemenhaft anmutende Bezugsfigur. Sie wird jetzt fast systematisch zusammen mit Hölderlin genannt. Diese Assoziation, die bereits 1966, wenn auch nur sehr flüchtig, angedeutet wurde, wird jetzt präziser und eindringlicher. Was die beiden Dichter in Weiss' Augen zu geistigen Brüdern macht, ist natürlich das Visionäre ihrer Poesie, das sie bis an die Grenze der sprachlichen Ausdruckskraft trieb. Er rühmt sie beide als Schöpfer einer Utopie, die sich für die Unterdrückten einsetzten, aber an der Kluft zwischen Vision und Wirklichkeit zerbrachen, an dieser „réalité rugueuse à étreindre", um Rimbaud zu zitieren.[24] Wie Hölderlin in seinen Turm, „in die freiwillige Einkerkerung" emigrierte, so flüchtete Rimbaud in ein abenteuerliches Wanderleben und „verkroch sich" in die afrikanische Wüste. Beide sollten verstummen.[25]

Wie eng sie miteinander verwandt sind, wird außerdem von dem Umstand bestätigt, daß der Name Herakles im Zusammenhang mit jedem von ihnen mehr als einmal fällt. Im letzten Band der *Ästhetik* wird ausdrücklich betont, Hölderlin und Rimbaud seien Herakles am nächsten gekommen,[26] und zwar Herakles als Erlöser, den sowohl Hölderlin wie Rimbaud in ihren Gedichten als Befreier des Menschen, als Kämpfer und Retter gefeiert haben.[27]

Die Gleichsetzung Rimbaud/Herakles ist ein wichtiges Indiz dafür, daß Rimbaud zu einer ins Mythische gesteigerten Figur geworden ist. Im ersten und dritten Band der *Ästhetik* wird der griechische Heros zum Helden des jungen Heilmann, der ihm in seiner Deutung des „Lebensfrieses" am Pergamon-Altar eine entscheidende Rolle zuweist und seinen Abschiedsbrief vor der Hinrichtung in Plötzensee mit einer Anrufung des Halbgottes abschließt. Was ihm Herakles so teuer macht, ist in erster Linie seine Auflehnung gegen die „Mächtigen", gegen „das System des Zwangs und der Drohung", seine Hinwendung zu den Eigentumslosen.[28] Diese Darstellung wird freilich am Ende des ersten Bandes relativiert, so daß die mythische Gestalt sich der Hinfälligkeit Rimbauds annähert: Jetzt stehen nämlich das Irren und Suchen des Herakles, seine psychische Entstellung und sein Scheitern im Vordergrund.[29] Aber auf geradezu paradigmatische Weise läuft doch Heilmanns tastende, mutmaßende Deutung der Heraklesgeschichte letztlich auf eine positive Bilanz hinaus: Herakles' Tod im Feuer wird als Opfertod, als Überwindung von Furcht und Enge verstanden, das Scheitern tritt hinter der Verherrlichung der Unnachgiebigkeit im Kampf zurück.

Heilmann selbst, der Frühreife, der antifaschistische Kämpfer und Dichter, wird auf eher plakative Weise mit Rimbaud identifiziert:

> Heilmann, der Fünfzehnjährige, der jede Ungewißheit von sich wies, der keine unbelegte Deutung duldete, bisweilen aber auch der poetischen Forderung auf bewußte Entregelung der Sinne anhing, der Wissenschaftler sein wollte und Seher, er, den wir unsern Rimbaud nannten, erklärte uns [...] den Sinn dieses Reigens ...[30]

Die Identifikationsmomente sind einleuchtend und wurden zum Teil schon von Elena Nährlich-Slateva in ihrem grundlegenden Aufsatz hervorgehoben.[31] Außer der Jugend, der bürgerlichen Herkunft und der Abwendung von diesem Milieu ist hier auch die Bildung und die eingehende Kenntnis der Antike zu erwähnen. Heilmann erklärt seinen Freunden die Bedeutung des Pergamon-Altars, unterrichtet sie über die historischen und sozialen Verhältnisse in der hellenistischen Zeit.

Wie einst Rimbaud die frühen französischen Sozialisten las und einen „Projet de constitution communiste" entwarf, so entwickelt Heilmann, durch ähnliche Lektüren geprägt, ein Idealbild der künftigen Gesellschaft, in der es „keine Rangstufen mehr, keine verschlossenen Türen" gäbe.[32]

Nach Rimbauds Vorbild vereint Heilmann Politik und Ästhetik. Seine ästhetischen Grundsätze, die im Unterschied zu denjenigen des radikaleren Coppi sowohl die genaue Untersuchung der Tatsachen als auch „magische Symbole" und „zukunftsweisende Visionen" gelten lassen,[33] stehen der von seinem verehrten Vorgänger empfohlenen Verbindung von Sehertum („voyance") und Vernunft nahe.[34] Während Coppi den sozialistischen Realismus befürwortet, plädiert Heilmann für eine experimentelle, revolutionäre Kunst, die den Hang zur „Kleinbürgerlichkeit" überwinden sollte.

Ähnlich wie Rimbaud die „plénitude du grand songe"[35] verherrlichte und sie durch die Delirien und Halluzinationen seiner poetischen Texte veranschaulichte, so feiert Heilmann die Schaffens- und Erkenntniskraft von Traum und Vision, insbesondere im „Brief an Unbekannt", dem eigentlichen Abschiedsbrief, wie Weiss betont.[36] Diese Sphäre wird nicht nur als „Sprache der Seele" betrachtet, sondern auch, im Sinne der von Rimbaud angestrebten Befreiung des Menschen, als ein Bereich, in dem keine Moral oder Norm gelte. Die sinngemäßen Parallelitäten führen bisweilen zu wörtlichen Anklängen an Rimbauds Wendungen und Begriffe. Stichworte wie „Erleuchtung", „hellsichtig", „halluzinieren" kennzeichnen den Wortlaut des Briefs;[37] dies gilt auch für die von E. Nährlich-Slateva ausführlich kommentierte Passage über die verstörte Mutter des Erzählers, die Karin Boye eine „Erleuchtete", eine „Seherin" nennt.[38] Diese Episode zeigt außerdem, wie der französische Dichter es auch angedeutet hatte, daß das tiefere Erkenntnispotential der Vision mit der Überwindung des Subjektiven verbunden ist, mit dem Einklang zwischen Ich und Nicht-Ich, zwischen der Weltwirklichkeit und den innersten Empfindungen des einzelnen.

Die Präsenz Rimbauds erreichte also während der Arbeit an der *Ästhetik*, und vor allem am dritten Band, den Weiss übrigens als „Hadeswanderung" bezeichnete, eine unleugbare Dominanz. Dabei stehen das politische Ideal, die ästhetischen Grundsätze und die Suche nach einer anderen Wahrnehmungsweise zweifellos im Vordergrund. Auf stilistischer Ebene dagegen beschränken sich die Gemeinsamkeiten auf einige typische Ausdrücke, die sporadisch in den Text eingefügt werden. Und dies, obwohl Weiss immer wieder seine Bewunderung für die revolutionäre Bildersprache und Syntax des französischen Dichters bekundete.

Wurde Rimbaud in den sechziger Jahren als Freiheitsfanatiker und Bekämpfer aller etablierten Werte dargestellt, so ist aus ihm in der *Ästhetik* eine Chiffre geworden, eine Chiffre für den Idealismus der Jugend und die Verschränkung von Ästhetik und Solidarität mit den Unterdrückten. Sein Name taucht regelmäßig als eine Art Fanal auf. „Wir können nicht leben, ohne uns ein Bild von uns zu machen" sagt Heilmann.[39] Rimbaud gehört zu diesen Bildern, die der Mensch in seinem Kampf gegen die „eigene Begrenztheit" und als Ermutigung zum Widerstand braucht.

So läßt sich von den sechziger Jahren an bis zur *Ästhetik* eine immer weiter fortschreitende Heroisierung und Idealisierung der Rimbaud-Figur feststellen. Sie stimmt im großen und ganzen mit dem Zeugnis von Ernest Delahaye überein, der seinen Freund als „l'idéaliste pur" vorstellt und dessen Caritas hervorhebt.[40] Andere Aspekte der Persönlichkeit des Dichters werden bei Weiss völlig ausgeklammert. In der *Ästhetik* ist z.B. nichts von den masochistischen Selbstanklagen des Egotisten der „Saison" zu vernehmen; vom „voyou" und von seinen Provokationen auf sexuellem Gebiet keine Spur; auch kein Hinweis auf seine inneren Widersprüche, auf die Enttäuschung des müden Wanderers, der über die Dummheit der Neger („nègres stupides") klagt und aus seiner Gleichgültigkeit im politischen Bereich, aus seiner Sehnsucht nach Erfolg und nach einem ordentlichen Familienleben kein Hehl macht. Zeilen aus den späten Briefen wie z.B.:

Pour moi, je regrette de ne pas être marié et avoir une famille. Mais, à présent, je suis condamné à errer [...]. Vous me parlez des nouvelles politiques. Si vous saviez comme ça m'est indifférent! Plus de deux ans que je n'ai pas touché un journal. Tous ces débats me sont incompréhensibles à présent. Comme les musulmans, je sais que ce qui arrive arrive, et c'est tout.

Et puis, n'est-ce pas misérable, cette existence sans famille, sans occupation intellectuelle, perdu au milieu des nègres dont on voudrait améliorer le sort et qui, eux, cherchent à vous exploiter [...]. Obligé de parler leurs baragouins, de manger de leurs sales mets, de subir mille ennuis provenant de leur paresse, de leur trahison, de leur stupidité!,[41]

lassen sich schwer vereinbaren mit dem zur Modellfigur überhöhten Bild vom Erneuerer.

Selbstverständlich schafft sich Weiss *seinen* eigenen Rimbaud, der für den Leser der *Ästhetik* eine Symbiose mit der Figur des jungen „Schwärmers" Heilmann eingeht, um zum edlen „Communard" zu werden, sogar zum Märtyrer des Befreiungskampfs. Es ist demnach keineswegs übertrieben, von einem Rimbaud-Kult oder Rimbaud-Mythos zu reden. Und dieser weist eine auffallende Ähnlichkeit mit dem Rimbaud-Verständnis der Surrealisten auf, die, wie bekannt, bei dem Autor der *Erleuchtungen* sowohl die Übertretung aller bürgerlichen Tabus, die politische Rebellion und revolutionäre Tendenz als auch die Rolle des Irrationalen und der „Voyance" begrüßten.

Den französischen Dichter reiht Weiss, mit Hölderlin, Novalis, Kleist, Büchner, Villon, Lautréamont, Verlaine und Baudelaire, unter die anti-konformistischen Geister ein, die „ihrer Zeit vorauseilten" und zu deren unermüdlichem Fürsprecher er geworden ist.[42] Aber was Rimbaud vor allen anderen auszeichnet, ist sein prometheischer Utopismus.[43] Dieser mußte bei Weiss ein empfängliches Ohr finden. Selbst in den Schlußsätzen der *Ästhetik* schwindet trotz der Niederlagen die Hoffnung nicht ganz. Wenn auch zaghaft, bleibt doch der Glaube erhalten, daß andere einst „dieser weit ausholenden und schwingenden Bewegung" mächtig würden, „mit der sie den furchtbaren Druck, der auf ihnen lastete, endlich hin-wegfegen könnten".[44] Der unterschwellige Appell und die Spannung zwi-schen Bewußtsein des Scheiterns und Festhalten an der Utopie kommen dem Pathos der letzten Zeilen von Rimbauds *Matin* erstaunlich nahe:

Quand irons-nous, par delà les grèves et les monts, saluer la naissance du travail nouveau, la sagesse nouvelle, la fuite des tyrans et des démons, la fin de la superstition, adorer – les premiers! – Noël sur la terre! Le chant des cieux, la marche des peuples! Esclaves, ne maudis-sons pas la vie![45]

Anmerkungen

1 Peter Weiss: Notizbücher 1971-1980 II. Frankfurt am Main 1981, S. 579. Vgl. Peter Weiss: Die Ästhetik des Widerstands III. Frankfurt am Main 1991, S. 246.
2 Weiss: Notizbücher 1971-1980 II, S. 491. Es handelt sich höchstwahrscheinlich um G. Ekelöfs Rimbaud-Übersetzungen, die in den dreißiger Jahren herauska-men und die Weiss in seinen Interviews erwähnt.
3 Zit. n. Alfons Söllner: Peter Weiss und die Deutschen. Opladen 1988, S. 39.
4 René Etiemble: Le Mythe de Rimbaud. Paris 1952.
5 Weiss: Notizbücher 1960-1971 II. Frankfurt am Main 1982, S. 679. Der Autor fragt sich, ob Rimbaud als Wanderer, als Verbrecher, als „Ohneherz Rimbaud" (eine Anspielung auf die Unterschrift „Ce sans-coeur de Rimbaud" in einigen von seinen frühen Briefen) oder eher als gefeierter Dichter dargestellt werden soll.
6 Weiss, ebd., S. 501 f. Die Sonnenmetaphern sind keine Seltenheit in Rimbauds Poesie. Man denke u.a. an *Das trunkene Schiff* (Le Bateau ivre), *Ein Aufenthalt in der Hölle* (Une Saison en enfer) und *Die Erleuchtungen* (Les Illuminations).
7 Weiss hielt sie vor allem für einen „vorrevolutionären", machtlosen Aktivis-mus, der aber immerhin das Verdienst hätte, auf den repressiven Staat und auf

die „Unterdrückungsmechanismen" der etablierten Gesellschaft aufmerksam zu machen (Weiss, ebd., S. 694 f., 707 f.).

8 Weiss: Notizbücher 1960-1971 II, S. 672-676.

9 Ernest Delahaye: Rimbaud. L'Artiste et l'être moral. Paris 1923, S. 37.

10 Siehe diesbezüglich die Studien von Michel Décaudin, Steve Murphy und insbesondere von Frédéric Eigeldinger und André Gendre: Delahaye témoin de Rimbaud. Neuchâtel 1974, S. 304-316.

11 Der sogenannte Sklavenhandel wird von der heutigen Rimbaud-Forschung als Legende betrachtet. Vgl. Jean-Luc Steinmetz, in Rimbaud: Oeuvres I Poésies. Paris 1989, S. 15.

12 Weiss, ebd., S. 680.

13 Ebd., S. 677. Rimbaud sagte von seiner Mutter, die er „la bouche d'ombre" (Schattenmund) nannte, sie sei „so unnachgiebig wie dreiundsiebzig Verwaltungsbehörden in Bleihelmen" („aussi inflexible que soixante-treize administrations à casquettes de plomb"). Arthur Rimbaud. Brief vom August 1871 an Paul Demeny, in Rimbaud: Briefe, Dokumente. Hamburg 1964, S. 38. Übersetzung: Curd Ochwadt.

14 Weiss, ebd., S. 838. Weiss: Rapporte. Frankfurt 1968, S. 72.

15 Weiss: Notizbücher 1960-1971 II, S. 682.

16 Ebd., S. 681.

17 Ebd., S. 684.

18 „Ich werde ein Arbeiter sein: das ist der Gedanke, der mich zurückhält, wenn rasender Zorn mich hin zur Schlacht von Paris treibt ..." (Rimbaud: Briefe, Dokumente, S. 18/19).

19 Weiss, ebd., S. 685 f.

20 „Ich will Dichter werden, und ich arbeite daran, mich sehend zu machen [...]. Es geht darum, durch die Entregelung aller Sinne beim Unbekannten anzukommen."

„Ich sage, daß es nottut, Seher zu sein, sich sehend zu machen" (Rimbaud: Briefe, Dokumente, S. 18/19, 24/25).

21 Weiss, ebd., S. 686.

22 „Sie werden aber nie weiter kommen als jemand, der befriedigt ist, ohne etwas getan zu haben, da er nichts hat tun wollen. Abgesehen davon, daß Ihre subjektive Dichtung immer entsetzlich fade sein wird" (Rimbaud: Briefe, Dokumente, S. 18/19).

23 Weiss, ebd., S. 687.

24 Rimbaud: Une Saison en enfer. In: Oeuvres complètes. Paris 1954, S. 243.

25 Vgl. Weiss: Notizbücher 1960-1971 II, S. 723, 728, 758-763, 766, 826, 838, 842 sowie Notizbücher 1971-1980 II, S. 786-788, 802. Weiss betont u.a., daß Hölderlin im Gedicht Der Wanderer etwas von der Sprache Rimbauds vorwegnehme. Ein ähnlicher Bilder- und Motivkreis (Wüste, Feuer, Sonne, Glühen ...) ist in der Tat beiden Dichtern gemeinsam. Obwohl sie nicht im selben Kontext erscheinen, verraten sie jedoch eine verwandte Sensibilität. Vgl. Notizbücher 1960-1971, S. 10 und Notizbücher 1971-1980 II, S. 493.

26 Weiss: Ästhetik III, S. 169 f.

27 Rimbaud: Soleil et Chair (IV), Combat d'Hercule et du fleuve Acheloüs (Nachdichtung eines Gedichts von J. Delille). In: Oeuvres complètes, S. 14 f., 49 f.

28 Weiss: Ästhetik I, S. 19, 25, 314.

29 Ebd., S. 315 f.

30 Ebd., S. 8.

31 Elena Nährlich-Slateva: Visionäres bei Rimbaud und Peter Weiss. In: Jürgen Garbers (Hrsg.): Ästhetik Revolte Widerstand. Zum literarischen Werk von P. Weiss. Lüneburg 1990, S. 146-161.

32 Weiss: Ästhetik I, S. 18.

33 Ebd., S. 58.

34 Rimbaud spricht ja in seinem Brief an P. Demeny von einer „*überlegten* Entregelung aller Sinne" („un long, immense et raisonné déréglement de tous les sens") (Rimbaud: Briefe, Dokumente, S. 24/25).

35 „Die Fülle des großen Traums" (Rimbaud, ebd., S. 24/25).

36 Weiss: Ästhetik III, S. 204-209. Dieser lange Brief, der mit seinen Reflexionen über den Traum und die Beziehung zu der geliebten Kampfgenossin als Bilanz und Testament erscheint, hat außer dem beherrschten Ton wenig gemeinsam mit Horst Heilmanns kurzem Originalbrief an die Eltern. Vgl.: Deutsche Widerstandskämpfer 1933-1945. Biographien und Briefe I. Berlin 1970, S. 382.

37 Ebd., S. 204, 207.

38 Ebd., S. 16 f., 24 f.

39 Ebd., S. 169.

40 Ernest Delahaye: Rimbaud, S. 150, 220.

41 Rimbaud, Briefe vom 6/5/1883 und 4/8/1888 aus Harar an seine Verwandten. In Rimbaud: Oeuvres complètes. Paris 1954, S. 375, 490. „Für mich bedaure ich es, daß ich nicht verheiratet bin und keine Familie habe. Aber vorerst bin ich dazu verurteilt, herumzuirren [...]. Ihr sprecht mir von politischen Neuigkeiten. Wenn Ihr wüßtet, wie gleichgültig mir das ist! Mehr als zwei Jahre habe ich keine Zeitung angerührt. Alle diese Streitereien sind mir zur Zeit unbegreiflich. Wie die Muselmanen weiß ich, daß das, was geschehen soll, geschieht, und damit Schluß."
„Und ist es denn nicht ein Elend, dieses Dasein ohne Familie, ohne geistige Beschäftigung, verloren inmitten von Negern, deren Los man verbessern möchte und die ihrerseits versuchen, einen auszubeuten [...]? Genötigt, ihr Kauderwelsch zu reden, ihr dreckiges Essen zu nehmen, tausend Ärger über sich ergehen zu lassen, die von ihrer Faulheit, ihrer Verräterei, ihrer Stumpfsinnigkeit kommen!" In Rimbaud: Briefe und Dokumente, S. 79 f., 118. Siehe auch den Brief vom 25/2/1890 aus Aden (ebd., S. 126).

42 Zu dieser Traditionslinie gehört auch die schwedische Dichterin Karin Boye. Siehe diesbezüglich Weiss: Notizbücher 1971-1980 II, S. 536, 793; Ästhetik I, S. 78; II, S. 66 f.

43 Denken wir an Formulierungen wie „Changer la vie" (sein Leben ändern) oder „Rendre [l'homme] à son état primitif de fils du soleil" ([den Menschen] seinem ursprünglichen Zustand eines Sohnes der Sonne zurückgeben) in *Une Saison en enfer* und *Les Illuminations*. Rimbaud: Oeuvres complètes, S. 230, 190.
Die Rimbaud-Zitate lassen bei allen Affinitäten auch die evidenten Unterschiede zwischen dem Autor der *Ästhetik* und dem französischen Dichter erkennen: auf der einen Seite die heidnische, manchmal jubelnde Sinnlichkeit des Lyri-

kers, auf der anderen die Abstraktheit und die fast puritanische Haltung des Epikers.

44 Weiss: Ästhetik, S. 268.
45 Rimbaud: Matin. In: Une Saison en enfer, Oeuvres complètes, S. 242. Deutsche Nachdichtung von Paul Zech: „Wann werde ich endlich über alle Gestade und Berge hinweg, die Geburt der neuen Arbeit begrüßen können, die 'neue Weisheit', die Flucht der Tyrannen und Dämonen, das Ende einer abergläubigen Zeit, und anbeten – als allererster! – Weihnachten auf Erden? Gesang des Himmels, Zug der Völker! Das wünschte ich: wann, wann? Sind wir auch ewig Sklaven, laßt uns das Leben nicht verfluchen!" In: Sämtliche Dichtungen des Jean Arthur Rimbaud. München 1963, S. 118 f. Vgl. Weiss: Ästhetik, S. 265-267.

Entwürfe gegen die Ichauflösung. Spuren des kritischen Existentialismus Sartres im literarischen Werk von Peter Weiss

Michael Hofmann

Der autobiographische Roman *Fluchtpunkt*, den Peter Weiss im Jahre 1961 fertigstellte, endet mit der Beschreibung eines Parisaufenthaltes im Frühjahr 1947. Der dreißigjährige Emigrant, dessen problematische Erfahrungen in Schweden seit 1940 den Gegenstand der Aufzeichnungen bilden, erlebt die Begegnung mit der Stadt Bretons und Sartres, der surrealistischen Traumbilder und des existentialistischen Freiheitspathos nacheinander als Schock und als Befreiung. Die enge sprachliche Orientierung an der Terminologie des französischen Philosophen, die eine Aufbruchsstimmung der Nachkriegszeit ausdrückt, vermittelt im Bewußtsein des Schreibenden einen Wendepunkt in dessen Leben, und sie verweist – wie ich zeigen möchte – auch auf einen Wendepunkt in der literarischen Produktion des Autors Peter Weiss. Die erste Konfrontation mit der Metropole, in der einige Jahre zuvor noch Walter Benjamin die Spuren der Passagen des neunzehnten Jahrhunderts zu entziffern versucht hatte, bevor er auf der Flucht vor den Faschisten den Freitod wählte, wird als Kulminationspunkt der Krise erfahren, deren Verlauf der Roman schilderte:

> Dies war der Augenblick der Sprengung, der Augenblick, in dem ich hinausgeschleudert worden war in die absolute Freiheit, der Augenblick, in dem ich losgerissen worden war von jeder Verankerung, [...] der Augenblick, in dem die Welt offen vor mir lag. [...] Doch die Freiheit war so groß, daß ich alle Maßstäbe verlor. Ich hatte die Freiheit nicht gewonnen, ich war verurteilt zu dieser Freiheit, es war nur noch eine einzige Wahrnehmung da, die Wahrnehmung des Urübels, des Ausgesetztseins, der Verlassenheit.[1]

Nachdem sich der Ich-Erzähler „ein paar Wochen" in Paris aufgehalten hat, befindet er sich eines Abends „unter den Bäumen der Allee auf dem Damm in der Mitte der Seine", auf der Ile de la Cité also, und jetzt zeigt sich dieselbe Freiheitserfahrung als Kristallisationspunkt einer neuen existentiellen und künstlerischen Perspektive, der wie folgt beschrieben wird:

> Was sich an diesem Abend auf dem Seinedamm zeigte, war nicht ein Weg, oder ein Wissen, ich hatte keinen Begriff von diesem Dasein gewonnen, ich spürte nur die Klarheit der Luft, spürte, wie ich dastand und atmete, und daß ich aus der Umnachtung, in die mich der Schock der Freiheit geworfen hatte, herausgeraten war. Die Freiheit war noch vorhanden, doch ich hatte Boden in ihr gewonnen, sie war keine Leere mehr, in der ich im Alptraum der Anonymität lag und in der alle Bezeichnungen ihren Sinn verloren, es war eine Freiheit, in der ich jedem Ding einen Namen geben konnte. Ich hatte nur den Blickpunkt geändert. [...] Die Freiheit war absolut, ich konnte mich darin verlieren und ich konnte mich darin wiederfinden, ich konnte alles aufgeben, alle Bestrebungen, alle Zusammengehörigkeit, und ich konnte wieder beginnen zu sprechen. [...] Und wenn es schwer war, an Worte und an Bilder heranzukommen, so war es nicht deshalb, weil ich nirgends hingehörte, und keine Verständigungsmöglichkeiten erkennen konnte, sondern nur deshalb, weil manche Worte und Bilder so tief lagen, daß sie erst lange gesucht, abgetastet und miteinander verglichen werden mußten, ehe sie ein Material hergaben, das sich mitteilen ließ.[2]

Ich möchte im folgenden zeigen, daß es sich bei der Berufung auf zentrale Begriffe der Philosophie Sartres nicht lediglich um ein modisches existentialistisches Pathos handelt, das gewissermaßen durch den „genius loci" inspiriert wäre, sondern daß die Rezeption von Kernstücken des kritischen Existentialismus Sartres eine poetologische Neuorientierung bedeutet, die für das Werk von Peter Weiss seit Beginn der sechziger Jahre bedeutsame Konsequenzen mit sich bringt. Meine These lautet: Peter Weiss erneuert in *Fluchtpunkt* eine bereits 1947 vollzogene Annäherung an den kritischen Existentialismus und erklärt mit der Anleihe an die Gedanken Sartres eine Umorientierung, die sich vor allem als eine relative Distanzierung von einer surrealistischen Dichtungskonzeption charakterisieren läßt.[3]

Das schwedischsprachige Frühwerk hatte – wie Alfons Söllner überzeugend darlegt – „traumatische Urbilder und surrealistische(n) Einspruch gegen die Vernichtungswelt"[4] ins Zentrum der dichterischen Bemühungen gestellt und eine „Revolutionierung der Wahrnehmung aus der Perspektive der Opfer"[5] eingeübt. Was Söllner zu der lyrischen Prosa *Von Insel zu Insel* schreibt, kann von diesem Frühwerk insgesamt gesagt werden:

> Die für den Surrealismus typische Auflösung der Ichgrenzen, das Porösmachen der Wirklichkeit mittels des Traums wird zum Mittel, um

die Zwangsidentifikation mit dem kompakten Kollektiv aufzusprengen, um sich auf die Seite der Opfer zu stellen.[6]

Im Einklang mit der neueren Forschung zu den surrealistisch beeinflußten Frühschriften möchte ich also den Akzent der poetologischen Neuorientierung nicht auf die Überwindung einer vermeintlich unpolitischen, weil individualistischen Position legen; ich möchte vielmehr zeigen, daß sich mit Hilfe der existentialistischen Wende innerhalb der literarischen Produktion von Peter Weiss eine Veränderung des Verhältnisses zu den poetischen Bildern abzeichnet. Diese bleiben weiterhin ein zentrales Element seines Schaffens – und da wo sie es nicht sind, wird die Qualität seiner Arbeiten leiden –, sie werden aber mit einem neuen Prinzip konfrontiert, das auf der existentiell-biographischen Ebene mit dem Terminus Entwurf und auf der poetologischen mit den Begriffen Artikulation und Konstruktion bezeichnet werden kann. Die zitierten Passagen aus *Fluchtpunkt* belegen die Parallele von biographischem Neubeginn und poetologischer Wende, wenn Weiss die veränderte Lebensperspektive mit einem neuen Verhältnis zur Sprache verbindet. Die erwähnte Parallele wird auch von Jean-Paul Sartre betont, wenn dieser in dem populär gehaltenen Vortrag von 1947 mit dem Titel *Ist der Existentialismus ein Humanismus?* erklärt

[...] daß man die moralische Wahl mit der Gestaltung eines Kunstwerks vergleichen soll. [...] Niemand kann sagen, was die Malerei von morgen sein wird; beurteilen kann man die Malerei nur, wenn sie einmal geschaffen ist. Was für eine Beziehung hat dies mit der Moral? Wir befinden uns in derselben Schöpfer-Situation. Wir sprechen nie von der Unmotiviertheit eines Kunstwerks. Wenn wir von einem Bild Picassos sprechen, sagen wir nie, es sei unmotiviert; wir verstehen sehr gut, daß er sich selbst, so wie er ist, gleichzeitig mit seiner Malerei auferbaut hat; daß das Ganze seines Werkes sich seinem Leben einverleibt.[7]

Der hier von Sartre verwendete Terminus „moralische Wahl" ist nicht in einem traditionellen Sinne auf eine bestimmte Morallehre oder Ethik zu beziehen, sondern verweist auf die zentrale Idee seiner Philosophie, nach der sich die Freiheit des Menschen in einer ursprünglichen Wahl, in einem Seinsentwurf artikuliert, mit welchem der einzelne Mensch seiner Existenz einen Sinn zu geben versucht. Die mit diesen Begriffen der Wahl und des Entwurfs verbundene anspruchsvolle Konzeption der Subjektivität ist in der durchgeführten Form von Sartres Philosophie gerade nicht idealistisch und abstrakt, sondern bezieht die gesellschaftliche und geschichtliche Situation des jeweiligen Individuums, in der Sprache Sartres: die Faktizität seiner Existenz, vielmehr ausdrücklich mit ein. Die von Peter Weiss zitierte bekannte Formel „zur Freiheit verurteilt" benennt beide Seiten eines dialektischen Verhältnisses: die Zumutung an den handelnden Menschen wie an den Künstler, von der Bedingtheit seiner jeweiligen Situation auszugehen, und die Möglichkeit, mit dem jeweils individuellen Entwurf diese Bedingtheit zu transzendieren und Leben und Kunstwerk mit einem individuellen Sinn zu erfüllen. In *Das Sein und das Nichts* (1943), dem Grundbuch des kritischen Existentialismus, erläutert Sartre, wie in seiner Konzeption der „existentiellen Psychoanalyse" die Seinswahl die grundlegende Freiheit des Menschen in dessen Gebundenheit definiert und alle vermeintlichen Grundtriebe des Menschen fundiert:

> Sie [die existentielle Psychoanalyse, M.H.] ist eine Methode, in streng objektiver Form die subjektive Wahl ans Licht zu bringen, durch die jede Person sich zu Person macht, das heißt sich selbst anzeigen läßt, was sie ist. Da das, was die Methode sucht, eine *Seinswahl* und gleichzeitig ein Sein ist, muß sie die einzelnen Verhaltensweisen auf die grundlegenden Beziehungen, nicht der Sexualität oder des Willens zur Macht, sondern des *Seins* zurückführen, die in diesem Verhalten zum Ausdruck kommen.[8]

Die Konzeption der ursprünglichen Wahl kann hier nach dem Text von 1943 skizziert werden, weil sie ein wesentliches Fundament der gesamten Theorie Sartres bildet, das auch in der späten Flaubert-Studie unter ausführlicher Berücksichtigung historischer, gesellschaftlicher und psychologischer Bedingungen mit den Titeln „Konstitution" und „Personalisation" Bestand hat. In bezug auf den von Peter Weiss in *Fluchtpunkt* beschworenen „Augenblick der Sprengung" läßt sich auf Sartres Verbindung der Augenblicksmetapher mit der Seinswahl verweisen, die sich ebenfalls bereits in *Das Sein und das Nichts* findet. Weiss' Text entspricht Sartres Auffassung überraschend genau, wenn man den evozierten Augenblick als die Unterbrechung eines zeitlichen Kontinuums faßt, in welchem ein Entwurf durch einen anderen abgelöst wird:

> Aber in eben der Entwicklung unserer Verzeitlichung können wir Augenblicke hervorbringen, wenn gewisse Prozesse über der Auflösung vorheriger Prozesse auftauchen. Der Augenblick ist dann ein Beginn und ein Ende. Kurz, wenn das Ende eines Entwurfs mit dem Beginn eines anderen Entwurfs zusammenfällt, taucht eine ambivalente zeitliche Realität auf, die durch ein vorheriges Nichts begrenzt ist, insofern sie Beginn ist, und durch ein späteres Nichts, insofern sie Ende ist. Aber diese zeitliche Struktur ist nur konkret, wenn der Beginn sich selbst als das Ende eines Prozesses darbietet, den er vergangen macht. Ein Beginn, der sich als Ende eines vorherigen Entwurfs darbietet, das

muß der Augenblick sein. Er existiert also nur, wenn wir uns selbst Beginn und Ende in der Einheit ein und derselben Handlung sind. Genau das geschieht nun im Fall einer radikalen Modifikation unseres grundlegenden Entwurfs.[9]

Peter Weiss – so meine These – interpretiert die biographisch-existentielle und künstlerische Befreiung am Ende von *Fluchtpunkt* ganz im Sinne einer grundlegenden Veränderung seines eigenen Entwurfs; im Kontext seines Romans ist diese Wende mit dem Paradigmenwechsel von Kafka zu Henry Miller bezeichnet – sie läßt sich formelhaft mit der Überwindung eines Diktats der traumatischen Bilder und mit dem Projekt einer selbstbewußteren Artikulation und Gliederung eben dieses Bildmaterials bezeichnen.[10] Verdeutlichen läßt sich die behauptete und eher angedeutete Wendung („ich konnte jedem Ding einen Namen geben", „ich hatte nur den Blickpunkt geändert") mit Ausführungen Sartres, die das Verhältnis des Individuums zu dessen eigener Vergangenheit betreffen:

> Die Bedeutung der Vergangenheit ist also streng abhängig von meinem gegenwärtigen Entwurf. Das bedeutet keineswegs, daß ich den Sinn meiner früheren Handlungen nach Belieben variieren kann, sondern im Gegenteil, daß der grundlegende Entwurf, der ich bin, absolut über die Bedeutung entscheidet, die für mich und für die anderen die Vergangenheit haben kann, die ich zu sein habe. Ich allein nämlich kann in jedem Moment über die *Tragweite* der Vergangenheit entscheiden: [...] indem ich mich auf meine Ziele hin entwerfe, rette ich die Vergangenheit mit mir und *entscheide* durch das Handeln über ihre Bedeutung.[11]

Gemäß der oben postulierten Verbindung von existentieller Wahl und künstlerischer Artikulation zeigt sich die ästhetisch-poetologische Bedeutung dieser Darlegungen zur Vergangenheit des jeweiligen Individuums. Wenn nämlich der Bildervorrat, aus dem der Künstler schöpft, im Prozeß der Artikulation mit Sinn erfüllt wird, so impliziert dies eine Absage an die radikale Ichauflösung der surrealistischen Traumkunst und ein Plädoyer für eine konstruktive Kunst, die das Bildermaterial nicht verdrängt, aber doch nach eigenen Gesetzen organisiert. In diese Richtung weisen – wie ich zeigen werde – Weiss' Überlegungen zum Verhältnis von Bildern und Worten in der Lessingpreisrede von 1965. Im Hinblick auf meine These, daß Weiss' poetologische Neuorientierung zu Beginn der sechziger Jahre eine relative Distanzierung von der surrealistischen Ästhetik impliziert (die im übrigen auch durch Weiss' kritische Reflexionen zur Pariser Surrealismusausstellung in dessen *Pariser Journal* von 1962 explizit gestützt wird[12]), sind Sartres Einwände gegen diese von Interesse, die in dem

Essay *Was ist Literatur?* von 1947 vorgebracht wurden. Sartre stellt bereits hier – wie Weiss im Jahre 1962 – fest, daß der kritische Elan der surrealistischen Avantgarde verpufft ist. Die Ichauflösung der Surrealisten, die ihren Sinn in der Wendung gegen die Hypostasierung einer selbstzufriedenen bürgerlichen Subjektivität hatte, führt, so Sartre, zu einer problematischen unartikulierten Addition von fragilen Objekten und Bildern:

> [...] der *Geist*, den die Surrealisten auf den Trümmern der Subjektivität erreichen wollen, dieser Geist, den man unmöglich anders ahnen kann als auf einem Haufen selbstzerstörerischer Objekte – auch er schillert und glitzert in der wechselseitigen und erstarrten Vernichtung der Dinge. Er ist weder die Hegelsche Negativität, noch eine hypostasierte Negation, nicht einmal das Nichts, ja – nicht einmal etwas annähernd Ähnliches: man darf ihn vielmehr das *Unmögliche* nennen, oder, wenn man will, den imaginären Punkt, an dem Traum und Wachsein, Reales und Fiktives, Objektives und Subjektives ineinander übergehen. Verwirrung, nicht Synthese: denn die Synthese würde als deutlich erkennbare Existenz [existence articulée] in Erscheinung treten und ihre inneren Widersprüche lenken und beherrschen. Aber der Surrealismus wünscht nicht das Auftreten dieses Neuen, das er noch bestreiten müßte. Er will sich in der enervierenden Spannung halten, die die Suche nach einer unrealisierbaren Intuition hervorruft.[13]

Erstaunlich erscheint die sachliche Übereinstimmung zwischen den Äußerungen Sartres und Adornos Charakteristik der surrealistischen Bilderwelt:

> Die Spannung im Surrealismus, die im Schock sich entlädt, ist die zwischen Schizophrenie und Verdinglichung, gerade nicht also eine psychologischer Beseeltheit. Das frei über sich verfügende, jeder Rücksicht auf die empirische Welt ledige, absolut gewordene Subjekt enthüllt sich im Angesicht der totalen Verdinglichung, die es vollends auf sich und seinen Protest zurückwirft, selber als Unbeseeltes, virtuell als das Tote. Die dialektischen Bilder des Surrealismus sind solche einer Dialektik der subjektiven Freiheit im Stande objektiver Unfreiheit. In ihnen erstarrt der europäische Weltschmerz gleich Niobe, die ihre Kinder verlor; in ihnen schleudert die bürgerliche Gesellschaft die Hoffnung auf ihr Überleben von sich.[14]

Sartre erklärt darüber hinaus:

> Seine tiefe Liebe zur Stofflichkeit (Objekt und unergründliche Grundlage seiner Zerstörungen) führt ihn [den Surrealismus, M.H.] zum Bekenntnis des Materialismus. Er deckt also das Bewußtsein, das er eben entdeckt hatte, wieder zu, er substantiviert [substantifie] den

Widerspruch; es geht nicht mehr um eine Spannung der Subjektivität, sondern um eine objektive Struktur des Universums.[15]

Wenn man die enge Beziehung der surrealistischen Avantgarde zu der aktuellen ästhetischen und philosophischen Postmoderne berücksichtigt, die etwa von J.-F. Lyotard[16] betont wird, und ebenso bedenkt, daß wichtige Strömungen der Postmoderne den Subjektbegriff überwinden und Widersprüche als irreduzibel bestehen lassen wollen, so ergibt sich die aktuelle Bedeutung der Philosophie Sartres und auch mein eigenes Interesse an den Affinitäten zwischen Sartre und Weiss: beide treten, so meine These, für die Beibehaltung eines kritischen Subjektbegriffs und für den Versuch ein, die Utopie einer Überwindung unerträglicher Widersprüche zu bewahren. Bei der Beurteilung von Sartres und Weiss' Position ist dabei zu berücksichtigen, daß beide letztlich die Kritik an der traditionellen, auch marxistischen, Subjekt-Objekt-Dialektik und der in dieser gedachten Aufhebung von Widersprüchen durch eine teleologische Geschichtsphilosophie übernehmen und somit keine neue „große Erzählung" im Sinne Lyotards formulieren, sondern mit der Idee des Entwurfs und der mit dieser verbundenen Artikulationskonzeption ein dynamisches Verhältnis zwischen Subjektivität und Objektivität beschreiben, das sich jeder „erpreßten Versöhnung" im Sinne von Adornos Lukács-Kritik verweigert.

Die ästhetisch-poetologische Formulierung dieser Theorie der Artikulation leistet Peter Weiss in seiner bereits erwähnten Lessingspreisrede.[17] *Laokoon oder über die Grenzen der Sprache*: Mit dem Titel seines Vortrags stellt sich Peter Weiss in eine ästhetische Tradition, die in Lessing kulminierend das Verhältnis von Literatur und bildender Kunst zu bestimmen suchte. Wenn er abstrahierend die Eigenheiten von Bildern und Worten zu deuten unternimmt, so läßt sich die zugrunde liegende Opposition nicht nur auf den Vergleich der verschiedenen Künste beziehen, sondern auch auf die innerliterarische Spannung zwischen Vorstellungsbildern und formal strukturiertem Denken und Sprechen. Im Kontext der hier vorgetragenen Überlegungen stellt der Pol der Bilder die Ebene der surrealistisch beeinflußten visionären Sprache des Frühwerks dar, während der Pol der Worte die von Sartres Philosophie angeregte Dimension des konstruktiven und artikulierten literarischen Diskurses evoziert. Dabei verweist Weiss auf die mit dem Ansturm der Bilder gegebene Ichauflösung und stellt diese einer kritischen Reflexion gegenüber, die mit der am Schluß von *Fluchtpunkt* bezeichneten Benennung der Dinge verbunden ist:

Das Bild liegt tiefer als die Worte. Wenn er nachdenkt über die Einzelheiten des Bildes, verlieren sie sich schon. Er muß bedingungslos an den Wert eines Bildes glauben. Je besessener er vom Bild ist, je weniger er sich um die Anlässe des Bildes kümmert, desto überzeugender wird die erreichte Wirkung. Worte enthalten immer Fragen. Worte bezweifeln die Bilder. Worte umkreisen die Bestandteile von Bildern und zerlegen sie. Bilder begnügen sich mit dem Schmerz. Worte wollen vom Ursprung des Schmerzes wissen.[18]

Die Bilder, welche die surrealistische Traumkunst charakterisieren, haben für Weiss einen ursprünglichen Erlebniskern; das Verhältnis zu ihnen ist eher emotional, nicht analytisch. Sie haben eine suggestive Wirkung, überwältigen und bewirken tendenziell eine Auflösung der bewußten Subjektivität. Die unter anderem auch in der Lessingpreisrede dargelegte persönliche und geschichtliche Situation des Sprechenden, der in abstrahierender Er-Form die vom Trauma des Exils und von dem Wissen um die ungeheuerlichen Verbrechen der Nationalsozialisten geprägte Bewußtseinsgeschichte des Malers und Schriftstellers Peter Weiss darstellt, bringt es mit sich, daß die zu evozierenden Erfahrungen vor allem solche des Schmerzes und des Leidens sind. Die visionäre Traumlogik der surrealistischen Bilder erweist sich dabei als das geeignete Medium zur Beschwörung absolut gesetzter traumatischer Eindrücke. Demgegenüber stellt die jetzt zu erarbeitende Konzeption einer Wortkunst der Artikulation einen Weg zu einer kritischen Reflexion über die Entstehungsbedingungen des Schmerzes und zur Stabilisierung einer Subjektivität dar, die von dem Willen geprägt ist, angesichts des Schmerzes auszuharren. Es geht also nicht um eine Verdrängung der Bilder, sondern um deren Bearbeitung mit den Mitteln der Konstruktion und der Artikulation. Peter Weiss verbindet in einem nächsten Schritt die behauptete Ursprünglichkeit der Bilder mit der Erinnerung an die Anfänge des Bewußtseins und damit an dessen eigene Vergangenheit:

> Die Entdeckung des Vorhandenseins ist ein Ereignis. Die frühsten Bilder, die wir in uns tragen und die im Traum noch immer nachwirken, umreißen den Standort dieser Augenblicke Sie haben Ihre Schärfe bewahrt. Sie zeigen überdeutlich die Sandkörner eines Weges, die tiefgrünen Blätter eines Busches, die Steinblöcke und eisernen Ringe an einer Uferböschung, wo das Bewußtsein wachgerufen wurde, daß das, was hier geschah, mir selbst geschah.[19]

Die neue Wortkunst der Artikulation erwirbt gegenüber diesen Bildern einen Spielraum, den sie der diskursiven Struktur der Sprache und der gegliederten Form des Kunstwerks verdankt. Die diskontinuierlichen absoluten Bilder werden in die Kontinuität eines sprachlichen Prozesses und einer künstlerischen Form übertragen, in welcher gemäß des Sartreschen Konzeption des Entwurfs den Bildern ein jeweils neuer Sinn verliehen wird:

> Das Sprechen, Lesen und Schreiben bewegt sich in der Zeit. Satz stößt auf Gegensatz, Frage auf Antwort. Antwort auf neue Frage. Behauptetes wird widerrufen, Widerrufenes wird neuen Bewertungen unterzogen. Der Schreibende und Lesende befinden sich in Bewegung, sind ständig offen für Veränderungen.[20]

Während die surrealistische Bildkunst unter dem Bann der Bilder auf die Vergangenheit fixiert bleibt, ist die neue Wortkunst der Artikulation im Sinne des Sartreschen Entwurfs auf die Zukunft bezogen. Dies bedeutet – wie das Sartre-Zitat bereits klarstellte – keinen arbiträren Umgang mit dem Bildervorrat der individuellen Vergangenheit, sondern einen kritischen Bezug auf diesen im Interesse einer Bewältigung der Gegenwart und einer Gestaltung der Zukunft. Es geht Peter Weiss um ein Aufbewahren des mit den Bildern verbundenen Erlebnisgehaltes und um die Artikulation einer Subjektivität, die sich des Schmerzes bewußt bleibt, aber ihr eigenes Überleben zu sichern bemüht ist. In Weiss' Interpretation der antiken Laokoon-Gruppe verkörpern Laokoon und sein jüngerer Sohn die Auflösung der Subjektivität in der Bindung an den Schmerz, während der ältere Sohn des Laokoon die Option verdeutlicht, durch die Artikulation des Schmerzes und die Rekonstruktion der bedrohlichen Situation einen Zukunft ermöglichenden Entwurf zu skizzieren:

> Während Laokoon und sein jüngerer Sohn völlig in ihrem Untergehen eingeschlossen sind und sich niemandem mehr bemerkbar machen können, weist der ältere Sohn noch auf das Geschehnis hin. Er kann es überblicken. Sein Gesichtsausdruck zeigt Ekel und Furcht. Mit seiner nach außen gewandten Haltung gibt er seine Absicht kund, der Umschnürung zu entfliehen. Listig rechnet er noch mit der Möglichkeit, verschont zu bleiben.[21]

Der ältere Sohn verkörpert damit die existentialistische Konzeption des Entwurfs und der Bewahrung des Subjekts inmitten einer äußerst bedrohlichen Faktizität. Im ästhetisch-poetologischen Bereich entspricht dieser Figur der italienische Epiker Dante, dessen Weg durch das Inferno für Peter Weiss als das Paradigma gilt, wie durch Artikulation und Konstruktion dem Schrecken begegnet werden kann. Der Autor des zwanzigsten

Jahrhunderts bewundert an dem spätmittelalterlichen Dichter dessen Meisterschaft in der Darstellung der Hölle und damit dessen Fähigkeit, Erfahrungen von Ausweglosigkeit und Verdammnis sprachlich zu artikulieren. In der *Vorübung zum dreiteiligen Drama divina commedia* aus dem Jahr der Lessingpreisrede schreibt Peter Weiss:

> Trotz zahlreicher Anfälle von Mutlosigkeit und Überdruß gelang es Dante/ Worte zu finden für einen Stoff, der allen gehörte, doch ungreifbar schien,/ und was sich bisher der Sprache entzogen hatte, war jetzt/ vernehmbar. Gesichten gab er Form, die in den Träumen seiner Zeitgenossen/ lebten, und Kunst war ein Mittel, Gesichte zur Sprache kommen zu lassen.[22]

Und im *Gespräch über Dante* aus demselben Jahr heißt es lapidar: „Aus der Verwirrung gibt es nur einen Ausweg: durch das Wort, durch das Artikulieren."[23]

Damit läßt sich für den Schriftsteller Peter Weiss eine Poetik skizzieren, die eine Verknüpfung der surrealistischen Traumkunst mit der neuen Konzeption der Artikulation und Konstruktion bedeutet und die sich in den siebziger Jahren mit der *Ästhetik des Widerstands* konkretisiert. Die surrealistische Traumwelt wird als ein Bilderreservoir und als eine Absicherung gegenüber allzu schnellen Rationalisierungen der diskursiven Sprache und der künstlerischen Konstruktion benutzt. Dabei wird die mit der Wahrnehmungserweiterung verbundene Auflösung der Subjektivität zu einem methodischen Zwischenschritt, nach dessen Durchlaufen die Arbeit der Artikulation und Konstruktion beginnen kann. Das den suggestiven Bildern geöffnete Bewußtsein bleibt eine elementare Erfahrungsquelle, um die Erfahrungen des Leidens und des Schmerzes in ihrer ganzen Intensität aufzubewahren, während das konstruierende und artikulierende Formbewußtsein eine kritische Überwindung der Ichauflösung bewirkt. Es ist evident, daß zwischen der Skizzierung dieser Konzeption im Jahre 1965 und ihrer Realisierung im großen Widerstandsroman ein schwieriger Weg zurückgelegt werden mußte. Weiss ging von der Problemkonstellation des *Marat/Sade* (zuerst 1964) aus, in dem die Pole der inneren Bilder und der befreienden Artikulation in einem äußerlichen Verständnis auf die beiden Protagonisten bezogen blieben. Während nämlich de Sade die Bindung an die visionäre Traumlogik verkörpert, wenn er ausruft: „Marat/ diese Gefängnisse des Innern/ sind schlimmer als die tiefsten steinernen Verliese/ und solange sie nicht geöffnet werden/ bleibt all euer Aufruhr/ nur eine Gefängnisrevolte [...]",[24] vertritt Marat die existentialistische Position nur in abstrakter Weise, d.h. in einem arbiträren Entwurf, der eben die inneren Bilder zu verdrängen sucht („Gegen das Schweigen der Natur/ stelle ich eine Tätigkeit/ In der großen Gleichgültigkeit/ erfinde ich einen Sinn/ Anstatt reglos zuzusehn/ greife ich ein/ und ernenne gewisse Dinge für falsch/ und arbeite daran sie zu verändern und zu verbessern"[25]). Mit dem Agitproptheater des *Lusitanischen Popanz* und des *Viet Nam Diskurs* bewegt sich Peter Weiss selbst im Bereich des abstrakten Entwurfs und der rationalistischen Konstruktion, die sich nicht auf den Bildervorrat der inneren Erfahrungen und auf die Potentiale der surrealistischen Traumlogik stützen kann. In den autobiographischen Aufzeichnungen mit dem Titel *Rekonvaleszenz* (1970/71) reflektiert Peter Weiss die krisenhafte Zuspitzung seiner persönlichen und poetologischen Entwicklung, die mit ihren objektivistischen Konstruktionen und ihren unfreiwilligen Karikaturen des existentialistischen Entwurfs eine buchstäblich lebensgefährliche Verdrängung der ursprünglichen Erfahrungsbilder mit sich brachte:

> Ich wußte längst, woher die Krankheit kam, die mich zersetzte, die den nächtlichen Begegnungen Enttäuschung, Leere, Überdruß hinzufügte, und die Tätigkeit des Tages erlahmen ließ in Stumpfsinn und Desperation. [...] Und obgleich ich es wußte, [...] kam ich nur zu einer Notlösung, einer billigen Vernunftlösung, die dem Triebhaften entgegengesetzt war. Chaotisch, anarchisch bestand alles weiter, rasend unbefriedigt oft, bis zum Erschöpfungszustand im dunkeln tappend, dabei überlagert von einer Stimme, die sich Sachlichkeit, Nüchternheit zueigen gemacht hatte, die souverän feststellte, die Beschäftigung mit dem eigenen Ich sei nun beendet, darüber sei bis zum Kotzen genug gesagt worden, es ginge nun endlich darum, sich Kenntnisse über die Zusammenhänge der Außenwelt zu verschaffen und sich um die zu kümmern, denen es weit dreckiger ging als dir, und die nicht, wie du, die Muße hatten, ihr privates Leiden auszuloten.[26]

Weiss, so zeigt sich in diesen Reflexionen, erkennt die Notwendigkeit, auch im Falle einer politisch engagierten Kunst den Zusammenhang von individuellem Erlebnis und kollektiven Auseinandersetzungen zu bewahren, und trifft sich auch hierbei mit Sartre, dessen Konzeption des Entwurfs einen Schnittpunkt von persönlichen und gesellschaftlichen Faktoren beschreibt. Weiss formuliert in der Aufzeichnung vom 6. September 1970 den für sein spätes Schaffen charakteristischen Wirklichkeitsbegriff, mit welchem er eine Verbindung von Persönlichem und Allgemeinem, Emotionalem und Rationalem postuliert und einer Verdrängung der inneren Bilder entgegenarbeitet:

Deine Gegenwart mußt du dir immer wieder zur Wirklichkeit erklären. [...] das Wirkliche, das sind deine aufgespeicherten Erfahrungen, die du den Gesichtern, den Berührungen, den Äußerungen und Taten andrer abgelesen hast, und desto wirklicher ist alles, je stärker du empfunden hast, wie leicht und schnell es entgleiten kann, je geladener es ist von den Bestandteilen des Traums, des Entrücktseins, des Sterbens, des Unverständlichen. Dies ist kein paradoxer Begriff von Wirklichkeit, denn immer ist es ja grade die Verarmung der Realität, die Lostrennung der schwer erklärbaren Elemente aus ihr, die Überbetonung des Rationalen, Praktischen und Programmatischen, ihre Beschränkung auf den konkreten Handlungsausschlag, was der Existenz den Anschein des Unwirklichen gibt.[27]

Es wäre verfehlt, diese Reflexionen als eine Rückkehr zu einer surrealistischen Ästhetik der Ichauflösung zu interpretieren; Peter Weiss formuliert vielmehr den hohen Anspruch, den er an die künstlerische Subjektivität stellt: deren Konstruktionen und Artikulationen sollen gerade alle Elemente auch der inneren Erfahrungen aufnehmen und darauf verzichten, die Bewahrung des konstruierenden Ich mit einer Verdrängung wesentlicher Dimensionen von Wirklichkeit zu erkaufen.

Abschließend möchte ich zeigen, daß die *Ästhetik des Widerstands* zumindest tendenziell als die Einlösung der Forderungen gedeutet werden kann, die Peter Weiss an die künstlerische Konstruktion von Wirklichkeit stellt. Der Widerstandsroman ist im Kontext meiner Darlegungen als ein Entwurf im Sartreschen Sinne zu lesen, der die traumatischen Erfahrungen der Geschichte des zwanzigsten Jahrhunderts mit der Gestaltung suggestiver Bilder aufbewahrt, dabei aber versucht, mit den Mitteln der Artikulation und Konstruktion angesichts des Grauens der Bilder standzuhalten. Zunächst ist darauf zu verweisen, daß die poetisch-ästhetische Konstruktion ganz im Sinne der Aufzeichnungen in *Rekonvaleszenz* die Verdrängungen der politischen Theorien zu vermeiden hat. Der Kritik auch am marxistisch orientierten Denken und Handeln, welche der Ich-Erzähler nach den erschütternden Erfahrungen des spanischen Bürgerkrieges formuliert, korrespondiert der Anspruch an seine eigene Ästhetik, deren Entwicklung der Leser im Sinne eines „work in progress" verfolgen kann:

[...] wir hatten das Unheimliche geleugnet, um aushalten zu können. Die vorgetäuschte Sicherheit, der Glaube an die Unverbrüchlichkeit unsres Tuns, so sehr gelobt, so sehr zum Vorbild erhoben, waren uns zum Verhängnis geworden.[28]

Indem der Roman insbesondere im dritten Teil die Visionen der Mutter darzustellen versucht, zeigt er die Bereitschaft seines Autors, den traumatischen Erfahrungen, die sich in den inneren Bildern einer surrealistisch beeinflußten „absoluten Prosa" (Klaus Briegleb[29]) zeigen, den ihnen gebührenden Stellenwert zuzubilligen. Einer Anregung von Burkhardt Lindner folgend, möchte ich die Konstruktion, welche die verstörenden inneren Bilder bearbeitet, als die spezifische Fassung einer Ästhetik des Erhabenen interpretieren.[30] Lindner weist darauf hin,

> [...] wie sehr, selbst bei Nebenfiguren, der Überwältigungscharakter des ästhetischen Ereignisses, der die begriffliche Orientierung aufsprengt und suspendiert, als Kontrapunkt gegen das universalistische Programm einer „Ästhetik des Widerstands" gesetzt wird.[31]

Die Konstruktion des Romans kann nur legitimiert werden durch ihr „Interesse am Schrecklichen, als Mimesis an das Schrecklich-Erhabene". Der Bildervorrat dieses Schrecklich-Erhabenen entspricht genau den traumatischen Bildern, die das surrealistisch orientierte Frühwerk in einem emphatischen Sinne beherrschen:

> Dieses Erhabene des Schrecklichen findet in der *Ästhetik des Widerstands* seinen Bezug in Torturen, denen Menschen ausgesetzt sind oder einander aussetzen, also nicht in elementaren Naturbildern und auch nicht in Bildern der siegreichen Revolution, sondern des Gemetzels und der Qual.[32]

Künstlerischer Widerstand läßt sich als der Versuch des Ich-Erzählers und des Romans insgesamt interpretieren, angesichts einer überwältigenden Schreckenserfahrung durch eine Identifizierung mit den Opfern im ästhetisch-literarischen Entwurf ein letztes Residuum der Freiheit des Subjekts zu bewahren. Artikulation des Schreckens bezeichnet dabei die Grenzerfahrung einer Rettung gefährdeter Subjektivität angesichts unfaßbaren Grauens:

> Diese Artikulation vollzieht sich nicht in einer einzigen, statischen Struktur, sondern in gegenläufigen Textbewegungen, die zwischen Überwältigung und Widerstand, zwischen Katastrophe und Heroisierung changieren. Sie umschreibt einen Spielraum, in dem sich das Schreckliche im Erhabenen und das Erhabene im Schrecklichen ereignet.[33]

Die alle herkömmlichen Dimensionen sprengende Erfahrung des Völkermordes an den europäischen Juden, die auch Peter Weiss zu dem absoluten

Grenzpunkt seiner ästhetisch-literarischen Konstruktion führt, droht die Artikulationsfähigkeit des Ich-Erzählers zu vernichten und den Romandiskurs in die Ichauflösung der surrealistischen Bilderverfallenheit zu treiben. An diesem Grenzpunkt kann sich der Roman nur mit einem Artikulationspostulat helfen, mit welchem die Utopie einer Sprache und damit einer literarischen Konstruktion beschworen wird, die auch die Erfahrungen der Mutter ausdrücken könnte, ohne wie diese angesichts des Grauens zu verzweifeln:

> [...] da war die Sprache, an der ich im Stillen arbeitete und deren Worte sich am schwersten finden ließen. In diese Sprache gehörte, was meine Mutter auszudrücken versucht hatte, und was, je näher das Greifbare kam, immer dünner und hilfloser wurde, und beim Anrühren schon vom Vergessen bedroht war. [...] Das meiste in dieser Sprache war von Empfindungen bedingt, und weil Empfindungen nie genau bestimmt werden konnten, bestand hier alles aus einem Wechsel von Wallungen, in denen Erstaunen und Grauen, Freudigkeit und Tränen ineinander übergingen, und die hervorgebrachten und wieder zerfließenden Konfigurationen glichen einander nie, besaßen nur verborgne Ähnlichkeiten, die [...] zu immerwährenden Vergleichen lockten.[34]

Hier zeigt sich der Anspruch des Romans, auch kontrafaktisch an der Notwendigkeit einer Artikulation der traumatischsten Erfahrungen unseres Jahrhunderts festzuhalten. Peter Weiss hat damit in seinem Werk die Anregungen des kritischen Existentialismus Sartres aufgenommen, um auch angesichts des Grauens der faschistischen Gewalt mit Hilfe des künstlerischen Entwurfs Widerstand und Freiheit denkbar bleiben zu lassen. Der Sartresche Begriff der Existenz zeigt sich hier in den dunkelsten Dimensionen dessen, was Faktizität in unserer Epoche bedeuten kann. Freiheit und Subjektivität werden von Weiss im Anschluß an Sartre und nach einem langen schmerzvollen Lernprozeß in der *Ästhetik des Widerstands* nicht abstrakt postuliert, sondern in ihrer grenzenlosen Gefährdung gezeigt. Daß Peter Weiss dennoch an der Notwendigkeit von Artikulation festhält, trennt ihn von den postmodernen Erben der surrealistischen Avantgarde und zeigt seine Annäherung an den kritischen Existentialismus Sartres, der ihm gedankliche und literarische Mittel bereitstellt, mit denen er der Herausforderung der traumatischen Bilder zu begegnen versucht.

Anmerkungen

1 Peter Weiss: Fluchtpunkt. Roman. Frankfurt am Main 1965, S. 194 f.

2 Ebd., S. 196 f.

3 Als Zeugnisse der in *Fluchtpunkt* dargestellten existentialistischen Orientierung lassen sich die Prosa *Die Besiegten* (erschienen 1948) und die dramatische Parabel *Der Turm* (uraufgeführt 1950) verstehen. Deren existentialistische Elemente sind von Alfons Söllner (Peter Weiss und die Deutschen. Die Entstehung einer politischen Ästhetik wider die Verdrängung. Opladen 1988, vor allem S. 77 f.) und Otto F. Best (Peter Weiss. Vom existentialistischen Drama zum marxistischen Welttheater. Eine kritische Bilanz. Bern/München 1971) bereits überzeugend nachgewiesen worden, weshalb sich mein Beitrag auf die Entwicklung von Peter Weiss nach 1961 bezieht.

4 Söllner: Peter Weiss und die Deutschen, S. 45.

5 Ebd., S. 54.

6 Ebd., S. 49.

7 Jean-Paul Sartre: Ist der Existentialismus ein Humanismus? (Originalausgabe 1947) In: Ders.: Drei Essays. Mit einem Nachwort von Walter Schmiele. Frankfurt am Main u.a. 1979, S. 7-51; hier S. 29 f.

8 Jean-Paul Sartre: Das Sein und das Nichts. Versuch einer phänomenologischen Ontologie. (Originalausgabe 1943) Hrsg. v. Traugott König. Übersetzt von Hans Schöneberg und Traugott König. Reinbek bei Hamburg 1991, S. 985.

9 Ebd., S. 807 f.

10 Vgl. zur Konzeption des Augenblicks das Géricault-Kapitel der *Ästhetik des Widerstands* (hier besonders die Rede vom Zermahlen der Zeit durch das Ich, vgl. Peter Weiss: Die Ästhetik des Widerstands. Roman. Frankfurt am Main 1988. Band II, S. 15). Die Herausarbeitung des Bezugs der Sartreschen Augenblickskonzeption zu Benjamins „Sprengung des Kontinuums" ist meines Wissens ein Forschungsdesiderat. Hier liegt wohl ein Schlüssel zu einer Gegenthese in bezug auf Bohrers „Ästhetik der Plötzlichkeit".

11 Sartre: Das Sein und das Nichts, S. 860.

12 Vgl. Peter Weiss: Aus dem Pariser Journal (Juni 1962). In: Ders.: Rapporte (I). Frankfurt am Main 1968, S. 83-112.

13 Jean-Paul Sartre: Was ist Literatur? (Originalausgabe 1947) Übersetzt von Hans Georg Brenner. Reinbek bei Hamburg 1950, S. 157.

14 Theodor W. Adorno: Rückblickend auf den Surrealismus In: Ders.: Noten zur Literatur. (Ausgabe in einem Band) Frankfurt am Main 1981, S. 101-105; hier S. 103 f. Vgl. zur Rekonstruktion eines verpaßten Dialoges zwischen Horkheimer/Adorno und dem Pariser Freiheitsphilosophen Herbert Schnädelbach: Sartre und die Frankfurter Schule. In: Traugott König (Hrsg.): Sartre. Ein Kongreß. Reinbek bei Hamburg 1988, S. 13-35. Zu den Gemeinsamkeiten zwischen beiden „Lagern" zählt Schnädelbach unter anderem die für unsere Überlegungen wichtige Bewahrung eines kritischen Subjektbegriffes: „So gilt ihnen auch die seit Nietzsche immer wieder konstatierte Dezentrierung des Subjekts in der Moderne nicht als eine metaphysische, sondern ausschließlich als eine soziale und darum prinzipiell revidierbare Tatsache; sie halten konsequent am Entfremdungstheorem fest." (S. 22)

15 Sartre: Was ist Literatur? S. 266.

16 Vgl. zum Verhältnis Weiss-Lyotard meinen Aufsatz: Die Ästhetik der Postmoderne und die *Ästhetik des Widerstands*. Vorüberlegungen zu einem Vergleich. In: Michael Hofmann (Hrsg.): Ästhetik, Literatur, Geschichte. Neue Zugänge zu Peter Weiss. Sankt Ingbert 1992, S. 147-163.

17 Vgl. hierzu meinen Aufsatz: Der ältere Sohn des Laokoon. Zum Verhältnis von Bildern und Worten in Peter Weiss' Lessingpreisrede und in der *Ästhetik des Widerstands*. In: Rainer Koch u.a. (Hrsg.): Peter Weiss Jahrbuch 1. Opladen 1992, S. 42-58.

18 Peter Weiss: Laokoon oder über die Grenzen der Sprache. In: Ders.: Rapporte (I), S. 170-187; hier S. 182.

19 Ebd., S. 171.

20 Ebd., S. 179.

21 Ebd., S. 180.

22 Peter Weiss: Vorübung zum dreiteiligen Drama divina commedia. In: Ders.: Rapporte (I), S. 125-141; hier S. 135.

23 Peter Weiss: Gespräch über Dante. In: Ders.: Rapporte (I), S. 142-169; hier S. 157.

24 Peter Weiss: Marat/Sade. In: Ders.: Stücke I. Frankfurt am Main 1976, S. 155-255; hier S. 245.

25 Weiss: Marat/Sade, S. 180.

26 Peter Weiss: Rekonvaleszenz. In: Ders.: Werke in sechs Bänden. Frankfurt am Main 1991. Zweiter Band. Prosa 2, S. 345-546; hier S. 362 f. (Aufzeichnung vom 16. August 1970).

27 Weiss: Rekonvaleszenz, S. 409 f.

28 Weiss: Die Ästhetik des Widerstands. Band II, S. 151.

29 Vgl. Klaus Briegleb, Sigrid Weigel (Hrsg.): Gegenwartsliteratur seit 1968. München/Wien 1992, S. 140-145.

30 Vgl. zum Verhältnis zwischen Schillers Ästhetik des Erhabenen und Sartres Freiheitsphilosophie Käte Hamburger: Schiller und Sartre. Ein Versuch zum Idealismus-Problem Schillers. In: Jahrbuch der Deutschen Schillergesellschaft 3 (1959), S. 34-70.

31 Burkhardt Lindner: Der Widerstand und das Erhabene. Über ein zentrales Motiv der *Ästhetik des Widerstands* von Peter Weiss. In: Literaturmagazin 27. Reinbek bei Hamburg 1991, S. 28-44; hier S. 29.

32 Ebd., S. 34.

33 Ebd., S. 43.

34 Weiss: Die Ästhetik des Widerstands. Band III, S. 148 f.

Die unabgeschlossene Suche nach einem Welt-Entwurf. Überlegungen zum künstlerisch-politischen Selbstverständnis des Peter Weiss[1]

Rainer Koch, Beat Mazenauer

Die *Ästhetik des Widerstands* wurde in den 80er Jahren wesentlich als ein politischer Roman gelesen. Hierin waren sich Gegner, die das Werk als Gesinnungsbuch ablehnten, einig mit denen, die in ihm die gelungene Aufbereitung und Fortführung eines Kampfes um Befreiung lasen. Das Primat des Politischen beherrschte die ersten Jahre der Romandiskussion; an ihm und an der Haltung, die der Leser zu den Fragen und Perspektiven linker Politik einnahm, entschieden sich Adaption und Wertung des Romans.

So sehr auch dieses Paradigma, an dem sich die Geister schieden, dem Autor selbst entsprach, der literarisch wie biographisch immer wieder um einen politischen Standort rang, so zeigen doch die 90er Jahren eine Verschiebung des Deutungsinteresses: Nicht zuletzt unter dem Eindruck des Scheiterns eines Sozialismus, dessen Idee Peter Weiss sich verpflichtete, treten an die Stelle jener Adaptionen, die aus dem Werk Material und Begründungen für eine politische Positionsbestimmung oder Arbeit zu ziehen suchten, Fragen danach, in welcher Form sich das Politische bei Weiss konstituiere und vermittele oder, weitergehend noch, inwieweit Politik tatsächlich der Fix- und Perspektivpunkt für das Schaffen von Weiss und für dessen Bedeutung sei. Diese Linie wird auch hier mit der gleichsam häretischen Fragestellung verfolgt, ob dem politischen nicht ein letztlich künstlerischer Welt- und Selbstentwurf des Peter Weiss zugrunde liege; eine These, die zunächst aus einer Passage der *Ästhetik des Widerstands*, die sich explizit um das Verhältnis von Kunst und Politik bemüht, entwickelt und sodann an verschiedenen künstlerischen Entwicklungsphasen des Autors vertieft werden soll, um schließlich wiederum anhand der *Ästhetik des Widerstands* zugespitzt zu werden auf die Frage nach der (heimlichen) Hoffnung des Peter Weiss.

Die Wiederkehr der Schreckensbilder *(Rainer Koch)*[2]

Géricaults *Floß der Medusa* gerät in der *Ästhetik des Widerstands* zur Allegorie einer dem Untergang abgetrotzten und entgegengehaltenen Hoffnung; eine Hoffnung, die sich nicht nur im Aufbäumen der auf dem Floß Ausgesetzten, in ihrer Bewegung hin zur fern am Horizont aufscheinenden Rettung ausdrückt, sondern auch eine Hoffnung, die aus der künstlerischen Anstrengung entspringt, dem Schrecken und Leiden in aller Düsternis und Brachialität Form zu verleihen. So lautete die Deutung der entsprechenden ersten drei Abschnitte des zweiten Romanbandes, die am Aufbegehren und am Prinzip Hoffnung nicht zuletzt angesichts der gefährdeten und von Untergang bedrohten eigenen politischen Situation festhalten wollte. Eine Lesart, die zunächst vom Roman selbst, von der Kontextuierung der Géricault-Passage gedeckt wird, knüpft doch Weiss die Auseinandersetzung des Ich-Erzählers mit dem *Floß der Medusa* an die Niederschlagung der Internationalen Brigaden durch die Francisten, um seinen Erzähler gleichsam katartisch aus dem in der Kunst vergegenwärtigten Schrecken neue Kraft für den weiteren Werdegang finden zu lassen.

Diese vordergründig einleuchtende Interpretation leitet den Stellenwert der Kunst recht umstandslos und widerspruchsfrei ab aus den Notwendigkeiten politischer Selbstvergewisserung; die Kunst dient als ein gleichermaßen verallgemeinerndes und zeitübergreifendes wie auch ein dem Subjekt und seinen Ängsten angemessenes Medium, in dem politisches Engagement den Dimensionen der Grenzen und Niederlagen seiner Praxis inne wird. Doch fördert eine nochmalige, den politischen Zu- und Einordnungen kritischer gegenüberstehende Lektüre aus den Passagen andere Motive und Argumentationen frei: Die ordnen sehr viel weniger die Kunst einer direkt politischen Fragestellung unter, als daß sie sich vielmehr überaus vermittelt mit den Bedingungen und Möglichkeiten der Produktion und der Rezeption von Kunst beschäftigen; wobei vor allem die subjektive Seite, also der Künstler Géricault und der seinen Schaffensprozeß nachvollziehenden Ich-Erzähler im Vordergrund steht.

Auffällig an dieser Setzung des Schwerpunktes auf die individuellen Verarbeitungs- und Gestaltungsmöglichkeiten von Wirklichkeit ist, daß sie jene Probleme der politischen Perspektive und des politischen Engagements geradezu konterkariert, die den Ich-Erzähler ebenfalls beschäftigen (müßten): Die an den Eintritt in die KP geknüpfte Frage der eigenen politischen Zukunft bleibt ausgeblendet in der fast voyeuristisch anmutenden „Erwartung ..., daß sich sein [Géricaults; R.K.] Leben vor mir eröffnen würde" (II, 17);[3] in problematischer Weise wird an der Frage des Engagements, dort künstlerisch und hier politisch, gerade in der Form der Aufspaltung und des wechselseitigen Ausschlusses festgehalten, denn die anstehende politische Entscheidung des Ich-Erzählers wird nicht persönlich und das persönliche Schicksal Géricaults wird nicht politisch gefaßt. Die wenigen Passagen, die sich um eine Synthese zu bemühen scheinen, betreiben diese geradezu apodiktisch: „Den Pont Royal [auf dem Weg zum Louvre; R.K.] überwindend, stellte ich mir den Weg in die Partei und den Weg in die Kunst als etwas Einmaliges, Untrennbares vor, die politische Entscheidung, die Unversöhnlichkeit vor dem Feind, das Wirken der Imagination, dies alles fügte sich zu einer Einheit zusammen" (II, 19).

Es geht dem Ich-Erzähler, abgesehen von solchen voluntaristischen Verallgemeinerungs- und Synthetisierungsversuchen, nicht um ein für politische Fragen taugliches Modell oder Material, wenn er sich den Schaffensbedingungen und -krisen Géricaults nähert. Ihm deckt sich vielmehr zweierlei auf: Die Evidenz des Schreckens und die bis in die vollständige Isolation führenden und an Selbstzerstörung grenzenden Obsessionen, die notwendig sind, um dem Schrecken Gestalt und Ausdruck geben zu können. An Géricault wird eine künstlerische Produktionsform abgelesen, die sich bis an die Grenzen körperlicher und psychischer Selbsterhaltung dem Leiden aussetzt und überläßt, um es jenseits aller Mittel der Einordnung, Erklärung und Distanzierung aus sich heraus zu reproduzieren.

Es ist diese Form des künstlerischen Schaffens und der damit einhergehenden künstlerischen Identität, die dem Ich-Erzähler überaus suspekt und fremd bleiben. Das drückt sich darin aus, daß die ohnehin langwierige, wesentlich über Textlektüre erfolgende Annäherung an das Kunstwerk selbst letztlich mißlingt; dem originalen Gemälde in Paris fehlen jene in Spanien bei der Betrachtung einer Reproduktion noch wahrgenommenen Spuren von Leuchtkraft und Spannung. Überwiegend und quer zu jeglicher Aneignung drängt sich gestaltlose Düsternis und somit ausweglose Vergängnis auf; was als Folge der Zeit beim Pergamon-Fries erst die positionssuchende Beschäftigung ermöglichte, das Fehlen der Herakles-Figur, wird hier, mit der Nachdunklung des Gemäldes, zum unüberbrückbaren Hindernis, und diese, eine direkte Einordnung verhindernde Sperrigkeit des Werkes wird, anders als beim Fries oder auch bei der Divina Commedia, nicht zur Chance, vorgängige Einschätzungen zu überprüfen. Statt dessen läßt Weiss seinen Ich-Erzähler auf eben jenes Deutungsmuster zurückgreifen, das die Kunst auf den Künstler und auf die Gestaltung subjektiver Vorstellungen zurückführt:

es war, als sei mit der Verschorfung und Verschlackung des Farbauftrags alles dokumentarisch Greifbare [und somit der Realitätsgehalt; R.K.] aus dem Bild gewichen und allein eine Kunde der persönlichen Katastrophe des Malers übrig geblieben. ... Plötzlich kam ich nicht weiter bei der Bemühung, das Bild zu verstehen, allzuviel schien es zu enthalten vom persönlichen Wesen des Malers, von der Unruhe, der Unzufriedenheit, die ihn selbst zerfraß (II, 22).

An die Stelle eines dialektisch über das Fremde die eigene Situation neu sehenden Verständnisses tritt überaus exponiert eine die drei Géricault-Blöcke und das in ihnen Thematisierte abschließende Verallgemeinerung: „Plötzlich interessierte es mich nicht mehr, die Rätsel seines Lebens zu lösen. Alles, was ich wissen wollte, war mir bekannt. Mit seinem Geben und Nehmen stand er in den universellen Bemühungen und Verbindungen, die den Grund der künstlerischen Tätigkeit ausmachten" (II, 33).

Diese Beendigung einer Auseinandersetzung wäre, gelinde gesagt: enttäuschend, wenn denn die Würdigung der künstlerischen Leistung und der Leistung der Kunst einzig in solch unspezifischer, sich brachial von den konkreten Produktionsbedingungen und -ergebnissen abwendenden Globalität läge. Doch führt die bis dato überlesene Deutlichkeit, mit der Weiss hier seinen Ich-Erzähler in eine weder dem Gegenstand, also dem künstlerischen Leben und Werk Géricaults, noch dem Erkenntnisinteresse, nämlich an Verhaltensmöglichkeiten gegenüber dem Untergang, gerecht werdende Pauschalisierung treibt, auf eine tieferliegende Frage: Läßt Peter Weiss seinen Ich-Erzähler die an politische Probleme anknüpfende Neubewertung der Kunst deshalb so eklatant unangemessen vollziehen, um indirekt die Defizite einer Haltung vorzuführen, die in der Kunst nach Extraktion ihres Realitätsgehalts und ihrer politisch relevanten oder umsetzbaren Bestandteile nur noch einen zwangsweise scheiternden Subjektivismus sieht?

Eine solche These widerspricht dem, was als common sense zumindest der linken Weiss-Rezeption galt: Eine Nähe zwischen Autor und Erzähler wurde, bei allen Vorbehalten gegen das voreilige Wort von der ‚Wunschbiographie', gemeinhin unterstellt, so daß die Erlebnisse und Einschätzungen des Erzählers gleichsam projiziert auf zentrale historische Ereignisse und auf einen Klassenstandpunkt wiedergaben, was sein Autor aus der Geschichte als Erfahrung und Stellungnahme zog. Diese Auffassung teilte wohl auch Peter Weiss selbst, und doch verdeckt sie das, was als biographischer Kern und als dialektischer Witz der Géricault-Passage zu bezeichnen wäre: Die als Selbsterfahrung und -zerstörung inszenierte Auseinandersetzung mit dem Leid, die bei Géricault zentral den für eine politische Adaption so sperrigen Impuls des Kunstschaffens darstellt, wiederholt die Motive, Gestaltungsmittel und Arbeitsformen des frühen Künstlers Peter Weiss. Indem er seinen Ich-Erzähler voller Widersprüche und Defizite darstellen läßt, was er selbst im Zuge einer politischen Positionsfindung an seinem eigenen Frühwerk vollzog, nämlich die Abrechnung mit einer im Subjektiven verharrenden Kunst, wagt er vorsichtig eine Revision. Die Welt der Schreckensbilder und damit die Abgründe des Miß- und Ungestalteten, des Beziehungs- und Formlosen, des traumatischen Leids kehrt im letzten Roman des Peter Weiss wieder; hier allerdings anders als früher immer wieder bezogen auf die Möglichkeit der politischen Auflösung und entfaltet aus historischen statt ausschließlich persönlich-symbolischem Material. Doch in Gestalt des in die Leichenhallen und schließlich in die Nöte seines dem Verfall ausgesetzten eigenen Körpers vorstoßenden Géricaults behauptet diese nur darzustellende und letztlich nicht auflösbare Dimension ihr Recht gegen einen sich den politischen Aufgaben zuwendenden Ich-Erzähler.

Der romantische Entwurf *(Beat Mazenauer)*

Bei der Betrachtung von Géricaults *Floß der Medusa* erfährt die Ich-Figur in der *Ästhetik des Widerstands* die Kunstproduktion als existentielle Selbst- und Welterfahrung. Vergleichbar hat die Evidenz und Vehemenz der eindringlichen Bildrezeption wohl auch bei seinem Autor Peter Weiss alte Empfindungen und Selbstentwürfe aus einer vergangenen Epoche hochgerührt. Der Künstler und Flüchtling Weiss erinnert zutiefst eigenes Erleben, wenn er schreibt: „In dem Herausgerissensein aus allen Zusammenhängen erkannte der Maler [Géricault; B.M.] seine eigne Situation wieder" (II, 16). Wie das erlebende Ich wird er gleichsam selbst ins Geschehen auf dem dunklen Tableau gespült und „durch eine Fülle von Ablagerungen" (II, 14) hindurch öffnet sich ihm der Blick auf die juvenilen Schaffensqualen seines künstlerischen Beginnens. Kein Zufall, daß Weiss dafür auf Théodore Géricault als Vermittlerinstanz verfällt.

Géricault, der schillernde königstreue Dandy, der ebenso preziöse Pferdebilder wie das damals politisch und ästhetisch provokative Tableau *Das Floß der Medusa* malte, fasziniert wegen der Rigorosität und Konzentration im Schaffensprozeß. Die kraftvolle Körperlichkeit, die bestürzende Verzweiflung und die konzentrierte Suche nach einer vollendeten ästhetischen Struktur beeindrucken Weiss als Maler, der schon vor seiner surrealistischen Schaffensphase in den 40er Jahren die traumatischen Lebensängste und die prägenden Erfahrungen des Verfolgtseins eindringlich ins (allegorische) Bild zu setzen versucht hat. Wiederholt äußert er sich in Briefen über das von Selbstzweifeln beschwerte Ringen mit der Malerei (und der Dichtung) und klagt über die elementaren Probleme, zu einer ganz und gar befreiten Künstlerexistenz zu gelangen. Weiss hat sich jedes Bild hart erkämpfen und gegen das gestrenge eigene Urteil, gegen äußern Druck sowie gegen den 'Wahnsinn' des Weltenlaufs verteidigen müssen. Zugleich diente ihm aber gerade auch die Kunst als Schutzschild gegen alle die Anfechtungen. Weiss spricht von der „großen Gnade ...: Künstler sein zu dürfen",[4] und von der Kunst gleichsam als Seinsbeweis. Im doppelten Sinne ist diese Auffassung in der Floß-Metapher, die leitmotivisch Weiss' Werk durchzieht, aufgefangen. Unscheinbar nur taucht sie erstmals im Bild *Alpenlandschaft* (1937/38), wenig später dann schon offenkundiger im Manuskript *Die Landschaften in den Träumen* (1939) auf. Das Bild des Floßes (und mit ihm die wiederkehrenden Boots- und Insel-Metaphern) bezeichnet einen Ort, der gleicherweise Einsamkeit und Verlassenheit wie schöpferische Ruhe indiziert, demzufolge ist seine Perspektive hoffnungsfrohes oder verzweifeltes Suchen und distanziertes panoramisches Beobachten ineins. So steht es für eine Weiss prägende Ambivalenz: eine dichotomisch angelegte psychische Struktur, die sich bei Betrachtung seines Gesamtwerks als erstaunlich wertbeständig erweist. Sie läßt sich mit den Worten: 'Anpassung und Revolte' umschreiben, was von Weiss selbst zugespitzt worden ist zum Begriffspaar „Aufruhr und Unterwerfung"[5] (unter Ausklammerung der bürgerlich-familiären Normalität) und 1965 in der Antithetik von Kapitalismus oder Sozialismus gipfelt. 1971 hat Weiss diese grundlegende Dichotomie bekräftigt:

> es ist ständig der gleiche Konflikt – der Dualismus von Utopie, Wunschbild, Traum, Poesie, Humanismus, Veränderungstrieb kontra Außenwirklichkeit, Dogma, Erstarrung, Zwang, Kompromiss, Repression. Immer handelt es sich um Menschen, die sich mit ihrer ganzen Person einsetzen für eine grundlegende Umwandlung der existentiellen Verhältnisse und die von der Realität in die Enge gedrängt und bis an den Rand der Vernichtung oder bis in die tatsächliche Vernichtung getrieben werden.[6]

Sinnfällig ist, daß der Begriff *Außenwirklichkeit* in die Nachbarschaft von Dogmatik und Repression gerückt wird; entsprechend ließe sich insgeheim die *Innenwirklichkeit* ankoppeln an die Reihung „Utopie, Wunschbild, Traum, Poesie, Humanismus, Veränderungstrieb". Diese Beobachtung läßt uns aufmerken und nach den Quellen fragen, woraus die kennzeichnende Anbindung der Außenwirklichkeit entspringt.

Blenden wir zurück ins Jahr 1937. Ende Januar schreibt der junge Künstler Weiss den folgenschweren Brief an Hermann Hesse. In den Jahren zuvor hat er alles von ihm gelesen, was sich auftreiben ließ, ja es geradezu verschlungen; nun probt er die Kontaktnahme mit dem 'Meister'. Und überraschenderweise entwickelt sich zwischen den ungleichen Partnern ein Dialog, der auf Seiten von Weiss die fast vollständige Resonanzlosigkeit der ersten Künstlerjahre beendet. Hesse hilft ihm mit väterlichem Rat, die Mühen des malerischen und dichterischen Schaffens zu bestehen, und er prägt entscheidend das Künstlerbild des jugendlichen Narziß. Und dieser, ein ungeheuer fleißiger doch keineswegs früh vollendeter Dichter und Maler, findet im romantischen Ideal, das Kunst, Liebe, Natur mit stark antibürgerlichen Zügen verquickt und so wohltuende Hilfe und Sicherheit bietet, eine *Heimat*. Ende 1937 schreibt Weiss an Hesse, daß

> ... in meiner Generation etwas im Gären und Neuentstehen ist ... Vielleicht eine Art neuer Romantik – aber um Gottes Willen nicht im archaistischen Sinn und nicht im Sinne von Mondschwärmerei: (obgleich auch das sein Gutes hat). Nur der Wille, von der schrecklichen Mechanisierung und Kauflockung loszukommen, neue Werte zu finden, wieder mal das Leben als lebenswert anzusehen.

Bereits 1900 hat Hesse den Geist einer *Neuromantik* beschworen und ihn definiert als „Vertiefung des Lebens und Erkennens auf allen Gebieten", und zwar nach der Lehre von Novalis als „Vertiefung durch Verinnerlichung".[7] Verwandte Definitionen finden sich auch bei Weiss, z.B. in einem Brief vom 9. Mai 1939: „Du bist als Künstler notgedrungen ein Flüchtling, oder zum mindesten ein Träumer. Was du malst oder schreibst, entsteht in dir, wie ein Traum entsteht, irgendwann einmal befruchtet, von einem äußeren Druck u. dann magisch verwandelt u. geformt zu einem festen Werk" (Briefe, 98). Einen solchen neuromantischen Idealismus evoziert Weiss ebenfalls in der frühen Erzählung *Die Insel* (1937).[8] Mit augenfälligen Anklängen an Hesses *Die Morgenlandfahrt* ist darin das Wirken eines romantischen Freundschaftsbundes, der „ersten männlichen Gesellschaft",[9] geschildert. Ihre „neue Romantik und deren Ethik" versucht der eben als Novize aufgenommene Erzähler Skruwe zu umschreiben; es gehe nicht darum, „die alten Romantiker zu imitieren und in ihrem Schatten zu wandeln, sondern: als Nachhut zugleich Vorhut von dem neuen Romantischen Gefühl zu werden" (ebd., 29). Etwas später schränkt er allerdings ein, daß „der Glaube und die Begriffe viel zu tief in mir drinnen [sind], als daß ich sie aussprechen könnte. ... Es ist das Innen, nicht das Außen, das spricht" (ebd., 35).

Schließlich erfüllt sich das individualistische Programm im Ziel des Freundschaftsbundes: „Wir arbeiten und suchen den Weg zu uns. Wir wollen etwas finden, für das es sich lohnt, zu leben" (ebd., 40). Die wenigen, charakteristischen Zitate bezeugen die inständigen Versuche, 'neue Werte' zu finden und die Gemeinschaft Gleichgesinnter. In geradezu idealer Weise eignet sich dafür diese Art der 'Brüderschaft' von vergessenen, verkannten, verstoßenen und vereinsamten Künstlern, wofür die Romantiker definitionsgemäß zu gelten haben.[10] Dies ist gleicherweise betrüblich wie ermutigend; zum ersten schützt das romantische Ideal nicht vor erschütternden existentiellen Krisen (wie *Der Steppenwolf* anschaulich macht), zum andern aber bietet es den in aller Welt verstreut und isoliert Ringenden Sicherheit und Halt: eine 'Seelengemeinschaft'. Der romantische Weltentwurf, wie Weiss ihn von Hesse lernt, verspricht „Heimat und Jugend der Seele", „das Einswerden aller Zeiten"[11] und eine wahrhaft große dichterische 'Sendung':

> Wir suchen unsere Zeit nicht zu erklären, nicht zu bessern, nicht zu belehren, sondern wir suchen ihr, indem wir unser eigenes Leid und unsere Träume enthüllen, die Welt der Bilder, die Welt der Seele immer wieder zu öffnen ... – wir dürfen nichts verschönern, wir dürfen nichts weglügen.[12]

Emphatisch macht sie sich Weiss zur eigenen und arbeitet mit an der utopischen Vollendung einer in Liebe, Natur und Kunst aufgehobenen Gesellschaft. In Briefen an Goldschmidt und Jungk spricht er immer wieder von der „Insel der Kunst" (dem Floß?), der er sich ganz und ungeteilt hingeben wolle, und von der „heiligen Pflicht", schicksalsergeben darauf auszuharren, ungeachtet der bedrängenden Nöte und Anfechtungen von Seiten der Eltern und der Verlage, die sein schöpferisches Tun weder akzeptieren noch veröffentlichen wollen. Das allumfassende romantische Kunst- und Lebensideal hilft zu widerstehen und im Schoße einer mythischen, ordensähnlichen Gemeinschaft die traurige Isolation aufzuheben; im juvenilen Streit um ein Mädchen erreicht es gar die Dimensionen eines moralischen Rigorismus und der Selbstgeißelung:

> Ich kannte mich als ernsten Menschen, der ein hohes Lebensideal hat, der in gewissem Sinne sogar fromm war, der der Kunst dienen wollte ..., wenn ich wirklich charakterlos bin, wie ich scheine, dann würde ich es doch nie zu etwas Großem bringen können. Aber ich habe das Gefühl

in mir, daß ich in meiner Kunst etwas leisten kann, ich will u. kann u. darf dieses Böse also nicht aufkommen lassen! Ich der ich im Kampf für die Wahrheit stehe, bin ein Lügner.[13]

Für all dies entwickelt Weiss einen panoramischen Bilderkosmos, dessen Topographie nebst den intimen, ich-zentrierten (Innen-)Räumen am auffälligsten das Welttheater umschreibt. Es ist zweifach Weltinnenraum: Abbild elementarer Kämpfe in der eigenen Seele und zugleich innegewordene Außenwelt, deren Grauen die verträumt in den Kosmos blickenden 'Ich-Figuren' nicht zu rühren vermag. Weiss' romantische Bildsprache verinnerlicht die Welt oder grenzt sie aus und macht so deutlich, wie sehr er sich als Außenseiter versteht, als Vergessener und Verkannter. In dem Gedicht, das dem Bild *Das große Welttheater* (1937) beigeordnet ist, beschreibt er in mythisch-christlich Kategorien das gewaltsame irdische Treiben, um mit den Zeilen zu enden: „Die ersten Menschen, wie Gott sie geschaffen, / Mußten den Garten verlassen, / Darinnen sie einst gewohnt. / Fern füllt sich der Mond".[14] Erst am Schluß des Gedichtes taucht, unausgesprochen, die kleine (Ich-)Figur auf, die im Zentrum des Bildes sich von dem Weltgetriebe abwendet und gleichsam nach dem neuen Paradies Ausschau hält.

Mit diesem Widerspiel von Innen und Außen, Seele und Welt ist die Frage nach dem Status der Außenwirklichkeit gestellt. „Darf man leben, ohne die Dinge draußen zu beachten", fragt Weiss seinen Mentor Hesse und fügt sogleich in einer Klammer bei: „d.h. man beachtet sie ja, aber man will nichts mit ihnen zu tun haben, man zieht sich von ihnen zurück".[15] Zu vertieften politisch-sozialen Reflexionen reicht es indes nicht. Wenn immer Weiss die „ungeheure, erhabene Verlogenheit u. Sinnlosigkeit, diese herrliche Anhäufung von Ignoranz u. Hetze u. Betrug" (Briefe, 82) in der Welt anspricht, kehrt er sich umgehend wieder davon ab. Dies, obgleich der Romantik nebst reiner Empfindung auch eine vertiefte Aufmerksamkeit für die soziale Realität eignet: eine sozialromantische Parteinahme „für die Unterdrückten und gegen die Unterdrücker".[16] Sie hat den Weiss eigenen 'fremden Blick' geschärft, der die Dinge aus ungewöhnlicher Perspektive neu zu betrachten und das Nebensächliche wahrzunehmen vermag. Nur wohnt ihr auch ein Konservativismus inne, der Weiss imprägniert hat und sich in der mystisch-idealistischen Überhöhung, der paternalistischen Grundhaltung und im streng nach innen gerichteten Streben manifestiert.

Im erwähnten Prosatext *Die Insel* findet sich letzteres dokumentiert am Beispiel von Jack, dem Jacques aus *Abschied von den Eltern*, der spurlos (nach Spanien?) verschwindet. Völlig verzweifelt kehrt er aus einem nicht näher bezeichneten Krieg zurück und erschießt sich im Beisein seines Freundes Skruwe. Der Grund für die Tat ist evident: Jack hat die falsche Lebens-Option gewählt: nämlich die ungeschützte Konfrontation mit der äußern Wirklichkeit. „Mit Idealen und schönen Gedanken war er vor Jahren ausgezogen" (*Insel*, 45), gebrochen, lebensmüde und erschreckt ob all dem Erlebten kommt er wieder. Darüber ist er nie hinausgekommen. Im Unterschied zu Jack („ein Teil meiner Selbst") geht das Erzähler-Ich den umgekehrten Weg nach Innen, dem einzigen Ziel des romantischen Lebensweges.

In *Die Insel* führt dieser in fast schon dantesker Manier durch ein höllisches Kellerlabyrinth und einen paradiesischen locus amoenus wieder zur Erde zurück, wo der Kampf um die ewigen Gesetze und die vergessenen Werte weitergeht. Kunst oder Politik: diese Alternative formuliert Weiss nochmals 1938 am Beispiel seines Freundes Robert Jungk:

> Ich bin überhaupt gespannt, wie Bob sich weiter entwickelt, welche Seite stärker in ihm wird. Denn ich glaube nicht an seine Idee von den zwei-Leben-leben. Ich glaube nur an eine ganz ausgefüllt u. ausfüllende Arbeit, der man sich hingibt. Nicht dies Jonglieren mit zwei Tellern; Einer muß einmal fallen u. in Scherben brechen. Ich wünsche ihm alles Glück: er soll nur eines sein, und das richtig u. groß, entweder ein großer Weltmächtiger, Gesellschaftsgründer u. Komplotteur oder Dichter. (*Briefe*, 45)

Hermann Hesse war für den isolierten Flüchtling und Künstler Weiss gleicherweise Idol und väterlicher Ratgeber. Die naive Lektüre seiner Bücher lehrte den noch unentwickelten Künstler Weiss eine Art stillschweigender Brüderschaft im Geiste einer 'neuen Romantik' sowie das nach innen gerichtete Künstlertum: nämlich im Sinne eines ungeteilten Dienstes an der Kunst, der unbedingten Hingabe, Konzentration und vor allem der Wahrhaftigkeit und Ehrlichkeit. Damit ließen sich Verzweiflung, Not und existentielle Unbehaustheit bannen und Gemeinschaftsgefühle (im Geiste) stiften. Als Grundlage freilich des späteren Materialismus muß dieses romantische Bewußtsein eigenartig schwankend erscheinen ... – gleichwohl fundiert es all das Spätere.

In der Hesseschen Romantik fand der junge Weiss seinen ersten Weltentwurf, der ihm Antworten auf alles zu geben schien und ihm zu einer zwischenzeitlich gefestigten Identität und Lebensrolle verhalf. Zumindest über eine gewiße Zeit hinweg, dann begann die romantisch-narzißtische *Selbstgenügsamkeit* zu erodieren und der Zweifel wieder zu obsiegen. Später als im malerischen Werk funktionierten die unreifen literarischen Versuche, die oft krampfhaft Elemente der eigenen Lebensgeschichte mit identifikatorisch aufgelesenen Motiven aus Werken Hesses verquickten, nicht mehr als arkadisches Refugium, sondern wurden von der 'Krisis' eingeholt. Und gleichzeitig öffneten sie sich in *Die Landschaften in den Träumen* oder im *Traktat von der ausgestorbenen Welt* (1939) erstmals auf die äußere Wirklichkeit hin. Symptomatischen Ausdruck findet dieser Ablösungsprozeß in der Arbeitskrise im Frühjahr 1939. Bitter beklagt Weiss, daß er gezwungen sei, ein Jahr lang für Geld in der väterlichen Fabrik zu arbeiten. Die relative Geringfügigkeit dieses Entschlusses verfliegt, wenn Weiss ihn grundsätzlicher zu kommentieren beginnt: nämlich als Abschied von der Kunst, den er sich kaum als bloß zeitweiligen vorstellen kann. Er ist begleitet von inständigen Bitten: „Beklagt und verurteilt mich nicht" und von verzweifelten Einsichten: „Von Idealen allein ist nicht zu leben in dieser 'wahnsinnigen' Welt" (Briefe, 86 ff.).

Die Krise offenbarte die erlahmende Kraft des romantischen Selbstentwurfes und dessen gemeinschaftsbildenden Charakters; sie wurden erschüttert dadurch, daß Weiss ins Erwerbsleben eintrat und sich daher vom 'Bundesgelübde' entbunden fühlte. Auch wenn er daran noch einige Zeit festhielt, von der *poetischen Sendung* hatte er sich entfremdet: im doppelten Sinne eines tief empfundenen Verlusts des ganzheitlichen Weltentwurfs und der produktiven Krise, d.h. der Abnabelung. An ihre Stelle trat eine Öffnung des Erfahrungshorizontes und damit eine Sprengung der narzißtischen Ich-Welt-Totalität. Dies war auch der Zeitpunkt, wo erstmals Kafka das Interesse von Weiss erregte und so das romantische Staunen durch das Erschrecken vor der Realität ablöste. Darauf folgte eine surrealistische Phase, die erregter die romantische aufnahm, ohne aber mehr den Blick von der 'Außenwirklichkeit' abzuwenden. Mannigfache ästhetische Versuche stellte Weiss in den 40er und 50er Jahren an, doch in keinem von ihnen fand er nach Hause. Die 'Heimat' im umfassenden Weltentwurf, im biographischen Konzept oder in der poetischen Sendung wiederzufinden, dies sollte indes Impetus bleiben über sein gesamtes künstlerisches Schaffen hinweg und ebenfalls für die beharrliche, quälend erfolglose Suche nach dem adäquaten ästhetischen Medium.

Die Wendung zum Politischen *(Beat Mazenauer)*[17]

Die Wende setzte um 1958/59 ein; zum einen erschien erstmals ein Text von Weiss in Deutschland: *Der Schatten des Körpers des Kutschers*; zum andern verstarben seine Eltern. Beide Ereignisse setzten den mittlerweile 40jährigen Weiss instand, alte biographische Schreibversuche wiederaufzunehmen und zu zwei wegweisenden Büchern zu verarbeiten: *Abschied von den Eltern* und *Fluchtpunkt*. Darin ist das eigene, bisher so schmerzvoll empfundene und so schwierige (Künstler-)Leben überführt in eine kohärente ästhetische Konstruktion, kraft derer Weiss für sich ein nachträgliches Selbstbild entwirft, das nicht mehr der romantisch-narzißtischen Idealisierung unterliegt und einzig vor sich selbst Bestand hat. Vielmehr zeichnet er das Bild *eines jungen Mannes als Künstler und Außenseiter*, das Ausdruck ist eines neu gewonnenen Selbstbewußtseins, das sich durch zahlreiche Konflikte bestätigt und erhärtet hat und seinen Träger ebenso zur persönlichen wie ästhetischen Identität verhilft. Er schien demnach reif für 'höhere' Aufgaben. In den *Notizbüchern* finden sich Aufzeichnungen, die den konstruktiven Charakter der „theatralischen Rekonstruktion" (Sverker Ek) bestätigen:

> Alles, was ich bisher geschrieben habe, ist gefälscht, zurechtgelegt, abgefaßt, um mein eigenes Gesicht zu retten. Mit dem geschriebenen wollte ich mir eine Identität geben. ... Der Schreibende hat vorgespiegelt, daß er etwas über sich aussage, und oft liest es sich so, als spreche er tatsächlich von sich selbst.[18]

Frühere Versuche wie *Von Insel zu Insel* oder *Die Besiegten* scheiterten allesamt daran, daß sie sich ähnlich der Collagen aus kaleidoskopischen Einzelaufnahmen zusammensetzen und folgedessen kein kohärentes (Selbst-)Bild des Verfassers entwerfen. Leisteten die schwedischen Entwürfe für den Prozeß der Distanzierung wohl treffliche Dienste, vollendet erst die literarische Konstruktion: der aus einem Guß und ohne Absätze fließende Erinnerungsstrom in *Abschied von den Eltern* und die um politische und ästhetische Gewißheiten ringenden Reflexionen in *Fluchtpunkt* die kritische (Selbst-)Diagnose[19] und führen zur Befreiung in der Selbst- und als Bedingung dazu in der Sprachfindung: „... daß ich teilhaben konnte an einem Austausch von Gedanken, der ringsum stattfand, an kein Land gebunden".[20]

Die Konstruktivität der beiden Prosatexte, die nur unter größten Vorbehalten als autobiographisch zu bezeichnen sind, läßt sich an zahlreichen Beispielen demonstrieren: z.B. Mädchengeschichten, der Episode mit Jacques, dem gescheiterten Besuch bei einer Hure oder der Beschreibung seiner romantischen Schaffensphase.[21] Letztere zeichnen sich dadurch aus, daß Weiss in den beiden Prosatexten Wesentliches ausläßt oder verkürzt. So erwähnt er in *Abschied von den Eltern* etwa Hesses Buch *Nur für Verrückte* (d.h. den *Steppenwolf*) und die daraus gewonnene Einsicht in die eigene Lebenssituation: „die Situation des Bürgers, der zum Revolutionär werden möchte und den die Gewichte alter Normen lähmen" (*Abschied*, 119).

Kein Wort dagegen verliert der Autor Weiss darin über die für ihn einstmals geradezu programmatische Erzählung *Die Morgenlandfahrt*, deren paternalistisches Sendungsbewußtsein wohl zumindest ebenso stark auf den suchenden Jungkünstler abgefärbt haben mußte wie die zwei Seelen des Steppenwolfs. Spät und zäh schuf sich Peter Weiss mit dieser Abrechnung das Fundament, auf dem ein neuer Lebensentwurf aufgebaut werden konnte. Mit andern Worten: das romantische Künstlerideal konnte nun, am Ende des Sozialisation-Prozesses produktiv überführt werden ins politische Engagement. Zu meinen, damit verschwinde nun aber die Romantik, erweist sich als trügerisch. Sie wirkt vielmehr untergründig weiter, aufgehoben in der permanenten Suche nach einem kohärenten Weltbild, dem alles unterliegt. Novalis' „innigster Gemeinschaft aller Kenntnisse" begegnen wir wieder im Spiel von Marat und Sade, im dokumentarischen Welttheater, im Dante-Komplex und schließlich in der *Ästhetik des Widerstands*. Weiss stößt Hesse nicht von sich, sondern er hat nach eigenen Worten „nur eine andere Position darüber aufgebaut und befestigt" (NB, 386).

Wie stark dieser Wunsch nach einem gesicherten Lebens- und Weltentwurf bei Peter Weiss tatsächlich war, zeigt sich ausgeprägt in den programmatischen *Zehn Arbeitspunkten eines Autors in der geteilten Welt* (1965). Weiss schrieb darin seinem künstlerischen Schaffen im Gestus der entschiedenen Selbstüberzeugung eine neue Basis fest: Hier stehe ich, ein sozialistischer Autor, und von hier werde ich keinen Schritt weichen. Zweierlei ist daran auffällig und wesentlich: zum einen der dezisionistische und paradigmatische Charakter dieser Arbeitspunkte, mit der sich Weiss einem politischen Bekenntnis verpflichtet; zum andern die auf dem Fuße folgende und für Weiss typische Stilfigur der Opposition. Auch wenn er für sich die marxistische Deutung der Geschichte und den Klassenkampf für verbindlich festschreibt, erinnert Weiss jeweils schon im nächsten Satz daran, daß Selbstkritik und Auseinandersetzung integrale „Bestandteile des Sozialismus"[22] seien, wie er ihn versteht. Exakt diese Grundstruktur findet sich auch im dramatischen Werk eingelöst, das nun – in Form des politischen Dramas – zum primären literarischen Medium avanciert, weil es nicht mehr auf die individuelle, intime Lesart, sondern wirkungs-ästhetisch auf ein kollektives Massenerlebnis hinzielt.

Am Umschlagspunkt steht das *Marat/Sade*-Stück. Vergleichbar den Krisen von 1939 demonstriert und diskutiert es eine biographische Bruchstelle. Zugleich wird darin ein zentraler Prozeß in Gang gesetzt: ein dialektisches Entwerfen, das die romantische Insichgekehrtheit, den daran anschließenden Ich-Welt-Dualismus und das rein ästhetische Experiment verabschiedet und statt dessen die produktive Auseinandersetzung mit und innerhalb der Welt selbst sucht. *Marat/Sade* spielt 1808 und thematisiert auf der Bühne ein Geschehnis aus der Französischen Revolution. Bei näherem Besehen überraschend an diesem Revolutionsstück ist allerdings, daß Weiss nicht die tatsächlich historische Opposition zwischen Adel und Bürgertum, sondern einen späteren Konflikt auf die Bühne bringt. Eigentlich stehen sich zwei Revolutionen gegenüber: die bürgerliche und die proletarische – verkörpert von zwei je untypischen Vertretern: dem moralischen Revolteur Sade und dem 'Sündenbock' Marat, deren beider Revolutionen zu früh kamen. Hätte Weiss ein Stück über die Französische Revolution schreiben wollen, der hier von Schlafkrankheit befallene Adel, der napoleonische Anstaltsdirektor Coulmier und der jakobinische Vollstrecker Robespierre hätten bessere Repräsentanten abgegeben. Doch Weiss interessierte sich gerade nicht für die historische Umwälzung, sondern suchte die dadurch neu formierte Topographie zu ergründen: Wie könnte eine sozialistische Gesellschaft beschaffen sein? Wo liegen ihre Gefahren? Bei genauerer Betrachtung der Dramenstruktur fällt zudem auf, daß Sade und Marat einander nicht ebenbürtig sind, es nicht sein können, weil Sade das Stück im Stück „ersonnen und instruiert"[23] hat und es demnach beherrscht; Marat dient ihm bloß als ein Instrument zur Selbstverständigung. Über die hierarchische Konfiguration, das dramaturgische Verhängnis können auch Weiss' nachgetragene Beteuerungen nicht hinwegtäuschen, in denen er die Richtigkeit der Maratschen Position untermauert hat. Tatsache ist, daß Sade sich beide 'Antithesen' intellektuell angeeignet hat und sie nun prüft, ohne freilich zu einer Aufhebung der Unentschiedenheit zu gelangen. In dem Moment sieht Sade seinem Autor Weiss täuschend ähnlich: einem Künstler und Bürgerschreck, der sich mit der sozialen Realität durchaus kritisch auseinandersetzt und auf eine Veränderung der bestehenden Verhältnisse drängt, noch aber die subjektiven Faktoren (ein Erbe der Romantik) stärker gewichtet. Im Widerstreit zwischen individueller und sozialer Revolution behält erstere strukturell die Oberhand, wogegen sich Weiss zusehends letzterer zuzuneigen begann. Zentralfigur für die Vitalität und Dynamik des Stückes ist indes eine dritte

Person: Jacques Roux. Ist die Abhängigkeit Marats von Sade jederzeit deutlich gemacht, bleibt die Hierarchie zwischen dem Spielleiter und Roux bis zuletzt ungeklärt. Schrieb jener vor oder deklamierte dieser spontan und aufrührerisch? Auf jeden Fall radikalisiert und konkretisiert Roux die Position Marats und weist damit historisch voraus. Roux ist der Agitator der Massen, seine Impulsivität demonstriert, daß der entscheidene Kampf nicht mehr zwischen Adel und Bürgertum ausgefochten wird, sondern zwischen diesem und dem Proletariat. Der 'linksoppositionelle' Jacques Roux ist es schließlich auch, der das letzte Wort behält und so auf Weiss' nächste, zugleich letzte dramatische Provokation sieben Jahre später vorausweist.

In *Trotzki im Exil* realisierte Weiss den Höhepunkt seiner politischen Dramatik und zugleich deren Abgesang. Das gesamte revolutionäre Personal ist hier vertreten: Trotzki, Lenin, Stalin, Bucharin etc., doch revolutionäre Stimmung vermittelt das Stück nicht, weil die eigentliche Bewegung darin nicht von den Revolutionären Trotzki und Lenin ausgeht, sondern von den *Randfiguren* des historischen Prozesses: Stalin und der studentischen Opposition. Die Stränge aus dem *Marat/Sade* werden hier wiederaufgenommen und auf dem Stand der proletarischen Revolution weiterentwickelt. Dabei bedient sich Weiss wiederum einer antithetischen Struktur, bloß erweist sie sich im Unterschied zum dualen Aufbau in *Marat/Sade* als ausgesprochen komplex, weil der innerparteiliche Diskurs nicht mehr einem einfachen Schema gehorcht. Immerhin lassen Trotzki und Lenin die Widersprüche in ihrem Diskurs gelten („Wären wir sonst Marxisten, Dialektiker?"[24]) und wahren so die Einheit des Diskurses. Im Vergleich zu *Marat/Sade* sind zwei Punkte hervorzuheben: 1. schildert Weiss auch hier nicht den vergangenen revolutionären Umbruch, sondern er antizipiert schon den nächsten Konflikt: den innerparteilichen Machtkampf zwischen einem experimentierfreudigen, offenen Sozialismus und dem bürokratischen, doktrinären Kommunismus/Stalinismus; 2. zeichnet Weiss die Protagonisten Trotzki und Lenin durchaus ambivalent und als „autoritäre Vertreter der Männerwelt" (NB, 621), die zu Unduldsamkeit, zu körperlicher Ermattung neigen. Herausgefordert werden sie (analog der Trias Sade-Marat-Roux) durch vitalere revolutionäre Kräfte: Vertretern der Arbeiter- sowie der studentischen Opposition, die auf Demokratisierung, produktiven Widerspruch und vor allem auf Veränderungen im revolutionären Kunstverständnis („Kunst als Entdeckerfreude") dringen. Diesen Programmpunkt vertiefen die Begegnungen zwischen Lenin und den Dadaisten sowie zwischen Trotzki und Breton. Dessen Überzeugung, daß „es eine höhere Forderung, die Forderung der Wahrheit" gibt, fügt Trotzki ohne Widerspruch den „Glauben an die Vernunft, an die menschliche Solidarität" (*Trotzki*, 512, 514) bei. Gemeinsam bilden die Dikta ein antithetisches Paar, dessen Aufhebung die sozialistische Utopie vollenden würde. Daraus läßt sich der ungemein produktive, progressive und antizipatorische Charakter von Weiss' sozialistischem Diskurs ersehen; er resultiert aus dem dramaturgischem Kniff, nicht die eigentlichen Antagonismen zu schildern und den Klassenfeind ins Zentrum zu rücken, statt dessen die jeweils nächste Stufe der Auseinandersetzungen vorwegzunehmen.

Von hier aus präsentiert sich uns Peter Weiss' Entwicklung als eine dialektische, bei der nichts verlorenging: aus dem narzißtischen Romantiker und Künstler wird nach zaghaften Versuchen und einem gelungenen ästhetischen Konstruktionsversuch der bürgerliche Revolutionär, der individualistische und sozialistische Positionen gegeneinander abwägt, in einem weiteren Schritt zur entschiedenen Parteinahme für den Sozialismus und einer angemessenen operativen Ästhetik gelangt, 1970 aber auf allen Ebenen an einen Endpunkt der Fortentwicklung ankommt, weil weder Stalin noch die studentische Opposition taugliche Alternativen darstellen. Mit dem Terrorregime jenes kommt die revolutionäre Dialektik an ihren End- und im wahrsten Sinne toten Punkt. Der Internationalismus der Studenten indizierte Möglichkeiten zur Weiterentwicklung – allein, gerade diese studentische Opposition stürmte 1970 lauthals die Hauptprobe von *Trotzki im Exil*, brandmarkte das Stück als revisionistisch, vertiefte bei Weiss die schon vorhandenen Vorbehalte gegenüber der 68er Bewegung und lösten zuletzt die tiefe, existentielle Krise aus, die im *Rekonvaleszenz*-Tagebuch eindrücklich beschrieben ist. Kommt dazu noch das ästhetische Scheitern, so resultiert daraus eine Niederlage auf allen Ebenen. Der dialektische Welt- und Selbstentwurf verweigerte Weiss an diesem Lebens- und Schaffenspunkt eine Synthese, so daß ein Bruch: ästhetisch und ebenfalls politisch, unabwendbar erschien.

Dafür bot sich ihm der Rückgriff auf eine gelungene literarische Konstruktion an: die der Lebensbeschreibung in *Abschied von den Eltern* und *Fluchtpunkt*. Mit andern Worten: Weiss wandte der operationalen Ästhetik den Rücken zu und kehrte zurück zur individuellen Rezeption in der Prosa. Schon das auf *Trotzki im Exil* folgende *Hölderlin*-Stück scheint als Produkt des Übergangs dem neuen Paradigma zu entsprechen. Im Ton mutet dieses stille und nicht vollauf bühnengerechte Stück, das die Geschichte eines künstlerisch-politischen Scheiterns erzählt, bereits prosaisch an.

Die verbleibende Hoffnung *(Rainer Koch)*

Die Dichotomie von Selbstzweifeln einerseits, die sich oftmals bis zu einer hier nicht näher ausgeführten, archaischen Welt des Selbsthasses und Todesängste steigert, und der Sehnsucht nach einem erlösenden, alle Zweifel und Widersprüche aufnehmenden und aufhebenden Weltentwurf andererseits durchzieht die Entwicklung des Künstlers Peter Weiss und prägt noch den politisch Engagierten, der sich von solch aporetischen Bestimmungen zu lösen versuchte.

Wenn die Arbeit an der *Ästhetik des Widerstands* unter dem Vorzeichen des ästhetischen und des politischen Scheiterns jenes Welt- und Selbstentwurfs steht, der sich mit den *10 Arbeitspunkten* gleichsam in die Objektivität historischer Klassenantagonismen zu projizieren versuchte, und wenn sich mit dieser neuen Periode schon in der gewählten Form des künstlerischen Ausdrucks die Rückkehr zum 'Ich' ankündigt, wie ja auch mit der Figur des Géricault scheinbar Überwundenes wiederkehrt, dann liegt die Frage nahe, wie sich dieser Roman zum Scheitern des romantischen Künstlertums und des politischen Engagements verhält. Wobei die so verlockende Antwort: 'synthetisierend' sicher den Gestaltungsabsichten des Autors wie auch der Erwartungshaltung seiner Leserschaft entspricht, aber am Text daraufhin zu überprüfen ist, welcher Entwurf eines Zusammenhangs von Subjekt und Objektivität zugrundeliegt.

In einer Passage des 3. Bands radikalisiert Peter Weiss die Grundstruktur und den Impuls seines eigenen Schaffens zur existentiellen Situation nämlich von einem, der isoliert von allen äußeren Zusammenhängen und ohne Aussicht auf Veränderung in einer letzten Anstrengung Gewißheit über die äußere wie über seine innere Welt zu erlangen versucht. Mit dem Abschiedsbrief des in der Todeszelle seine letzte Nacht verbringenden Heilmann wird eine Selbst- und Weltvergewisserung an der Grenze des Scheiterns durchgespielt, so daß sich diese Passage anbietet zur Deutung, worauf angesichts jener Grenze noch Ausdruck und Hoffnung sich stützen kann.

Die bisherigen Interpretationen rekurrierten vor allem auf die augenscheinlich erkenntnis- und kunsttheoretisch motivierten Elemente des Traum-Poetischen, des Surrealistischen, auch der Psychoanalyse oder einer 'Neuen Mythologie'. Doch reichen die damit hinzugezogenen Modelle nicht vollständig, um den folgenden, schon oft zitierten Gedankengang Heilmanns zu verstehen:

Wir sprachen über das Sehn im Traum. Fragten uns, wie in der vollkommnen Dunkelheit Farben von solcher Leuchtkraft [die in Géricaults Gemälde vermißt wurde; R.K.] in uns entstehn können. Sie werden hervorgebracht von unserm Wissen um das Licht. Das Wissen sieht. Lichtreize sind nicht mehr vorhanden, werden nur erinnert. Wir stellten fest, daß es im Traum diese frühsten Bilder gibt, scharf und genau in jeder Einzelheit. Darüber legen sich dann, in ungeheurer Vielfalt, Spieglungen, intuitiv geordnet, bestimmten Erlebnisgruppen zugehörend, sie lagern sich ab, oder vielmehr [und ab hier irritieren die gewählten Formulierungen; R.K.], sie schwimmen, fluten in den verschiednen emotionalen Zentren umher, treiben wie Spermien zum Ei, führen zu fortwährender Befruchtung, jede Gefühlszelle scheint empfänglich zu sein, löst, durch die immer wieder veränderten Anstöße, neue Erscheinungen aus, Gleichartiges kommt nie auf, kann, auf Grund des Fließens, gar nicht aufkommen, doch immer Verwandtes, in einer Region, je nach der Zielstrebigkeit, der Eindringlichkeit des Impulses auf das Grundmuster, und manchmal kann es geschehn, daß das originale Bild zutage tritt, dann ist, blitzhaft, alles was drüber lag, weggewaschen. (III, 204)

Die Behauptung eines Grundmusters hält fest an der Idee einer geordneten Welt, deren Ordnung sich im erkennenden Subjekt wiederfindet und somit diesem eine zugleich objektive und authentische Wahrnehmung der Welt verbürgt. Wobei sich in der zitierten Passage auf merkwürdige Weise Formulierungen und Vorstellungsbilder aus dem Bereich des Körperlichen, des Organischen und der Naturprozesse in den Vordergrund schieben, und zwar nicht unter dem Vorzeichen des Verfalls, wie in den Géricault-Passagen und an vielen anderen Stellen des Weissschen Werks. Wenn aber die gelungene Synthese zwischen den Organen und Gesetzmäßigkeiten des Erkennens und seinen Gegenständen sowie ihres Aufbaus an Kräfte gebunden wird, die dem Bereich der Natur entstammen, dann sind nicht nur die bisher angestrengten Rückgriffe etwa auf die Psychoanalyse oder den Surrealismus unzureichend; zur Disposition steht der theoretische Kern des politischen Materialisten Weiss.

Um es schematisch zu konterkarieren: Eine materialistische Auffassung kennt nur ein Grundmuster der Geschichte, und dies ist der Klassenwiderspruch; von einem originalen Bild aus den Ursprüngen der Geschichte kann nirgends die Rede sein, höchstens vom zukünftigen Bild des befreiten Proletariats. Last but not least: Das Problem, wie sich die Erkenntnis ihrer Gegenstände versichern kann, ist einzig geschichtlich und letztlich praktisch zu lösen, nicht aber in eine vor- und übergeschichtliche, apriori wir-

kende Identität überzuführen. Dies wäre im Sinne des Materialismus Idealismus und Metaphysik.

An anderer Stelle läßt Weiss eine weitere Figur vor diesem, einem
politischen Engagement querstehenden Verständnis nicht zurückschrek-
ken:

> Die Kunst, sagte Hodann, setze dort ein, wo alle Philosophien und
> Ideologien aufhören [was ja für den Autor dieses Satzes ebenfalls gilt;
> R.K.], sie entspringe der Entelechie, jener rätselhaften Kraft, die allem
> Lebenden innewohnt, um es zu steuern und, erleide es Schaden, wieder
> herzustellen, zu den mnestischen Funktionen gehöre sie, die im Hirn,
> in den Zentren des Visuellen und Akustischen, der örtlichen und zeit-
> lichen Orientierung, alles Vernommne bewahren und es uns, auf Ner-
> venreize hin, zugänglich machen. (III, 134)

Diese fast ins Neurologische führende Adaption der Aristotelischen Metaphysik zur Deklamation einer Selbstheilungskraft (in) der Kunst liefert
gleichsam die theoretische Grundlage für Heilmanns Beobachtungen und
Überlegungen, und sie bringt die Aporien einer strukturierenden sowie
erinnerungs- und erkenntnisverbürgenden Eigenschaft auf den entsprechenden Begriff: die Entelechie.

Mit der Entelechie aber ist eine Vorstellungswelt bemüht, die in seinem
so sehr um materialistische Fragestellungen bemühten Roman mehr als
nur irritiert, steht sie doch quer zu all den auf historische Bestimmungen
und auf politische Praxis bauende Tendenzen, ja, sie unterläuft und wi-
derlegt diese. Denn mit der Entelechie ist ein idealistisches Konzept zum
Wirklichkeitsverständnis hinzugezogen, das von einer allen Daseinsformen
selbst innewohnenden, nicht geschichtlich oder gesellschaftlich zu fassen-
den Kraft ausgeht, die eine Verwirklichung der wahren Gestalt alles Seien-
den unabhängig von aller menschlichen Praxis verbürgt. Hieran hängt
weitergehend eine ahistorische, eine metaphysische Vorstellung der Wirklichkeit selbst, die nicht in geschichtlich vermittelten Kategorien der sozialen, politischen, ökonomischen und kulturellen Bestimmung gefaßt, sondern als Gestalt einer ihr vorauszusetzenden Idee angeschaut werden muß.

Erlaubt sei abschließend der Hinweis auf die Leibnizsche Monadologie,
in der ja der Entelechie-Begriff einen originären Ort hat, und die zumindest
jenen Teil der Überlegungen Heilmanns zum „originale[n] Bild" philoso-
phisch systematisiert, der seine Einzigartigkeit und Zusammensetzung
sowie sein Verhältnis zur Außenwelt betrifft. Man lese zu Heilmanns Beobachtung einer Einzigartigkeit jedes Traum- und Erinnerungsbilds –
„Gleichartiges kommt nie auf, ... doch immer Verwandtes, ... je nach der

Eindringlichkeit des [bildauslösenden] Impulses auf das Grundmuster" (III, 204) – die Ausführungen von Leibniz nach, der im § 9 der *Monadologie* die Verschiedenheit der Monaden herausgestellt und in § 56 ihr gleichzeitiges Aufeinanderverwiesensein als lebendige Spiegel einer Welt, deren in Gott gegebener Zusammensetzung sie mehr oder minder genau nachvollziehen. Eben dieser innere Bezug auf eine äußere Welt kehrt wieder in Heilmanns folgender Bestimmung: „Die Welt des Traums ... vermittelt uns [in seinen Bildern] die Dimensionen von allem [Äußeren], dessen wir teilhaftig werden können" (III, 208). Und schließlich erläutert die gleichsam physiologisch gestaltungswirksame Perzeption, die Leibniz im § 26 als Gedächtnisleistung der Monaden bestimmt, wieso Hodann die mnestischen Funktionen organologisch der Entelechie zuordnet.

Die heimliche Hoffnung des Peter Weiss, so ließe sich vor diesem Hintergrund resümieren, wurde schließlich die, in seiner Kunst eine lebendige, ihn objektivierende Spiegelung der ganzen äußeren Welt leisten zu können. Aufgehoben in dieser metaphysischen Fassung der künstlerischen Wahrheit fand sich nicht nur der Widerspruch zwischen subjektiver Authentizität, der der romantische Künstler nachspürte, und objektiver Gültigkeit, nach der der politisch Engagierte strebte; vielmehr ist in der auf die Körper und auf die in ihnen wirkenden Kräfte zurückgreifenden Entelechie genau jener Bereich positiv gewendet, der sich Peter Weiss so negatorisch als einer des Zerfalls aufdrängte.

Anmerkungen

1 Dieser Beitrag gibt überarbeitet die von den Autoren am 6./7. Mai frei vorgetragenen Überlegungen wieder. Obgleich es sich hiermit nicht mehr um einen mündlichen Text handelt, bleibt er doch insoweit eine Improvisation, als eine Abstimmung der Einzelteile unterbleiben mußte. Ihre jeweiligen Verfasser sind in den Zwischenüberschriften angegeben.

2 Die folgenden Überlegungen gehen zurück auf meinen Aufsatz Rainer Koch: Das angestrengte Beharren auf Gesinnungs-Kompromissen. In: Ders. u.a. (Hrsg.): Peter Weiss Jahrbuch. Bd. 2. Opladen 1993.

3 Peter Weiss: Die Ästhetik des Widerstands. Roman. Frankfurt am Main 1975 ff. Hier und im folgenden zitiert als römische Band- und arabische Seitenzahl.

4 Peter Weiss: Briefe an Hermann Levin Goldschmidt und Robert Jungk. Leipzig 1992, S. 92.

5 Peter Weiss: Abschied von den Eltern. Frankfurt am Main 1961, S. 7; vgl. dazu mein Vorwort in: Weiss: Briefe.

6 R. Gerlach/M. Richter (Hrsg.): Peter Weiss im Gespräch. Frankfurt am Main 1986, S. 185.

7 Hermann Hesse: Romantik und Neuromantik. In: Ders.: Gesammelte Werke Bd. 11, S. 108 f. und 113.

8 „Die Insel" findet sich als Faksimile abgedruckt in Peter Weiss: Landskapen i drömmarna. Ur en ung författares arbetsböcker, [eingel. u. hrsg. v. Sverker Ek]. Stockholm 1991, S. 79-133.

9 „Ich glaube, weibliche Wesen können das garnicht verstehen, dafür fehlt ihnen der Sinn" (ebd., nach interner Paginierung S. 28). Eindrücklich zu sehen, wie der junge Weiss hier ein verstockt konservatives Rollenverständnis demonstriert und für die ketzerisch fragende Frau, wenngleich spielerisch, alte Strafnormen bemüht: „Du gehörst auf den Scheiterhaufen" (ebd., S. 29).

10 Vgl. ebd., S. 9 (Das einleitende Kapitel „Die Vergessenen") sowie Hesses Aufsatz „Verkannte Dichter" (1926), in: GW 11, S. 241 f.

11 Hermann Hesse: Die Morgenlandfahrt. In: Ders.: Gesammelte Werke Bd. 8, S. 338.

12 Hermann Hesse: Bekenntnis eines Dichters (1928). In: Ders.: Gesammelte Werke Bd. 11, S. 243 f.

13 Weiss: Briefe, S. 50 f.; vgl. dazu die vorangegangenen Briefe Nr. 4 und 5.

14 Abgedruckt in: Der Maler Peter Weiss. [Ausstellungskatalog]. Berlin 1982, S. 138.

15 Peter Weiss an Hesse, Brief von Mitte September 1937.

16 Hermann Hesse: Gesammelte Briefe II. Frankfurt 1979, S. 295.

17 Vgl. zu den folgenden Ausführungen auch meinen Aufsatz Beat Mazenauer: Vision einer Gesellschaft der Vernunft. In: T. Bergmann/M. Keßler (Hrsg.): Ketzer im Kommunismus. Mainz 1993.

18 Peter Weiss: Notizbücher 1960-1971. Frankfurt am Main 1982, S. 39/44. Im folgenden zitiert als NB und Seitenzahl.

19 „Diagnose" lautete einer der Titelvarianten für „Abschied von den Eltern".

20 Peter Weiss: Fluchtpunkt. Frankfurt am Main 1965, S. 197.

21 Vgl. dazu meinen Aufsatz Beat Mazenauer: Konstruktion und Wirklichkeit. In: Peter Weiss Jahrbuch. Bd. 2. Opladen 1993, S. 41-50; die Referenzstellen zu Jacques sind der frühe Prosatext „Screw oder dreizehn Londoner Tage" (ebd., S. 9-17), „Die Insel", S. 43-47, Brief an H.L. Goldschmidt, S. 79, „Abschied von den Eltern", S. 107-114 sowie „Ästhetik des Widerstands", S. 331 ff. und 357 ff.; zum Besuch bei der Hure „Von Insel zu Insel", S. 21 und „Abschied von den Eltern", S. 127.

22 Peter Weiss: Zehn Arbeitspunkte eines Autors in der geteilten Welt. In: Ders.: Rapporte 2. Frankfurt am Main 1971, S. 22.

23 Peter Weiss: Die Verfolgung und Ermordung des Jean Paul Marat ... In: Ders.: Stücke I. 2. Aufl. Frankfurt am Main 1980, S. 159.

24 Peter Weiss: Trotzki im Exil. In: Ders.: Stücke II. Frankfurt/Main 1977, S. 464.

Die Autorinnen und Autoren

Monique Boussart, geb. 1937. Professorin für deutsche Sprache und Literatur an der Université Libre de Bruxelles.
Veröffentlichungen: *Alfred Döblin,* Bonn 1970. Zahlreiche Publikationen u.a. zu A. Döblin, Mynona, Scheerbart, Kubin, zur Literatur der Jahrhundertwende und zur expressionistischen Zeitschrift *Der Sturm* sowie zu Jean Améry, Chr. Wolf und H.E. Nossack.

Ingo Breuer, Studium der Germanistik und Anglistik in Marburg und Coventry (GB). Magister Artium 1988, 1989-1991 Lektor für deutsche Sprache und Literatur an der Universität Trento (I), 1992/93 Lehraufträge an der Universität Marburg; schreibt an einer Dissertation über das zeitgenössische Geschichtsdrama.
Veröffentlichungen: Aufsätze zu Peter Weiss und zur Komödientheorie im 18. Jahrhundert.

Jean-Michel Chaumont, geb. 1958. Studium der Philosophie. Promotion über Hannah Arendt. Lehraufträge an der Université Catholique de Louvain. Langjährig tätig an der Fondation Auschwitz de Bruxelles. Zur Zeit Visiting Fellow an der Yale University (USA), wo er an einem Buch arbeitet über „Das Gedächtnis von Auschwitz".
Veröffentlichung: *Autour d'Auschwitz. De la critique de la modernité à l'assomption de la responsabilité historique. Une lecture de Hannah Arendt,* Académie Royale de Belgique, 1991.

Birgit Feusthuber, geb. 1962. Studium der Germanistik und Psychologie an der Universität Salzburg 1989 Promotion mit einer Arbeit über *Die Ästhetik des Widerstands* von Peter Weiss. Vorstandsmitglied der „Internationalen Peter-Weiss-Gesellschaft". Lehrtätigkeit und Vorträge bei internationalen Tagungen über Peter Weiss in Hamburg, Wien, Frankfurt und Berlin sowie Brüssel in den Jahren 1988-1993. Lebt als Kulturarbeiterin, Journalistin und Autorin in Salzburg. Seit September 1993 tätig als Pressereferentin beim Otto-Müller-Verlag (Salzburg).

Irene Heidelberger-Leonard, geb. 1944 in der Emigration in Frankreich, lebte von 1950-1963 in Deutschland, von 1963-1980 in London. Seit 1985 Professorin für deutsche Literatur an der Université Libre de Bruxelles. Veröffentlichungen: *Günter Grass* (1974), *Alfred Andersch: Die ästhetische Position als politisches Gewissen* (1985), *Jean Améry* (Hrsg.) Text + Kritik (1988), *Jean Améry* (Hrsg.) (1990), *Jurek Becker* (Hrsg.) (1992), zuletzt: *Alfred Andersch. Perspektiven zu Leben und Werk* (hrsg. mit Volker Wehdeking), Westdeutscher Verlag 1993. Zahlreiche Aufsätze zur zeitgenössischen Literatur, u.a. zu Ingeborg Bachmann, Günter Kunert, Elfriede Jelinek, Peter Weiss und Christa Wolf. Arbeitet zur Zeit an einem Buch „Wie schreibt man Auschwitz? Überlegungen zu einer Ästhetik des Erinnerns" für den Wallstein Verlag, Göttingen.

Michael Hofmann, geb. 1957. Studium der Germanistik, Philosophie und Romanistik in Bonn und Poitiers, Lektor für deutsche Sprache, Literatur und Landeskunde in Nancy (1988-1992), seit August 1992 wissenschaftlicher Mitarbeiter am Germanistischen Seminar der Universität Bonn. Arbeitet zur Zeit an einer Monographie über Christoph Martin Wieland. Veröffentlichungen: *Ästhetische Erfahrung in der historischen Krise. Eine Untersuchung zum Kunst- und Literaturverständnis in Peter Weiss' Roman „Die Ästhetik des Widerstands"*, Bonn 1990. *Literatur, Ästhetik, Geschichte. Neue Zugänge zu Peter Weiss* (Hrsg.), St. Ingbert 1992 (französische Ausgabe hrsg. gemeinsam mit Marie-Claire Méry Nancy 1993). Aufsätze zu Grimmelshausen, Lessing, Herder, Schiller und Peter Weiss.

Clemens Kammler, Dr. phil., Oberstudienrat und Lehrbeauftragter an der Universität/GHS Essen.
Veröffentlichungen: *Michel Foucault. Eine kritische Analyse seines Werks*, Bonn 1986. Aufsätze u.a. über Büchner, Heinrich Mann, Kafka, Heiner Müller, Literaturtheorie und -didaktik. Mitherausgeber der Reihe *Oldenbourg-Interpretationen*.

Rainer Koch promovierte über *Geschichtskritik und ästhetische Wahrheit* (Aisthesis 1990) in Hannover; u.a. Mitherausgeber des Peter Weiss Jahrbuchs, Westdeutscher Verlag.

Ernst Leonardy, O. Professor für deutsche Literatur an der Université Catholique de Louvain und den Facultés Universitaires Saint-Louis. Veröffentlichungen: u.a. über Georg Trakl, Franziska zu Reventlow, Günter Eich, barocke Hoffeste und die Wiederkehr des Erzählers.

Beat Mazenauer, lebt und arbeitet in Luzern als freier Autor. Veröffentlichungen: u.a. Herausgeber der Briefwechsel Weiss-Goldschmidt-Jungk (Reclam 1992); zur Zeit Arbeit an einem Essayband über den 'Mythos vom Märchen'.

Mireille Tabah, geb. 1950. 1968-1972 Studium der Anglistik und Germanistik an der Université Libre de Bruxelles. 1972-1978 Deutsch- und Englischlehrerin an verschiedenen Gymnasien, seit 1974 Teilzeitbeschäftigung als Assistentin für deutsche Sprache und Literatur an der ULB. 1988 Promotion über Peter Handke. Seit 1990 Oberassistentin mit Lehraufträgen an der ULB.

Veröffentlichungen: *Vermittlung und Unmittelbarkeit. Die Eigenart von Peter Handkes fiktionalem Frühwerk* (1990). Aufsätze über J. Becker, Th. Bernhard, H. Bienek, M. Frisch, P. Handke, P. Härtling, M. Haushofer, U. Plenzdorff, Ch. Wolf sowie auf dem Gebiet der Narrativik.

Michel Vanhelleputte, geb. 1931. Seit 1975 O. Professor für deutsche Literatur an der Vrije Universiteit Brussel. Promotion über Hofmannsthals dramatische Dichtung.

Veröffentlichungen: u.a. über Hofmannsthal, Thomas und Heinrich Mann, Hebbel, Brecht, Johann Gottfried Schnabel, Gotthold Ephraim Lessing, Schnitzler, Kafka, C.F. Meyer, Goethe, Christa Wolf und Marie Luise Kaschnitz.

Aktuelle Literatur zu Peter Weiss

Rainer Koch/Martin Rector/
Rainer Rother/Jochen Vogt (Hrsg.)

Peter Weiss Jahrbuch 1

1992. 176 S. Kart.
ISBN 3-531-12274-6

Das Peter Weiss Jahrbuch versteht sich als Forum für die Erforschung des Gesamtwerks von Peter Weiss (1916–1982). Es befaßt sich mit dem literarischen, bildnerischen und filmischen Werk dieses Künstlers ebenso wie mit seinem politischen Engagement. Der erste Band enthält neben einer Prosa-Erstveröffentlichung aus dem Nachlaß u.a. Untersuchungen zum Wort-Bild-Verhältnis und zur Periodisierung des Gesamtwerks, zur Wahrnehmungsweise der „Ästhetik des Widerstands", zur Fassungsgeschichte des „Marat/Sade" sowie zu den Einflüssen der Geschichtsphilosophie Walter Benjamins und der Ästhetik des Surrealismus auf Weiss' Oeuvre. Hinzu kommen Sammelrezensionen zur neueren Weiss-Forschung sowie Informationen der „Internationalen Peter Weiss-Gesellschaft".

Rainer Koch/Martin Rector/
Rainer Rother/Jochen Vogt (Hrsg.)

Peter Weiss Jahrbuch 2

1993. 177 S. Kart.
ISBN 3-531-12426-9

Der zweite Band enthält einen bisher unveröffentlichten Prosatext von Peter Weiss aus den Jahren der Londoner Emigration, Untersuchungen zur literarischen Fiktionalisierung von Biographischem sowie zum erzählerischen Verfahren und zu metaphysischen Implikationen der „Ästhetik des Widerstands", ein Dossier zur historischen Rekonstruktion der Stahlmann-Figur, Rezensionen und Hinweise.

Alfons Söllner

Peter Weiss und die Deutschen

Die Entstehung einer politischen Ästhetik wider die Verdrängung

1988. 237 S. Kart.
ISBN 3-531-12004-2

Ausgehend von Mitscherlichs „Unfähigkeit zu trauern" wird das literarische Werk von Peter Weiss (mit einem Seitenblick auf seine Malerei und Filme) als kritische Auseinandersetzung mit der Vergangenheitsverdrängung in Deutschland gedeutet. Ein erster Schwerpunkt liegt auf der Interpretation der bislang wenig beachteten surrealistischen Nachkriegsschriften. Durch den Vergleich mit Adornos ästhetischer Theorie wird der Umschlag der esoterischen Moderne in das politische Engagement als Reflexion der ästhetischen Moderne herausgestellt. Einen dritten Schwerpunkt bildet die Analyse der Schriften bis zur „Ermittlung", deren Leistung in der „Repräsentation" des Verdrängten gesehen wird. Abschließend wird das Verhältnis von Kunst, Geschichte und Wissenschaft in der „Ästhetik des Widerstandes" untersucht.

WESTDEUTSCHER
VERLAG
OPLADEN · WIESBADEN